▶ 韩 晶／著

# 中国装备制造业
# 发展战略研究

## 基于国际产业分工转移的视角

ZHONGGUO ZHUANGBEI ZHIZAOYE
FAZHAN ZHANLÜE YANJIU

知识产权出版社
全国百佳图书出版单位

**图书在版编目（CIP）数据**

中国装备制造业发展战略研究：基于国际产业分工转移的视角/韩晶著. —北京：知识产权出版社，2017.3

ISBN 978 - 7 - 5130 - 4713 - 5

Ⅰ.①中… Ⅱ.①韩… Ⅲ.①制造工业—经济发展—研究—中国 Ⅳ.①F426.4

中国版本图书馆 CIP 数据核字（2017）第 005613 号

**内容提要**

装备制造业是国民经济中的战略性基础产业，随着全球化的发展，中国装备制造业越来越多地融入全球产业转移浪潮中，呈现出新的竞争格局。本书从动态角度分析了全球制造网络的演化规律及其与组织学习和技术创新模式的协同演化关系，深入探讨了企业升级的机理机制和产业嵌入全球分工体系位势的测度方法，提出了国际产业分工转移视角下中国装备制造业升级的政策体系，并以中国装备制造业和华为公司为例进行了产业升级的案例分析，丰富了全球化背景下我国推进工业化进程、构建和谐社会的发展经济学理论。

| | |
|---|---|
| **责任编辑**：江宜玲 | **责任校对**：潘凤越 |
| **封面设计**：张　冀 | **责任出版**：刘译文 |

**中国装备制造业发展战略研究：基于国际产业分工转移的视角**

韩　晶◎著

| | | | |
|---|---|---|---|
| **出版发行**：知识产权出版社 有限责任公司 | | **网　址**：http://www.ipph.cn | |
| **社　址**：北京市海淀区西外太平庄 55 号 | | **邮　编**：100081 | |
| **责编电话**：010 - 82000860 转 8339 | | **责编邮箱**：jiangyiling@cnipr.com | |
| **发行电话**：010 - 82000860 转 8101/8102 | | **发行传真**：010 - 82000893/82005070/82000270 | |
| **印　刷**：三河市国英印务有限公司 | | **经　销**：各大网上书店、新华书店及相关专业书店 | |
| **开　本**：787mm×1092mm　1/16 | | **印　张**：16.5 | |
| **版　次**：2017 年 3 月第 1 版 | | **印　次**：2017 年 3 月第 1 次印刷 | |
| **字　数**：278 千字 | | **定　价**：58.00 元 | |

ISBN 978-7-5130-4713-5

# 前　言

国际产业转移其实是跨国企业主导下世界范围内产业链跨国界、跨地区的空间再组合，产业链条的空间再组合和分割性制造网络引发了制造业的又一次跨国转移，而且其规模和影响更具全球性特征。产业转移主体多元化、产业转移对象片段化、产业转移方式多样化、产业转移环节高端化、产业转移集群化是本轮国际产业转移的重要特征。

装备制造业是国民经济中的战略性基础产业，随着全球化的发展，中国装备制造业越来越多地融入全球产业转移浪潮中，呈现出新的竞争格局。一方面，国际装备制造业加速进军中国，2011年，装备制造业三资企业的销售收入和利润额已经占装备制造业总销售收入的51.27%、利润总额的44.78%。国际资本已经全面进占中国装备制造业。另一方面，中国装备制造业走出去态势良好，中国制造业海外投资规模呈不断上升态势，2011年投资净额已经达到704118万美元，工程机械、交通运输、通信设备等中国优势装备制造业纷纷进驻国际市场。

目前，我国装备制造业发展势头迅猛，且已经形成了一批快速成长的龙头企业和产业聚集区。但与世界发达工业国家相比，中国装备制造业大而不强的特征越来越明显。特别是随着装备制造业模块化生产方式的推进，我国装备制造业不但在自主创新能力、基础配套设施能力、产品可靠性等方面存在劣势，还存在产业集中度不高、产品结构不合理、产业安全风险增加、产业高端缺位等问题，难以实现健康、稳定地成长。本书运用GL指数及AR方法，从装备制造业总体、各子行业及国别比较三个角度，测度和分析我国和主要国家装备制造业产业内贸易水平，在此基础上对产业内贸易的类型进行分析。

我国GL指数具有较强的增长趋势，这说明我国装备制造业产业内分工的形式在不断提升。发达国家 GL 指数均较为稳定，以美、德、英、法为代表的装备制造业强国产业内分工程度较高且稳定，日韩产业内分工程度也较为稳定但指数不高。从中国的实际来看，2000 年前后，中国装备制造业经历了一个以进口为主向以出口为主的产业间贸易转换的阶段。2000 年之后，中国的进出口贸易额均有不同程度提高，产业内贸易水平显著增强，GL 指数在 0.65 左右波动，并在此后延续增长的态势。虽然日韩与中国相比，产业内贸易程度不如中国，但日韩是资源匮乏的国家，其生产原料必须依赖进口，因此在装备制造业产业内贸易发展的内涵方面，我国与日韩仍存在较大差距。

就装备制造业各子行业而言，美国、德国、法国、英国、加拿大等发达国家产业内贸易指数均不程度地高于中国，七类产业全部以产业内贸易为主，日韩与中国相近，但产业内贸易程度在不同行业间存在明显差异。将中国与发达国家相比，七大子行业可归为三类：第一类是中国与发达国家产业内贸易程度差距较大且水平较低的行业，如金属制品业、通信设备和计算机行业等，这两个产业的产业内贸易指数均在 0.5 以下；第二类是中国与发达国家相比产业内贸易指数差距不大的行业，反映出行业由产业间贸易向产业内贸易转变的迅猛态势和巨大潜力，如通用设备制造业，电气机械制造业，仪表仪器及文化、办公用机械制造业等；第三类是中国与发达国家相比产业内贸易水平较高甚至领先的行业，如专用设备、交通运输设备制造业等。由此可见，中国装备制造业虽然在整体上同样表现为各行业产业内贸易水平低于发达国家各行业产业内贸易水平，但同样有少数行业具备了较高的产业内贸易水平，并具有巨大的提升潜力。这说明，目前我国已经具备了发展装备制造业产业内贸易的基础和条件，应该以子行业领先者为榜样，加大对装备制造业优势领域和潜力领域的扶持力度，以帮助提升全行业的产业内贸易水平。

在产业内贸易的内涵发展上，中国明显处于国际分工的较低端位置，在统计的四分位产品组中，发达国家主要以高品质产业内贸易及水平产业内贸易为主，这两项占比达到 90% 以上，三类型贸易的排序依次是高品质、水平和低品质，且比例相对稳定。美国、德国、加拿大等国家高品质产业内贸易占比平均达到 65% 以上，低品质垂直型产业内贸易占比最少，仅有 10% 左右。与发达国家相比，中国装备制造业产业内贸易以低品质产业内贸易为主，但这一比例有不断减小的趋势。2003—2012 年，我国高品质产业内贸易的比重在不断上升，反映出中国在国际产业分工中的地位有所改善。中国水平型产业内贸易的比重最低，且水平型和高品质产业内贸易的总和甚至不及美德等国家该项比例的一半，在全球产业利益的分配中仍然位于底层。从现实情况来看，中国出口的装备制造业产品大多数处于世界装备制造业产业链的低端，多为低附加值产品，进口则多为高附加值产品、高功能产品和高级产品，这与美、德、英、加等国家的发展状况恰恰相反。由此可见，在装备制造业产业内贸易中，从品质和附加值的角度来看，我国依旧处于劣势；在装备制造业国际分工中，我国还处于弱势地位。

整体上我国装备制造业产业内贸易的竞争力和国际分工地位与发达国家相比还处于劣势，但是从各行业的分析来看，中国在装备制造业的一些子行业中也具备一定的竞争力，这些行业的产业内分工地位也在迅速提升，如专用设备制造业，其发展对于促进装备制造业产业内国际分工地位的提升具有重要的意义。

随着市场和技术条件的不断变化，装备制造业技术创新从依赖单个企业或国内资源转向依赖全球资源，设备企业间的竞争也演变为其所依托的分工网络间的竞争。因此，一国装备制造业的创新，应该依托于分工网络。中国装备制造业已经深嵌于这种全球制造网络之中，如何在全球制造网络中实现产业升级是中国装备制造业提升竞争力、获取可持续发展的关键。知识流动、组织学习和协作竞争是装备制造业创新的重要源泉。

在全球价值网络模块化分工之下，中国装备制造业产业升级的路径选择主要包括三方面：一是遵循比较优势演化规律，二是获取产品建构优势，三是提升开放式自主创新水平。根据比较优势演化理论，产品的技术距离是影响产业升级的重要因素，中国装备制造业产业升级的重点应是产业内部的升级。根据产品建构理论，装备制造企业在技术模块化背景下应当增强核心竞争能力，努力实现向产品价值链高端环节跃进，突破低端锁定的困境；在技术集成化背景下应当致力于产品价值链若干节点的突破，充分参与垂直专业化分工，并在与其他企业合作的过程中保持自身的独立性，通过价值链分工化解系统创新风险。根据开放式创新理论，在经济全球化背景下，构建企业的创新网络，从外部获取关键的知识、技术并加以优化整合再创新是装备制造业实现产业技术创新能力升级的重要方式。处在不同位势下的中国装备制造企业应该有不同的发展策略。中资模块制造商要拓宽产品内分工网络组织的数目以分散风险，更重要的是要加强组织学习，增进与跨国公司或者核心配套企业的沟通，促进知识溢出，争取做一个特定模块设计者。进取企业应进行"行路图"设计并成为产品内分工系统开拓者：一方面应高强度地进行自主研发，以便进行"行路图"计划；另一方面应更加积极参与装备制造业产业标准的制定，掌握该产业尽可能多的话语权。

为了进一步优化制造业网络化升级模式，提高制造业升级网络内企业的升级绩效，未来政府应该通过努力打造网络化升级平台促进和支撑装备制造业网络化升级，重点关注：优化装备制造业升级的制度环境、积极促进装备制造业自主创新能力提升、健全装备制造业升级的产业政策体系等。

本书的研究特色主要体现在以下两个方面：

（1）从动态的角度分析了全球生产网络的演化规律及其与组织学习和技术创新模式的协同演化关系，深入探讨了企业升级的机理机制，拓展了技术创新理论和产业组织理论；探讨如何测度产业嵌入全球分工体系位势的方法，弥补了产业竞争位势定量分析的空白；提出了国际产业分工转移下中国装备制造业升级的政策体系，并以中国装备制造业和华为公司为例进行了产业升级的案例分析，丰富了全球化下我国推进工业化进程，构建和谐社会的发展经济学理论。

（2）全球制造网络下中国装备制造企业升级水平的定量分析将为中国制造企业升级战略的实施提供重要的理论支撑和实证分析的数据支持；全球制造网络下中国装备制造企业发展战略对策的研究将为中国装备制造企业转型升级、提高国际竞争力提供新的战略思路和应对策略；全球制造网络下中国装备制造企业升级的政策支持体系研究将为政府从战略高度制定推动中国装备制造企业发展的政策提供科学依据。

# 目 录

第一章 国际分工与全球制造网络 ………………………………… 1

第一节 产品内分工的基本界定 …………………………………… 1

一、国际分工与国际贸易 …………………………………… 1

二、"产品内分工"概念的内涵和基本范式 ………………… 3

三、产品内分工的现实形态 ………………………………… 6

第二节 产品内分工发生的内在机制 …………………………… 6

一、比较优势与产品内分工 ………………………………… 7

二、规模经济与产品内分工 ………………………………… 11

第三节 模块化产业结构 …………………………………………… 13

一、模块化分工的内涵 ……………………………………… 13

二、模块化分工的实质 ……………………………………… 14

三、模块化产业结构的特征 ………………………………… 15

第四节 全球制造网络的组织结构与表现形式 ……………… 17

一、全球制造网络的概念 …………………………………… 17

二、全球制造网络的组织结构 ……………………………… 18

三、全球制造网络的发起者类型 …………………………… 20

四、模块化全球制造网络的表现形式 ……………………… 22

第二章 国际产业转移的历程与趋势 …………………………… 26

第一节 国际产业转移的动因与发展历程 …………………… 26

一、国际产业转移的主要动因 ……………………………… 26

二、国际产业转移的发展历程 ……………………………… 29

第二节 国际产业转移的新特征与新趋势 ………………… 33
　　一、国际产业转移的新特征 ……………………………… 33
　　二、国际产业转移的新趋势 ……………………………… 37

第三章 产业转移视角下中国装备制造业竞争格局 ………… 41
　第一节 装备制造业的界定与分类 ………………………… 41
　　一、装备制造业的分类 …………………………………… 42
　　二、装备制造业分类的国际比较 ………………………… 44
　第二节 中国装备制造业的“引进来”与“走出去” ……… 45
　　一、国际装备制造业加速进军中国市场 ………………… 45
　　二、中国装备制造企业“走出去” ……………………… 49
　第三节 中国装备制造业的竞争格局 ……………………… 55
　　一、中国装备制造业总体及行业国际竞争力比较 ……… 56
　　二、中国装备制造业区域竞争格局比较 ………………… 66

第四章 中国装备制造业在全球竞争中的位势 ……………… 73
　第一节 装备制造业的模块化生产模式 …………………… 73
　　一、组织结构 ……………………………………………… 73
　　二、利益分配 ……………………………………………… 75
　第二节 中国装备制造业在全球分工中的地位——以产业内贸易的
　　　　 测度为依据 …………………………………………… 78
　　一、测度方法及数据 ……………………………………… 78
　　二、测算结果及分析 ……………………………………… 81
　第三节 模块化分工对中国装备制造业发展的制约 ……… 86
　　一、跨国公司的利润压榨 ………………………………… 87
　　二、跨国公司的技术壁垒 ………………………………… 88
　　三、装备制造业创新网络不完善 ………………………… 89
　　四、装备制造业有效需求不足 …………………………… 90

第五章 国际产业分工转移下企业升级的机理机制 ………… 92
　第一节 相关理论研究 ……………………………………… 92
　　一、企业升级研究 ………………………………………… 92

　　二、产业升级研究 ·············································· 93

　　三、全球价值链中的产业升级 ··························· 94

第二节　知识流动与全球制造网络升级能力 ··········· 97

　　一、全球制造网络的知识流动特性 ··················· 98

　　二、全球制造网络系统中的知识流动模式和层次 ····· 101

　　三、知识流动与全球制造网络升级能力的关系模型 ····· 106

　　四、知识流动促进全球制造网络升级能力的实现 ····· 108

第三节　组织学习与全球制造网络升级能力 ··········· 110

　　一、学习型组织与组织学习 ···························· 110

　　二、全球制造网络的学习行为 ························· 113

　　三、全球制造网络的学习模式 ························· 116

　　四、全球制造网络学习能力的动态模型构建 ········· 122

　　五、组织学习与全球制造网络升级能力的实现 ······ 128

第四节　协作竞争与全球制造网络升级能力 ··········· 130

　　一、协作竞争与全球制造网络升级能力的实现 ······ 130

　　二、全球制造网络创新行为竞合博弈分析 ··········· 135

第六章　国际产业分工转移下中国装备制造业升级的困境 ····· 141

第一节　产品建构陷阱 ······································ 142

　　一、产品建构的模式及特征 ···························· 142

　　二、两类产品建构陷阱 ·································· 144

　　三、中国装备制造企业的产品建构陷阱：案例解析 ····· 148

第二节　低端锁定与创新瓶颈 ····························· 155

　　一、中国装备制造业在全球价值网络中被"低端锁定" ····· 155

　　二、中国装备制造业开放式自主创新瓶颈 ··········· 166

第三节　中国装备制造业产业升级困境的博弈分析及实证检

　　　　验——基于全球垂直专业化分工的视角 ··········· 174

　　一、中国装备制造业产业升级困境的博弈分析 ······ 174

　　二、中国装备制造业产业升级困境的实证检验：垂直专业化

　　　　分工的视角 ··········································· 179

第七章　国际产业分工转移下中国装备制造业升级案例研究·············· 187

第一节　中国汽车产业升级的路径分析·············· 187

一、国际汽车产业价值链分工的形成与特点·············· 187

二、中国汽车产业存在的主要问题·············· 189

三、产业分工转移下中国汽车产业升级战略·············· 192

四、研究结论·············· 195

第二节　华为公司产业升级战略·············· 196

一、华为概况·············· 196

二、华为的核心技术战略·············· 196

三、华为的研发投入与人力资本投入·············· 198

四、华为的市场主导战略·············· 199

五、华为与竞争对手的博弈·············· 200

第八章　国际产业分工转移下中国装备制造业升级战略·············· 203

第一节　世界装备制造业升级的经验分析·············· 203

一、重型电气装备制造业升级过程·············· 203

二、电子及通信设备制造业升级过程·············· 205

第二节　全球制造网络下中国装备制造业升级路径·············· 208

一、遵循比较优势演化规律·············· 208

二、获取产品建构优势·············· 214

三、寻求开放式自主创新路径：基于知识吸收能力的观点·············· 218

第三节　全球制造网络下中国装备制造业升级的策略·············· 221

一、制造模块的发展·············· 221

二、产业升级的阶段性策略·············· 223

第九章　国际产业分工转移下中国装备制造业升级的政策体系·············· 226

第一节　优化装备制造业升级的制度环境·············· 226

一、加强知识产权保护，维护企业合法权益·············· 227

二、集中优势资源，加强共性技术研发·············· 228

三、强化财政金融支持，拓宽融资渠道·············· 229

四、加大装备制造企业间创新互投力度，营造宽松的创新氛围········ 230

五、建立健全信用机制 ……………………………………… 231

第二节　积极促进装备制造业自主创新能力提升 …………… 232

一、确立企业研发主体地位 ………………………………… 232

二、培养竞合的理念，鼓励网络化创新 …………………… 233

三、健全人才激励机制，发挥人力资本优势 ……………… 235

第三节　健全装备制造业升级的产业政策体系 ……………… 237

一、加强产业政策导向，实现产业结构升级 ……………… 237

二、选择优势产业进行战略突破，实现自主创新 ………… 238

三、培育大型跨国集团，形成分散寡头竞争 ……………… 240

第四节　研究结论 …………………………………………… 241

参考文献 ……………………………………………………… 245

后　记 ………………………………………………………… 250

# 第一章　国际分工与全球制造网络

"二战"以后，国际贸易飞速发展，传统国际贸易理论面临着新的挑战。按照传统国际贸易理论，国际贸易的发展在很大程度上依赖于以关税为代表的各种贸易壁垒的降低或减少。但是，正如 Yi（2003）所说，下列两个现象无法在传统贸易模型中得到很好的解释：一是自 20 世纪 60 年代以来全球关税虽然只下降 11%，但世界贸易占国内生产总值（GDP）的比重却上升了 3.4 倍；二是 20 世纪 80 年代中期之前关税的削减幅度要大于这一时期之后的关税削减幅度，但前一时期国际贸易的增长幅度却比后一时期明显要小。那么，为什么 20 世纪 60 年代，尤其是 80 年代国际贸易会飞速发展呢？这与产品内分工密切相关。

## 第一节　产品内分工的基本界定

随着经济全球化的发展，在价值链层次上出现了新型的国际分工格局——产品内分工。在产品内分工格局下，为实现生产成本的最小化，产品生产过程的不同环节被分散到不同国家或地区生产，每个国家或地区仅专业化于特定产品的某个生产阶段的生产。这种生产方式对于产业的发展和全球经济产生了深远的影响。

### 一、国际分工与国际贸易

国际分工（International Division of Labour）指的是各国生产者通过世界市场建立起来的劳动联系。它是经济发展到一定阶段，伴随着产业革命和机器大工业的形成而建立和发展起来的。由于机器和蒸汽的应用，分工的规模已使大工业脱离了本国生产基地，越来越多地依赖于世界市场、国际交换和国际分工。国际分工经历了不同的发展历程。自产业革命到第二次世界大战，参加国际分工的不同发展水平的国家，分别生产和出口工业制成品或农产品和原材料，形成了以工业与农业或原材料业进行分工为特征的产业间国际分工；第二次世界大战以后，随着科技革命的发生以及跨国公司的壮大，国际分工转向以各个产业内部分工为特征的新的国际分工。跨国公司发挥着越来越大的作用，促进了产业间的垂直分工、产业内的水平分工和混合分工等分工形态的发展。作为国际分工的表现形式，国际贸易的内容也对应国际分工的不同阶段发生着显著变化。18 世纪至 20 世纪 50 年代，国际贸易主要是工业国与农业国在工业制成品与农产品、原材料之间的产业间贸易；20 世纪 50 年代至约 80 年代，国际贸易的主体是发达国家之间工业品同工业品的产业内贸易，辅之以发达国家与发展中国家间的产业间贸易。

亚当·斯密（1776）在其巨著《国民财富的性质和原因的研究》中，阐述了他的分工和专业化思想。他认为推动经济增长的最根本原因是劳动分工的日益深化和不断演进，而市场范围的扩大将推动新的劳动分工的进一步深化。亚当·斯密提出了两个观点：其一，分工是与社会生产力相生相随的，分工的层次与内涵随着生产力的发展而深化；其二，分工的演进是与人类需求层次的提高密切相关的。随着社会生产力的发展和人类物质生活需求层次的不断提高，必然要从低级分工向高度专业化分工转化。

自新国际贸易理论❶创立以来，不同时期的国际贸易理论反映了不同时期的国际分工和世界经济的特点。古典贸易理论与新古典贸易理论指出，比较优势或要素禀赋是国际贸易得以发生的原因，不同的国家可以透过发展具有比较优势或要素禀赋优势的产业来实现互利。如果说古典贸易理论、新古典贸易理论分析的是产业间贸易的话，那么新贸易理论分析的主要是产业内贸易。新贸易理论认为，规模经济、市场不完全竞争是引致产业内贸易的主要诱因。由于规模经济和倾销可以获得并实现贸易利益，专业化于同一产业内不同产品的生产是有利可图的。

继亚当·斯密之后，阿林·杨格的《报酬递增与经济进步》一文是关于

---

❶ 以 1776 年亚当·斯密的《国民财富的性质和原因的研究》出版为标志。

分工和专业化的重要文献。杨格的思想被总结为杨格定理：市场规模扩大引致分工的深化，分工的深化又引致市场规模的扩大，这是一个循环累积、互为因果的演进过程。沿着这个思路，施蒂格勒指出："亚当·斯密提出的市场范围限制劳动分工的定理是关于企业和产业功能的理论的核心，并且还可以用来说明许多其他经济问题。"施蒂格勒认为，企业之所以不把报酬递增的功能交给专业化企业（产业）来承担，是因为"也许在给定的时期，这些功能市场规模太小，不足以支持一个专业化的企业或产业"。所以，"在不断成长的产业中，典型的情况应是纵向非一体化，而纵向一体化倒是衰落产业的特征"。可见，从亚当·斯密到杨格再到施蒂格勒实际上是提出了"由于分工而形成产业链"的思想。

20 世纪 80 年代以来，在经济全球化发展的背景下，国际分工从最终产品的分工进一步发展为产品内分工，即产品价值链中不同环节和工序之间的分工。当代国际分工实际是包含不同产业之间、相同产业不同产品之间和相同产品不同工序、不同环节之间在内的多个层次的国际分工体系。如果说传统的国际分工的边界是产业，那么当代国际分工的边界则更在于价值链。在这一体系中，国际分工中国家的边界明显弱化，企业特别是跨国公司日益成为分工的主体。作为这一国际分工在国际贸易领域的体现，20 世纪 80 年代至今，零部件和中间品贸易越来越成为当代国际贸易的主体。正是因为产品内分工的重要性，科勒（Kohler，2002）指出，国际垂直专业化分工（产品内分工）及建立在此基础上的贸易的盛行是当代经济全球化的显著特征。

## 二、"产品内分工"概念的内涵和基本范式

在经济全球化趋势日益明显的今天，芭比娃娃玩具的品牌管理、生产制造和市场营销，即当代世界经济中产品内分工的一个典型案例。芭比娃娃这一女童玩具的著名品牌由一对美国夫妇所创造，其最初的制造和市场营销基本上都在美国完成。但是今天，芭比娃娃的原料（塑料和头发）来源于日本和中国台湾，组装过程原来在日本或中国台湾进行，或者是在菲律宾，但现在其组装被转移到了成本更低的地区，如印度尼西亚、马来西亚和中国内地。生产过程中的模具以及装饰所使用的油漆是美国生产的，中国除提供廉价的劳动力之外，还提供芭比娃娃着装的布料（Feenstra，1998）。

可见，所谓"产品内分工"，指的是经济全球化背景下同一产品的不同生产工序在地域上的分离和生产上的合作。在这里，"产品"可以是最终产品或资本品，也可以是服务；"不同的生产工序"既可以相对狭义地理解为包括若干加工工序环节的制造过程，也可以宽泛地理解为一个产品从原料到消费品过程中包含产品设计、品牌管理、制造、流通等环节的"大生产"概念。因此，产品内分工既可以发生在传统的制造业，也可以发生在服务业。产品内分工得以发生的前提是生产工序的可分离。

按照胡梅尔斯（Hummels，2001）的归纳，产品内分工有三个特征：一是一种商品在多个阶段连续生产；二是两个或两个以上的国家在商品生产过程中提供价值增值；三是至少有一个国家在其生产过程中使用进口投入品，产出的产品被出口。

产品内分工的特征如图1-1所示。

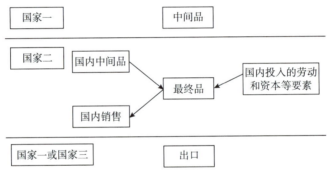

**图1-1  产品内分工的特征❶**

应该看到，根据胡梅尔斯（Hummels）的定义，产品内分工必须包括进口和出口两个过程，这两个过程密切相关、不可或缺。但是只有最终体现在出口商品中的中间品的进口，才属于产品内分工所考察的内容。

从生产组织形式看，与产品内分工相对应的是迪特尔·恩斯特（Dieter Ernst，1999）和迪肯、汉纳森（Dicken，Henerson，1999）提出的全球制造网络（Global Production Network，GPN）。GPN的特点是：整个生产过程包括占

---

❶ YI, KEI - MU. Can vertical specialization explain the growth of world trade? [J]. Journal of Political Economy, 2003, 111 (1)：52 - 102.

支配地位的核心公司、子公司、附属公司或合资公司，或分包商、供应商、服务提供商和战略联盟的合作伙伴等组成的网络结构（Enist，2002）。GPN 的分散程度与产品价值链中的位置有直接关系，越靠近高附加值的关键技术的零部件和中间品的工序，其生产越集中。GPN 中的企业并不一定要有资产所有权方面的关联，更多的是一个虚拟的战略联盟。

从企业的视角看，产品内分工可以通过企业内分工或内部一体化的方式来实现，也可以通过企业间分工或外包的形式来完成。企业内分工（Intra‐firm Specialization）或内部一体化，是指分布在不同国家的同一厂商的附属企业或控制企业之间进行分工。企业内分工的共同特点是处于顶端的母公司通过对企业所有权的控制来协调产品的各个生产工序。企业间分工（Inter‐firm Specialization）或外包，是指分布在不同国家且相互独立的厂商共同完成一个产品的生产过程。企业间分工，主要是通过市场契约来完成不同工序之间的协调。OEM（Original Equipment Manufacture）是这类分工的重要形式。从某种程度上可以说，企业间分工是跨国公司内部分工的外部替代品。

国际分工、国际贸易与全球制造网络实际上是从不同的侧面来对国际经济进行研究，三者之间的关系如图 1－2 所示。

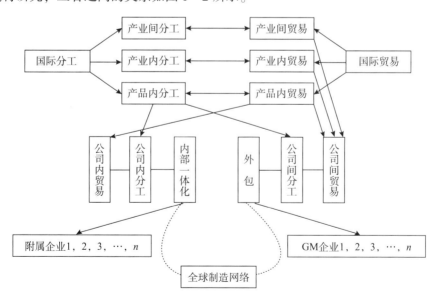

图 1－2 产品内分工与其他分工和贸易的关系

### 三、产品内分工的现实形态

可以用不同的概念来描述产品内分工的现实形态，但不同的概念与产品内分工的关联度并不完全一致。

产品内贸易（Intra - product Trade）是指由于产品内分工引起的零部件和中间品贸易。实际上，产品内贸易是产品内分工在国际贸易中的具体体现，两者分别从贸易和分工的不同侧面来描述当今国际经济中生产工序的分离和生产的合作，两者如同一枚硬币的两面，出现在需要出现的不同语境中。

中间品贸易（Intermediate Goods Trade）是指用于生产其他商品和服务的零部件和中间产品的贸易。值得注意的是，产品内贸易属于中间品贸易，但是，中间品贸易却并不完全等同于产品内贸易。尽管所有的中间品贸易都符合产品内分工的特征一和特征二，但不一定符合特征三，因此，相较于产品内贸易，中间品贸易的概念及其所包含的范围更为宽泛，既包括所有的产品内贸易，也包括部分用于生产最终品的产业间贸易和产业内贸易。

加工贸易（Processing Trade）主要指对外加工装配贸易、中小型补偿贸易和进料加工贸易。而通常所说的"三来一补"，指来料加工、来件装配、来样加工和中小型补偿贸易，其中来样加工不在加工贸易的范围内。❶ 可以看出，加工贸易是典型的产品内贸易，符合产品内分工的全部特征。但是，产品内贸易并不完全等同于加工贸易，因为采用其他贸易方式进口的商品也有相当一部分作为最终产品的投入品，会在国内各个部门的多阶段生产中反复循环使用，这些最终产品中的一部分也会成为出口品。这部分贸易包含在产品内贸易中，但不包含在加工贸易中。

## 第二节　产品内分工发生的内在机制

从某种意义上而言，产品内分工（Intra - products Specialization，IpS）是

---

❶　根据中华人民共和国海关对加工贸易货物监管办法（海关总署令第 113 号）的规定，加工贸易是指经营企业进口全部或者部分原辅材料、零部件、元器件、包装物料（以下简称料件），经加工或者装配后，将制成品复出口的经营活动。

同一产品的不同生产阶段（生产环节）之间的国际分工，实质是生产布局的区位选择，其既可在跨国公司内部实现，也可通过市场在不同国家间的非关联企业间完成。以产品内分工为基础的贸易日益成为国际贸易的重要组成部分，比较优势和规模经济是推动产品内分工发展的重要内在机制。

## 一、比较优势与产品内分工

国际经济学的一个基本理论支柱是阐述国际分工贸易通过比较优势创造利益源泉的原理。贸易理论说明，在若干标准假定下，要素禀赋存在差异的两个国家生产投入品比例不同的产品，其相对价格会显著不同，因而分工交换可能提高两国经济福利。我们可以通过与产品间分工贸易进行比较来讨论产品内分工贸易的基础和来源，首先利用生产扩张线分析框架说明产品间分工原理，然后分析国际分工从产品推进到工序层面的情况。

图 1 – 3 表示两个产品的生产扩张线。$AC$ 和 $BD$ 分别表示甲国和乙国两条假设价值相同的等成本线。产品 $X$ 的生产扩张线的斜率较大，表示投入品中资本所占比例较高，具有资本密集特点；$Y$ 产品生产扩张线的斜率较小，具有劳动密集特点。等成本线斜率差异表明，甲国资本对劳动相对价格较低，显示了该国资本比较丰裕的要素结构特点；乙国的劳动对资本相对价格较低，显示了该国劳动比较丰裕的要素结构特点。依据标准的比较优势国际分工理论，资本（或劳动）相对密集的产品，应当在资本（或劳动）相对丰裕因而价格较低的国家进行。例如，图 1 – 3 中价值一元 $X$ 产品的等产量线，与甲国等成本线相切，切点对应的要素投入比例代表了较高资本使用强度；价值一元 $Y$ 产品的等产量线与乙国等成本线相切，切点对应的要素投入比例代表了较高劳动使用强度。通过两条虚线从反面可以表示出这一配置在国际分工意义上的经济合理性。$A'C'$ 表示如果劳动密集型的 $Y$ 产品在甲国生产，需要较高的成本才能生产出价值一元 $Y$ 产品；$B'D'$ 表示如果资本密集型的 $X$ 产品在乙国生产，需要较高的成本才能生产出价值一元 $X$ 产品。

射线 $OS$ 表示某个给定的劳动和资本的最佳搭配比例，它通过两国等值等成本线交点 $N$，因而具有国际分工临界点的经济含义。图 1 – 4 中仍假定两条价值相等的等成本线 $AC$ 与 $BD$ 相交于 $N$ 点，技术和要素投入比例不同的三个产品等产量线 $X_1$、$X_2$、$X_3$ 分别与等成本线 $AC$ 相切于 $N_1$、$N_2$、$N_3$ 点，这些切

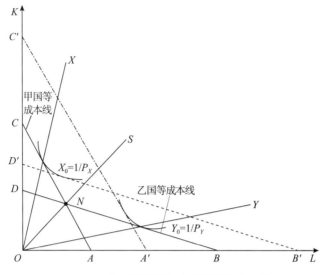

图1-3 生产扩张线与产品间国际分工❶

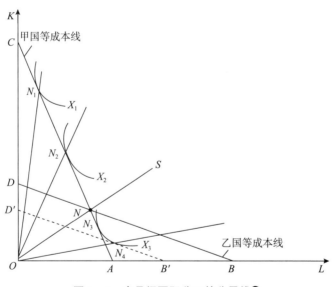

图1-4 产品间国际分工的分界线❷

点在封闭经济环境下都是甲国生产的均衡点。但是，这三个切点存在不同的意义。其中，$N_1$、$N_2$位于$N$点上方的$NC$区间，$X_1$和$X_2$对应的产品应该在甲国

❶❷ 卢锋. 产品内分工 [J]. 经济学：季刊，2004 (10)：55-82.

生产，因而这两个切点在国际分工背景下也是均衡配置点。位于 $N$ 点下方的 $AN$ 区间的 $N_3$ 则不是国际分工的均衡配置点，因为等产量线 $X_3$ 与虚线表示的等成本线 $B'D'$ 相切于 $N_4$ 点，由于 $B'D'$ 位置低于 $BD$，在乙国生产 $X_3$ 代表的产出能够节省成本，因而该产品应当在乙国生产。不同产品等产量线在 $CN$ 区间与等成本线 $AC$ 的所有切点，其投入品比例存在一个共同特点：其资本投入密集度高于 $OS$ 线表示的资本投入密集度，在 $AN$ 区间的所有切点，资本密集度低于 $OS$ 线资本密集度。因而，在上述分析模型中，$OS$ 线对依据比较优势进行产品间国际分工而言具有分界线含义。在运输和其他交易成本的情况下，所有要素投入品中资本比例较高，因而生产扩张线斜率大于 $OS$ 斜率的产品，应当由资本资源丰裕及其资本相对价格较低的甲国进行专业化生产，比如发达国家；所有要素投入品中资本比例较低，因而生产扩张线斜率小于 $OS$ 斜率的产品，应当由劳动资源丰裕及其相对价格较低的乙国进行专业化生产，比如发展中国家。

上述分析是建立在贸易理论某些标准假定基础上，但是，从本书研究角度看，关键是要注意主流贸易理论所共享的一个分析前提，就是认为特定产品的所有生产过程必须在特定国家内部完成。这个潜在研究立场又可以分解为三个隐含假定：①产品生产过程仅仅包含一道工序；②虽然存在不同工序，但各工序要素投入比例相同，因而产品加权要素投入比例与个别工序比例相同；③虽然存在不同工序，并且各工序要素投入比例不同，但是由于工艺和技术原因，不同工序不能在空间分离，或者分离成本极高。只要其中任一个条件成立，就没有由于比较优势而产生国际分工的结果了。因此，从比较优势角度考察产品内分工发生的基础，需要同时松弛上述三个条件。

产品生产工序空间可分离性条件，下面将作为产品内分工前提因素来讨论。这里主要分析存在多道工序并且不同工序存在要素投入比例差异背景下，比较优势有可能成为产品内分工源泉。集中讨论某个产品（如 $X$ 产品）发生工序分工的情况。图 1-5 分析框架与图 1-3 和图 1-4 类似，其中 $AC$ 和 $BD$ 是两条假设价值相等的等成本线，反映甲、乙两国资本与劳动存量比例和相对价格差异，$OS$ 线具有国际分工临界线的含义。$X$ 产品生产包含两道工序，$X_1$ 工序所需要的劳动投入比较密集，$X_2$ 工序资本投入比较密集，总体来看资本密集部分在成本结构中所占份额较大，$X$ 产品生产两道工序加权平均的投入比例，其资本密集度高于 $OS$ 线表示的资本密集度，因而如果只允许进行产品间分工，该产品生产应在资本要素比较丰裕的甲国进行。$X$ 产品生产扩张线上价值一元产品的实际生产点可以利用对两道工序矢量加总的原理来确定，即通过 $OZ$ 代表的资本密集工序和 $OV$ 劳动密集工序组合完成，等成本线 $AC$ 给出了在甲国完成这两个工序生产过程需要的成本量。但是劳动密集型工序 $X_1$ 的生产扩张线位于 $OS$ 线下方，说明该工序如果分配到劳动要素丰裕的乙国进行，有可能节省成本。

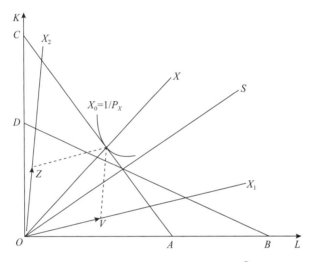

图 1 - 5　生产工序投入的比例差异❶

图 1 - 6 说明比较优势通过产品内分工创造利益的原理。其中，$OV$ 表示劳动密集工序，$VZ$ 表示资本密集工序；如果允许工序国际分工，把工序 $VZ$ 转移到劳动相对价格较低的乙国进行，工序 $VZ$ 仍在甲国完成，有可能创造额外经济利益。为说明这一点，将乙国等成本线 $BD$ 平行内推到正好与 $V$ 点接触的 $B_1D_1$ 位置，它表示在乙国进行劳动密集型工序 $OV$ 需要的成本；然后把甲国等成本线 $AC$ 平行内推到 $A_1C_1$ 位置，它相应表示甲国完成 $OV$ 工序的成本。

工序分工带来的成本节省优势可用如下方法表示：从 $V'$ 点引一条与 $VZ$ 平行并长度相等的线段 $V'Z'$，表示仍在甲国进行的资本密集型工序活动；然后过 $Z'$ 做一条新的等成本线 $A_3C_3$，表示采取工序国际分工完成两工序生产过程所需要的总成本。$A_3C_3$ 位于 $AC$ 等成本线左下方，二者差别显示产品内分工创造

---

❶ 卢锋. 产品内分工 [J]. 经济学：季刊，2004（10）：55 - 82.

出新利益。过 $V'$ 点作一条新的甲国等成本线 $A_2C_2$，由于定义规定 $BD$ 和 $AC$ 是等值等成本线，因而 $B_1D_1$ 与 $A_2C_2$ 各自代表的成本也相等。$A_2C_2$ 代表的成本量小于 $A_1C_1$ 代表的 $OV$ 工序在甲国进行所需要的成本量，两条等成本线差异显示了工序国际分工创造出利益。

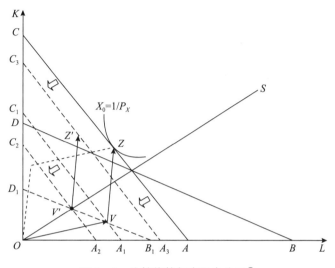

图1-6　比较优势与产品内分工❶

## 二、规模经济与产品内分工

规模经济包括内部规模经济与外部规模经济，二者都可能对产品内分工产生巨大影响。假定一个产品的生产过程可以分割为三道工序或环节，其中第一道工序是最为关键的工序。如果全部工序在一国内部完成，那么，这一产品的生产规模只能由第一道工序的最优规模来决定，而最优规模较大的第二、第三道工序无法实现规模经济，这也是木桶原理的一个重要体现。而在产品内分工条件下，可以由不同国家的厂商来完成具有不同最优规模的产出工序，使得每一环节都在其最优规模下进行生产，从而达到提升资源配置效率的目标。如果生产局限在某一固定地点进行，则很可能出现生产的短板效应，无法达到最佳生产规模，也无法实现规模效益的最大化。

---

❶ 卢锋. 产品内分工 [J]. 经济学: 季刊, 2004 (10): 55–82.

图 1-7 的纵轴表示三道工序的平均成本曲线，A 和 B 部分的面积分别表示在不发生产品内分工情况下，第二、第三道工序按产品最佳规模进行生产的机会成本，这一部分反过来即是产品内分工条件下各工序均按本工序最优规模进行生产所带来的收益；左侧横轴表示在不存在产品内分工的情况下，最关键的第一道工序的最优规模就是该产品的最优规模，右侧横轴表示不同工序最优规模所对应的投入量。

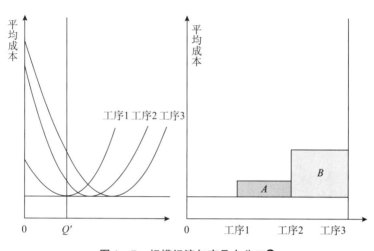

**图 1-7　规模经济与产品内分工❶**

因此，外部规模经济也能成为引致产品内分工的重要因素。马歇尔（1938）以及克鲁格曼和奥伯斯法尔德（1998）关于外部规模经济的推论，也能用于解释国际分工中的产品内分工现象。事实上，从产品内分工生产所具有的特点来看，产品内分工可以进一步发挥内在规模经济的作用，促进生产成本的进一步降低和生产效率的进一步提高。如果生产的过程没有在地点上分离，则很可能生产的不同阶段在数量的匹配上互相牵制，无法共同达到各自的最佳规模和实现最优生产。

事实上，20 世纪后半期以来，通信技术的进步，特别是以互联网的出现和覆盖全球为标志的互联网革命，从外部环境上让产品内分工在世界范围的展开成为可能。由于互联网通信的成本非常低廉，尤其是互联网通信的即时性等

---

❶ 卢锋．产品内分工 [J]．经济学：季刊，2004（10）：55-82.

特点，使得无论是跨国公司在全球组织内部生产，还是通过市场契约将部分工序外包形成全球制造网络，都可以实现各工序和环节之间的即时沟通和无缝结合。此外，"二战"以后运输领域突飞猛进❶的发展和以降低关税为标志的贸易自由化进程等因素，极大地降低了产品内分工与贸易的成本，进一步提升了参与产品内分工各方的利益，提升了产品内分工发生的频率，也进一步推动了全球化的发展。

# 第三节　模块化产业结构

20世纪90年代，世界经济进入了真正的全球化时代。而由科技革命推动的国际分工的深化是经济全球化进程快速发展的主导力量。信息技术革命催生了模块化技术，而这一新的主导技术在经济全球化环境下的应用又进一步催生了模块化分工，从而推动了全球制造网络的形成。

## 一、模块化分工的内涵

从结构的角度来说，分工一般可以分为纵向分工、横向分工。横向分工是一种简单的分工，主要分解工作量过大的问题，一块地一个农民是可以应对的，但是工作量太大需要更多的时间，多人合作能够缩短完成任务的时间。横向分工实施比较简单，一个人完成一个独立子任务，多人就完成了一个整体任务；不过，横向分工并不能提高个体的工作效率，而且多人一起工作需要花费沟通成本，总体上效率会下降。纵向分工也称为垂直型国际分工，是指按照权力的上下级关系或者技术关联中上下游关系进行的链条式分解。纵向企业的垂直功能分解即垂直一体化的企业基于无限追求高效率和高利润的根本目的，将原来在企业内部进行的生产流水线上的一些生产环节适当分离出去，转而依靠外部的供应商来供应所需的产品和服务。当一个大系统可以分解成若干个小系

---

❶ 运输领域的快速发展主要表现在三方面：一是运输体系的立体化和全面化，远洋船舶运输、航空货运、高速公路等运输体系覆盖全球；二是运输价格的降低；三是运输时效的提高。例如，从20世纪60年代后期开始的集装箱化运输方法，使远洋运输船队速度平均加快一倍，到1998年远洋运输平均每次货物运输时间下降到20天左右（Hummels，2001）。

统时，即一个企业可以把业务外包时，模块化就产生了。当然，模块化不同于传统意义上的分工概念。青木昌彦（2003）论述了模块化分工区别于古典分工的主要特征：一是模块本身可以是复杂系统；二是不同模块之间的连接规则是进化的；三是模块的"包裹化"有利于整体系统的改进和创新。胡晓鹏（2005）指出模块化不是依据专业化效率原则进行的分工，而是依据功能原则对专业化分工做出的整合。模块化绝不排斥按效率分工，因为独立功能模块建立和演化仍然是要靠效率分工来推动的。同时，模块化通过背靠背（Back to Back）的竞争模式和允许试错的实验方式对效率的提升也起到了积极的推动作用。因此，模块化是分工的必要而非充分的条件。换句话说，产生模块化就必然存在分工，但存在分工未必会产生模块化。

事实上，模块化分工体系更像混合型的分工体系。模块是以功能划分为标准的，而模块内部元素的构成则是以分工的形式展开的，模块化分工体系更关注子模块间平行式的立体网状关系的构建。因此，模块化分工是由传统分工进一步发展和演化得来的，模块化分工体系也自然保留了与传统分工体系相关的特征，而这些特征还相当明显。

## 二、模块化分工的实质

在模块化规则下，一个复杂系统依照功能被分割成若干个模块，模块产品由不同的厂商生产。从知识的视角看，模块化的本质在于通过体系结构和标准界面的建立，降低了知识之间的相互依赖性（芮明杰，陈娟，2004），可以说模块化分工的实质是知识分工。在模块化条件下，知识分工通过以下过程进行：

（1）模块化实现了把复杂的系统知识分割成独立的模块知识。在模块化分工的体系中，设计规则是显性知识、是公开的知识，所有的模块必须遵循设计规则才能实现模块之间的兼容；在遵循设计规则的前提下，每一个模块内部的知识是隐藏的，每一个模块只要提供结构界面的一些参数，使本模块的接口能和其他模块对接就可以了，至于模块内部的信息则是不需要公开的。这样不同的模块就形成了各自独立的知识分工。

（2）由于模块内部的信息是"包裹化"的，一个复杂的系统被分割成若干个子模块，在设计规则的指导下，不同的模块可以同时开展独立研发，而不会受到来自其他模块的影响。由于实现了独立的知识分工，模块化条件下的并行设计从根本上改变了传统基于工序的线性创新方式，大大提高了知识创新的速度。

（3）由于系统内部存在大量提供相同功能的模块，为了在激烈的竞争中获得选择权，同类模块之间开展背靠背的竞争。系统将选择最优秀的模块集成最终产品，不同模块的知识整合实现了高效率的知识集成。

模块化分工改变了传统产品开发的次序，它以定义产品基础架构（Product Architecture）为起点，各子模块内部平行展开知识创新形成被包裹化的模块知识，并在产品基础架构的系统知识和模块知识的不断互动中确定方案。因此模块化改变了知识的供应方式，并使得创新系统具有更大的开放性。可以认为，模块化分工体系的背后是一个知识"分工—整合"的过程，模块化分工形成了知识的分工，而模块化最终产品的组合过程实现了知识整合。从这个意义上讲，模块化分工的要义在于创新资源的可分解性与可集成性；而成功实施模块化创新的关键在于对各种创新资源的有效集成，包括对技术、能力、组织、战略等要素的集成，尤其是对知识的集成。

## 三、模块化产业结构的特征

模块作为一个半自律的子系统，通过与其他系统松散耦合，完成整个价值系统的整合与创新，使产品价值链实现价值增值，同时改变"微笑曲线"的弯曲度，重新构建价值链上的价值分布（郝斌，任浩，Anne-Marie Guerin，2007）。

（一）模块化产业结构是一种高效灵活的生产体系

模块化将复杂系统分解为一些半自律性的子系统——模块，这些子系统按照一定的规则相互联系而构成更加复杂的系统或过程。模块化系统通过将系统的各项技术参数合理分解，显著提高了企业产品设计制造的灵活性和效率。由于模块化系统中局部的修改和变化并不影响其他部分的运作，这就让系统拥有了模块可升级性。模块可升级性使得企业能够在一个相对稳定的技术平台上，对特定的模块利用以往形成的核心知识进行持续开发，并提高企业知识投资的效率；模块可升级性还能让企业在遵循看得见的设计规则的基础上，根据消费者的需求对模块进行重组，快速推出新产品和新服务。

（二）模块化生产网络是一种全球制造系统

模块化生产网络是模块化企业集群的模块化，它由默许行为（Tacit Activity）的节点组成，这些节点通过编码化信息的交换而连接，创造出全球规模的制造系统。模块化生产网络在空间上的集中与分散是相容的，并且具有相互增强的趋势。全球性领导厂商以外包为基础，以产品设计为龙头，以开放共享为标准，跨国公司总部及其内嵌在各种专业化企业集群中的分支机构通过组织接近整合地理接近，在全球经济范围内重新建立战略体系，将分布在不同地区的企业或企业集群连接为一个有机的整体，以实现资源共享和优势互补。这样，模块化生产网络就突破了经济区位的有形疆界，既可以是地理位置毗邻的产业集聚地，也可以是跨地区、跨国界的网络组织，从而具有了全球化的特征。

（三）模块供应商和系统集成商之间是一种新型的合作关系

模块化组织之间是竞争与合作的关系，既进行"面对面"合作，也进行"背对背"竞争。"面对面"合作是企业价值网络形成的直接动因。各成员企业在模块化的优势环节（关键成功因素）上展开合作，以取得整体利益的最大化。"背对背"竞争是指在价值模块的研发过程中，模块供应商之间不能观察到竞争对手的行为，只能观测到"看得见"的信息系统部分，在遵守共同界面标准的前提下相互独立地完成各自的研发，具有"背对背"的特征。模块化组织之间的合作为价值模块的研发和整合提供了平台和共享资源；模块化组织之间的竞争能够产生"淘汰赛"的激励效应，为在共同的界面标准下加快研发步伐、加大创新力度提供了动力。

（四）知识和信息成为最重要的生产要素

模块化网络组织中的成员企业为了拥有持久的竞争优势，必须持续吸收和创造新知识，不断地对知识进行整合。不同层面的知识整合不仅能够有效地将知识的力量扩散出去，而且能够提升组织的竞争能力，使知识资本得到增值。知识流动和整合过程将带来网络知识的溢出效应，包括模仿效应、带动效应、交流效应、创新效应，将推动网络组织内部的知识共享，最大限度地发挥知识资源对组织优势形成的作用。更为重要的是，模块化网络组织内部的知识流动和知识整合能够化解模块化组织内部"技术路径依赖"和"模块化陷阱"所带来的风险。"技术路径依赖"是指一旦采用某种技术，由于规模报酬递增，技术路线就会沿着已有的路径发展下去。"模块化陷阱"指的是系统的模块化促进市场的模块化发展，形成组织结构和市场结构的模块化。如果组织和创新跟不上新结构的需要，可能导致模块化成为系统进一步创新的约束，使模块化组织始终拘泥于一个给定的界面标准开发新产品，组织的系统整合能力将大大下降，甚至威胁到组织的生存。模块化网络组织中不同禀性的知识在流动和整合过程中将创造出新的知识，并给模块化组织带来技术创新的新思维。

# 第四节　全球制造网络的组织结构与表现形式

20 世纪 60 年代以来，跨国公司逐渐成为世界经济与贸易增长的发动机，随着跨国公司全球化战略的逐步实施，以跨国公司为首，按照各国或地区不同的比较优势、竞争优势状况，将其配置在同一商品链或价值链的不同环节上，形成了以全球制造网络为纽带的国际一体化生产体系。正如恩斯特等（Ernst et al.，2001）认为的"GPN 是一种跨越企业和国家边界的价值链的集中扩散，伴随着一个平行的网络参与者的层级一体化进程"。这直接导致了国际分工模式、经济组织方式、比较优势的表现形式、产业升级路径等一系列的变化。同时，全球范围内生产网络的日益兴起也为发展中国家融入世界生产与贸易、实现产业转型与升级提供了契机。

## 一、全球制造网络的概念

长期以来，跨国公司为了应对全球竞争的压力，致力于想方设法降低生产成本，而发展中国家丰富的劳动力资源、低廉的工资水平不断促使跨国公司将制造加工环节（尤其是劳动密集型产品的加工环节）通过设置海外生产基地的方式放在发展中国家或地区开展，从而使其增强在市场上的核心竞争力。在这一过程中，吸引跨国公司的是各国、各地区不同的竞争优势。比如，发展中国家由于劳动力成本相对低廉，因此大多具有劳动力比较优势，这些地区被配置在劳动密集型生产环节上；而发达国家在资本、技术、市场营销等方面具有突出优势，则被配置在设计、品牌、营销等环节上。而把来自不同国家、地区的多个企业统筹组织在一起的载体就是全球制造网络（GPN）。比如一部苹果

iPhone 手机，从硅谷库比蒂诺总部，到日本古都京都的电子工厂、韩国"三八线"附近的产业基地，到中国深圳富士康的流水线，又被送回美国，然后再产销全球。这就是全球制造网络的一个缩影。

众多学者对于全球制造网络这一新生事物所给的名称和定义不尽相同。全球制造网络在学术上还有几个类似的名称，即全球商品链、全球价值链等。根据斯特金（T. Sturgeon，2002）的观点，生产网络是指将一群企业联系在一起形成更大的经济单位的企业相互之间的种种关系，它侧重于强调企业间相互关系的特征和相互关系的程度，生产网络也可叫作价值网络或供应基础。因此，生产网络不仅是指企业在同一产品内垂直分工形成的价值链关系，还包括为生产同一产品相互联系在一起的企业之间其他的集成关系。相对于价值链重点关注同一产品不同生产环节的纵向关系来说，生产网络的概念范畴更加宽泛一些，不仅包括同一产品不同生产环节之间的纵向联系，同时也关注同一生产环节上的企业之间的横向联系。根据格里芬（1999）对于商品链空间维度的研究，全球制造网络是指其产品的生产活动涉及两个以上国家的企业相互联系在一起所形成的生产网络。它可分为三种情况，第一种情况是由至少两个在地理上较为邻近的国家或地区的企业所形成的生产网络，也称为跨境生产网络或国际生产网络；第二种情况是由位于同一贸易区范围之内的多个国家的企业所形成的生产网络，也叫作区域生产网络或区域生产体系；第三种情况是生产网络由至少两个大洲或两个贸易区以上的国家的企业相互联系形成，也叫作全球制造网络。

总体来看，全球制造网络有如下三个特征：一是其生产活动的分散化，为了充分利用不同地区具有比较优势的资源，同一产品内多个不同生产环节在空间上分散化；二是全球制造网络在地理分布上跨越国界，为了更加有效组织生产运营，需要在全球范围内重组优势资源进行生产活动；三是在组织治理方式上较为灵活，由于全球制造网络成员关系的特殊性，企业间领导、合作关系富有弹性。

## 二、全球制造网络的组织结构

根据格里芬（1999）的观点，全球制造网络涉及公司内、公司间两方面的交易协调方式，它把领导厂商原有的独资公司、合资公司等与外部的独立供应商、独立承包商、独立分销商及战略伙伴联盟等联系在一起。这种组合可以涉及也可以不涉及产权的转让，也就是说，网络内企业之间可能存在资产所有关系，也可能相互之间在资产所有权上完全独立，其目的都是为了使领导厂商（Flagship）能够把生产成本降到最低，尽可能提高效率，从而增强其核心竞争力。其组织结构如图 1 - 8 所示。

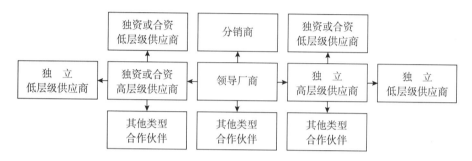

**图 1 - 8 全球制造网络的基本组织结构❶**

在整个全球制造网络中，企业主体可分为两类，一类是居于核心地位的企业。它可分为两种类型，即品牌领导者与合同制造商，前者是指以其自身为主导，在全球配置资源并形成网络，以实现降低成本、产品差异化和贴近市场的目的，它实现了网络内企业间水平分工。而后者则通过垂直分工，设置全球制造网络从而形成一体化的全球商品供应链。无论是哪种类型的领导厂商都居于网络的核心位置与主导地位，由它们来完成网络内的战略制定、管理控制和组织领导等重要工作，因而对整个生产网络的发展起到主导作用。另一类网络主体被称为当地供应商，它分为两类，即主要供应商与一般供应商，主要供应商在领导厂商与其他当地供应商之间起到中介作用。它们直接与领导厂商（包括品牌领导者、合同制造商）接触且拥有一定的竞争力（包括技术），在一定程度上拥有自己的微型全球制造网络。除了核心的研发与营销战略制定等业务活动由网络领导厂商控制以外，主要供应商要能够完成整个价值链的每一个环节的活动。一般供应商相对居于较为附属的地位，它们的竞争优势主要源于低成本、快速度及交货及时灵活，它们一般不直接与网络中的领导厂商接触，而是与主要供应商建立联系。一般供应商通常缺乏独特资产，融资能力较弱，比

---

❶ 卜国琴. 全球制造网络与中国产业升级研究 ［D］. 广州：暨南大学，2007：78 - 93.

较容易受到市场、技术突变及金融危机的影响。●

从经济组织的治理模式上看，全球制造网络这种组织方式有别于传统的二元治理模式，即它不是单纯的跨国公司内部治理模式，也不是市场治理模式。全球制造网络中的领导厂商或品牌制造商与其他厂商之间不是雇佣关系，也不是产权买卖关系，而是一种相互依赖、互补性分工、互惠互利且较有弹性的网络关系。由于全球制造网络兼容了传统二元治理模式的种种优点，从而使生产组织得更有效率，也使居于网络中的某一企业尤其是领导厂商更具竞争力，因此以跨国公司为主导的全球制造网络这种生产组织方式的日益兴起是整个世界经济生产、贸易当中一次重要的组织创新活动，它的出现使得跨国公司能够更好地处理自身的专业化以及与东道国企业相互合作中的冲突。

### 三、全球制造网络的发起者类型

在全球制造网络（其组织结构见图 1 - 9、图 1 - 10）中，生产网络的运行机制主要取决于网络治理者的行为。因此，谁是整个生产网络的治理者和具备哪些条件才会成为治理者是一个非常重要的问题。一般而言，谁占据了生产网络上的高附加值的环节，谁就占据了网络中的主导地位，谁就抓住了整个生产网络，进

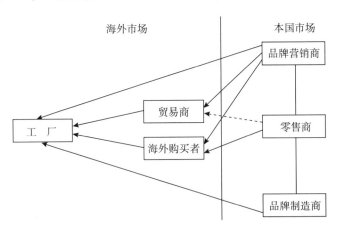

**图 1 - 9 购买者驱动型全球制造网络的组织结构**

资料来源：整理自格里芬等（G. Gereffi，M. Korzeniewicz，1994）。

---

● 一定程度上，全球制造网络中的主要供应商和一般供应商类似于产业集群中的核心配套企业和一般配套企业。

而控制该行业，成为生产网络的治理者。因此，要保持全球产业竞争优势，关键是掌握该产业全球制造网络上的战略环节。

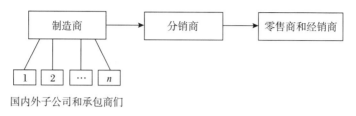

**图 1 - 10　生产者驱动型全球制造网络的组织结构**

资料来源：格里芬等（G. Gereffi, M. Korzeniewicz, 1994）。

（一）两类不同驱动类型的全球制造网络

从发起者的角色差异来看，全球制造网络可分为两类，即购买者驱动型与生产者驱动型。购买者驱动型是指以行业中的零售商、品牌营销商为领导厂商，在全球建立生产网络，主要从事服装、鞋帽、玩具、家居用品等劳动密集型产品的设计、生产与营销活动，网络中的领导厂商往往在设计、品牌与营销方面有突出优势，并控制整个生产网络。在购买者驱动型的生产网络中，生产往往通过有序组织第三世界国家的分包商并按国外买方的要求提供成品来进行。

生产者驱动型是指行业中的制造商成为网络的领导厂商，由他们牵头在全球形成生产网络，主要从事汽车、飞机、计算机、半导体和重型机械等资本、技术密集型产业的设计、制造、销售活动，领导厂商往往在资本、技术方面有独特优势。全球汽车产业是生产者驱动型生产网络的典型体现。它是一种涉及数千家厂商（包括母公司、子公司及分包商）的生产体系。比如，一般日本汽车制造商生产体系往往包括上百家一级厂商，数千家二级厂商或子公司及数万家三级厂商或分包商。其中，汽车零部件主要通过生产网络由东亚与东南亚一些国家的厂商提供。同样，由日本、美国主导的半导体产业也把全球制造网络延伸到了东亚国家。

在生产网络中，存在新厂商进入障碍的生产环节往往可以带来更多利润。在生产者驱动的生产网络中，制造商能够对提供原材料、配件供给的后向联系与进入分销、零售的前向联系实施控制，领导厂商主要是全球跨国寡头厂商。

与此相反，购买者驱动型的生产网络以高度竞争、当地所有、全球分布生产体系为特征，其利润不是来源于规模、数量和技术进步，而是源于高附加值的研究、设计、销售、营销和融资能力的独特整合过程，其中零售商、品牌制造商、品牌营销商成为整合全球消费品市场海外工厂的战略中间人角色。与生产者驱动型生产网络中生产环节的厂商控制整个生产网络的情况不同，零售商、营销商和制造商主要凭借品牌和全球发起战略来操纵商品链。

（二）不同驱动类型的生产网络的运行特点

生产者驱动型生产网络往往由产业资本实力雄厚的制造商发起成立，更加注重研究与开发、生产工艺的不断改进及产品的不断更新，通过垂直一体化来强化规模经济效应及加强基础设施等硬件建设方面。而购买者驱动型生产网络主要由商业资本强大的零售商、品牌营销商、品牌制造商主导，较为强调设计、品牌建设、拓宽营销渠道等软件环境的建设。因此，对于发展中国家的企业来说，如果要通过参与特定生产网络来实现产业升级的话，就要根据不同网络类型的特征而采取不同的策略。如果企业参与的是生产者驱动型生产网络，如高科技行业、汽车制造行业的企业，则应主要关注如何增强自身核心技术能力，这样才能更好地实现网络内的升级。而对于参与购买者驱动型生产网络的企业来说，如服装企业、玩具企业则应更关注自身产品设计、品牌建设、营销渠道拓宽等方面能力的提升，从而有助于提高自身在网络中的地位，实现产业升级。例如，英特尔、海尔和丰田等企业强调的是企业的技术创新、生产能力和相关产业的垂直整合，以此作为参与市场竞争的核心竞争力；相反，如果这些企业把核心竞争能力或产业重心放在销售渠道和水平一体化等方面，那么我们就不会看到这些企业过硬的技术、产品质量和生产效率了。同样，那些置身于购买者驱动型的全球制造网络中的企业也应该按照所在生产网络的内在规律行动。不难想象，如果家乐福采取联想的发展策略其结果会怎样。

## 四、模块化全球制造网络的表现形式

20世纪90年代后，科技革命及其推动的国际分工的深化，是经济全球化进程取得实质性进展的主导力量。信息技术革命催生了模块化技术，而这一新的主导技术在经济全球化环境下的应用又进一步催生了模块化生产方式，从而推动了全球制造网络的形成。

（一）模块化分工：主导专业化生产布局

模块化生产方式也可以理解为大规模定制，大规模定制是一种通过柔性和快速反应实现的多样化和定制的新生产管理模式，即对定制产品和服务进行个别的大规模生产。❶ 因此，从根本上说，模块化是定制和大规模生产的结合，而全球化市场的空前扩张则成为两种生产方式有效结合的关键。在经济全球化条件下，模块化生产扬弃了纵向一体化生产的弊端，不再把所有的生产工序都集中在一个企业内部，很多产品生产过程所包含的不同工序和区段被拆散并分布到不同国家进行，形成以工序、区段、环节为对象的分工体系，即产品内分工主导了当代国际分工的发展格局。模块化组织是大型企业对模块化生产方式进行协调的一种组织形态，其具有的技术模块化、市场模块化和组织模块化的演进特点，充分显示了对现有企业价值链和产业价值链分拆和整合的优越（徐宏玲，2006；韩晶，2011）。

虽然比较优势和规模经济仍是产品内分工产生和发展的重要基础和源泉，但模块化生产所催生的产品内分工，摆脱了一体化生产方式中只能依据个别关键生产环节的有效规模作为整个生产系统的最佳规模的约束，从而使全球化条件下实现的模块化生产的规模经济与传统的一体化生产的规模经济有着显著的区别。通过模块化分工，有可能把对应不同有效规模的产出区段分离出来，安排到不同空间场合进行生产，从而达到节省平均成本和提升资源配置效率的目标。而这一分工过程的实现实际上造成生产均衡的转移，即以前是由企业来调配和控制的内部生产均衡问题，变成了需要进行企业间调配和控制的外部均衡问题。由此，各国产业的分工正在演变成为世界性的产业分工，产业全球化已成为不可逆转的历史趋势，它实现了全球范围内生产、交换、分配和消费等一系列环节的国际经济大循环和国际产业链的形成，从而使各国产业相互依存、相互渗透的程度日益加深。

（二）生产服务业：全球生产的黏合剂

模块化生产网络下，生产环节分布在全球，制造环节与服务环节在全球范围内分离，因此全球制造网络下不仅有生产外包的国际化，还有服务外包的国

❶ ［美］安德森（Anderson D. M.），派恩（Pine B. J.）. 21 世纪企业竞争前沿：大规模定制模式下的敏捷产品开发［M］. 北京：机械工业出版社，1999：5，91－96.

际化。事实上，国际服务外包在全球制造网络中起到了重要的黏合剂作用，正是通过生产服务业，模块化生产才能在全球开展。

在模块化生产方式中，模块化设计是模块化生产的价值核心，也是企业的最大价值所在，而制造与设计分离则为企业独立实现模块化设计的价值、避免增加制造成本提供了极为现实的选择。实际上，在许多高新技术生产领域，为了增强企业的竞争优势，制造部、财务部、人事部和客户服务部等所有不在企业核心价值链上的功能部门大都被剥离，而企业的人力和财力则倾注于创造知识产权、设计和市场开发等功能上。例如，自 20 世纪 90 年代以来，先后有不少国际知名的跨国公司，如苹果、HP 等卖掉原有的制造工厂从而成为"没有厂房的制造企业"，其完全放弃加工制造业务是为了专门从事产品开发、品牌经营和市场营销等知识密集的生产服务业，而像思科、EMC、SUN 等新建立的从事电子产品和设备供给的企业一开始就不从事加工制造而是委托供应商进行生产，他们都是模块化生产过程中制造模块与服务模块分离的典型例证。从宏观的角度来看，这无疑为生产服务业的大发展提供了极好的契机。

现代生产性服务业是知识技术密集型的服务业，它不仅改变了传统服务产品的内容、性质，并且提高了服务产品在经济中的地位和作用。伴随着全球产业结构升级和专业化水平的提高，全球经济开始出现从传统的"工业经济"向现代"服务经济"转变，知识密集型的生产性服务业正在成为企业提高劳动生产率和货物商品竞争能力的重要因素，更是企业构成产品差异和决定产品增值的基本要素。可以说，生产服务对全球制造网络的发展起到了桥梁和纽带的作用，它是模块化下全球制造网络发展的重要黏合剂、助力器。

（三）网络化组织：全球生产的微观主体

模块化生产打破了工业时代传统的原则和价值观念，重塑了生产的微观组织基础。在模块化生产中，编码化的设计知识成为生产的核心，而制造业规模、制造业地位的重要性明显弱化，从而使工业时代所创造的垂直一体化模式因不能提供市场所需要的灵活反应能力而受到极大的挑战。相比之下，模块化生产方式需要企业内部、企业与企业、企业与供应商、企业与合作伙伴、企业与顾客之间更有效的集成与团队精神，即需要新的生产组织形式与新的生产方式相适应。在模块生产网络中，传统的组织边界正在消失和瓦解，企业不再是自我封闭的利润实体，而是全球制造网络中的一个节点，企业在网络中的定位成为国际竞争的一个关键因素。

从本质上讲，模块化推动着专业化分工的演进，过去存在于企业内部的分工环节随着市场交易范围的扩大而逐渐成为一个新的产业，产业内各个企业之间的协作由原来的内部控制性协调变成平等交易协调。随着生产市场化程度的加深，契约在交易中变得异常重要，诚实守信成为网络组织得以运行的基础，而良好的外部制度监督环境则是网络组织健康发展的重要保障。依赖于契约和制度保障，稳定运行的模块化生产网络内，企业之间的往来是紧密的、长期的、较多稳定性的、频繁的交易。由于模块化网络组织能够在全球范围内组织最合适的资源进行生产，因此具有明显的竞争优势，逐渐成为全球生产的微观主体。

# 第二章　国际产业转移的历程与趋势

国际产业转移是指某些产业从一个国家或地区通过国际贸易和国际投资等多种方式转移到另一个国家或地区的过程。产业转移的实质是企业为了应对新形势而进行区位再调整的过程（Pellenbarg，2002），其发生的根本原因是分工深化的结果（Mariotti，2002）。20世纪80年代，特别是进入21世纪以来，全球经济环境发生了深刻变化，其中最为显著的特征是随着信息技术的飞速发展、生产标准化的快速推进、物流的进一步便捷及交易成本的不断下降，产业内分工以前所未有的速度快速发展，这也使得基于产品内分工的产业转移成为国际产业转移的最主要形式（Fujita，Gokan，2005）。在这样的背景下，国际产业转移的特征、动因也出现了一系列新的变化，这一变化越来越受到国内外学术界的广泛关注。

## 第一节　国际产业转移的动因与发展历程

"二战"后，随着世界经济格局的变革以及各国经济实力和产业竞争力的此消彼长，在利益驱动下，各国产业开始在全球范围内进行转移。在这个过程中，各国产业之间呈现相互竞争又和谐互动、相互促进的发展态势。经济全球化是全球产业转移的重要催化剂，随着经济全球化的不断深入，生产要素在全球范围内的最优配置成为各国产业转移的终极目标。而回顾全球产业转移的历史发展将对揭示中国制造业国际竞争力的内在增长机制具有重要的借鉴意义。

### 一、国际产业转移的主要动因

对产业转移的动因，西方学者涉足较早，主要有路易斯（A. Lewis，1984）

的劳动力部门转移理论、赤松要（K. Aka matsu，1962）的雁行模式、弗农（R. Vernon，1966）的产品生命周期理论、小岛清（K. Kojima，1973）的边际产业理论、邓宁（John H. Dunning，1988）的国际生产折中模式、克鲁格曼（P. Krugman，1991）的区位运输成本差异论等，这些理论虽然观点不一，但都立足于产业间和产业内分工的产业转移。随着国际分工由产业间向产业内再到产品内的不同工序纵深推进，国际产业转移的对象由原来典型的"边际产业"和"标准化阶段的产品"转向了产品的各工序。这就使得产业转移的动因出现了新的变化。

（一）获取区域要素优势

产品内分工背景下的国际产业转移，与其说是各国要素禀赋差异的结果，倒不如说是跨国公司根据各国体现于不同工序上要素禀赋差异、为寻求全球竞争优势而进行国际一体化生产布局的体现（Jones，2005）。皮特里斯（C. N. Pitelis，2009）指出，在过去，资源外取被认为是企业的一种劣势，但是在全球化的今天，通过产业转移来获取外部资源恰恰是企业成功运作的重要表现。应该注意到，虽然随着科技的发展和贸易自由化程度越来越高，生产要素跨界流动的成本也变得越来越低，但不同生产要素的可流动程度存在明显差异，不同等级的同种要素的可流动性也是不同的，而且生产要素还要受区域的时空限制。特别是当生产要素跨区域流动时，由于区域利益冲突，生产要素的流动性往往存在一定的障碍。如果此时通过产业转移将同一产品的不同环节依据要素密集度的差异（S. Inomata，2008），布局在相应的具有禀赋优势的地区，就可以有效突破这一障碍，从而获得各区域的要素比较优势。20世纪90年代以来，美国经济的巨大成功在一定程度上依赖于全球化的发展。特别是随着全球产业分工转移，美国企业能够充分利用自身的资本、技术优势，结合众多发展中国家廉价劳动力、土地资源优势以及外资优惠政策而创造出巨大的竞争优势。因此，以价值环节的空间重组为特征的产业转移是在产品内分工不断深化的前提下，进一步提高资源配置效率的结果。

（二）获取专业化优势

由于产品内分工的深化，产品价值链环节出现了垂直分解，使得企业能够专注于某一个环节的生产，从而更易形成内生比较优势（Xiao‐Kai Yang，1995），这一优势主要体现在要素生产率的提高和成本的降低上。国际产业转移是具有产业优势的经济主体根据资源或要素禀赋差异，按照其能获取的核心价值或整体利益最大化原则在全球范围内配置资源的行为和结果。在此背景下，发达国家对自身的核心竞争力进行了重新定位，通过其跨国公司生产体系的纵向分离，将重心集中在产品的研发、设计和营销等高附加值环节，同时将生产制造等低附加值环节转移到发展中国家，从而形成了同一产品不同工序或环节在空间上分布于不同国家（地区）的格局。产品内分工既有公司内部的分工协作，如分别位于不同国家或地区子公司在同一价值链上的分工协作；也有公司外部的协作，如公司的某些生产环节可以通过战略联盟、外包等方式实现。产品内分工水平与专业化优势正相关，在产品内分工水平比较高的地区，企业的生产效率也比较高，专业化生产的优势相应地较为明显（Gorg, Hanley, Strobl, 2008）。同时，当分工深化到产品内时，许多非核心环节的生产都标准化了，导致进入壁垒和利润同时降低，承担这种环节的企业只有通过发挥专业化优势获得规模经济效益，才可能获得满意的利润水平（Jones, 2005）。苹果的成功就是这种机制的外在表现。美国苹果公司的商品（包括 iPad 平板电脑、iPhone 手机、iPod touch 播放器等）风靡全球。小小的 iPhone 手机，从硅谷库比蒂诺总部，到日本古都京都的电子工厂、韩国"三八线"附近的产业基地，到中国富士康的流水线，之后又被送回美国，然后再产销全球。可见，按照各地区的专业化优势，将不同环节分布到不同的区位生产以获得更高的收益是当前产业转移的重要推动力量。

（三）获取价值链升级优势

与以往相比，在产品内分工的背景下，价值链升级主要体现在两个方面：一方面，由于工序不断细化，可分离性越来越强，为各生产环节充分利用区域要素禀赋提供了可能，这样每个公司都可以依据区域资源禀赋和自身条件从事价值链上的擅长环节并将其做大、做强、做优。卡普林斯基、莫里斯（Kaplinsky, Morris, 2002）认为，基于区域比较优势定位，价值链是一国参与全球产品内分工的先决条件，各区域可以在要素比较优势的作用下使价值链各环节实现最优化，通过使各价值环节的不断攀升从而促进价值链不断升级。另一方面，正是由于各公司都从事自己最擅长的环节，因而它们通过环节的空间重组所形成的整体价值链也会是最优的，从而达到价值链的整体升级。格里芬、汉弗莱、斯特金（Gereffi, Humphrey, Sturgeon, 2005）强调，通过国际产业转移，产业承接国（区域）能以全球价值链的治理来全方位地提升自己在价值链中的位置，从而获得价值链的整体升级优势。产品内分工背景下的价值链升级使区域经济突破了二元资本、技术与经济环境的局限，提高了全球生产效率与资产利用效率（Amiti，2006）。

## 二、国际产业转移的发展历程

关于全球产业转移的发展阶段，根据不同产业类型在不同发展水平国家之间的转移存在不同的划分方法。目前比较普遍的划分方法主要有三阶段论和四阶段论。三阶段论将"二战"以来全球产业的转移划分为：20世纪50年代，美国向日本、德国等国的劳动密集型产业转移；20世纪60—80年代，日本、德国等国向新兴工业化国家和地区转移劳动和资源密集型产业；20世纪80—90年代，亚洲新型工业化国家和发达国家向发展中国家和地区转移劳动和部分资本密集型产业。❶而四阶段论则将20世纪60—80年代的全球产业转移又进一步细分为20世纪70年代和80年代两次产业转移。本书根据国际产业转移的四阶段论进行分析。

（一）20世纪50年代的全球产业转移

"二战"后，随着科技水平的提升以及两次世界大战对原有世界格局的改变，美国凭借其强大的经济实力在全球范围内确立其霸主地位。20世纪50年代，出于政治和经济利益的考虑，美国以经济援助和对外投资等手段向那些在战争中遭受损失的国家以及邻国输出自己已经处于相对成熟阶段的传统产业（如钢铁和纺织制造业）。这次全球产业转移以美国为输出国，输入国则主要以日本和德国为主，此次转移的产业以资源和劳动密集型产业为主。考虑到与加拿大的地理区位因素以及加拿大丰富的自然资源，从成本和收益的角度考虑，美国向加拿大进行这些产业的转移，无论从经济上还是政治上来讲都是比较划算的。一方面，通过向加拿大的资源密集型产业转移，便利地获取了国外的廉价资源；另一方面，强化了与加拿大的政治关系，从而维护了美国周边的稳定，为其国内经济发展提供了良好的外部环境。

在输出这些资源和劳动密集型产业的同时，美国集中主要力量发展新兴技

---

❶ 顾列铭. 直面国际产业转移浪潮［J］. 观察与思考，2008（10）：12–15.

术密集型产业（如半导体、通信和电子计算机制造业等）和资本密集型产业（如汽车和化工产业等），从而为进一步增强其制造业的国际竞争力提供了有利条件，同时也实现了国内产业结构的调整与升级。

通过此次全球产业转移，战后的日本和德国经济获得了恢复性发展。尤其是日本，凭借其相对低廉的劳动力成本，紧紧把握住了这次产业转移的机遇；政府积极扶持和鼓励国内相关产业的发展，为加快其工业化进程提供了有力的保障；经过近十年的高速经济发展，日本制造业的国际竞争力显著提高，成为当时国际市场上劳动密集型产品的主要出口国。

（二）20 世纪 60 年代的全球产业转移

20 世纪 60 年代，经过十年的高速发展，美国、日本和德国的科技水平都出现了大幅度提高；尤其是美国凭借其合理的产业布局和高端的科学技术，国内经济发展和产业技术水平提升更加迅猛，这使得第二次全球产业转移加快进行。由于日本和德国较好地利用了第一次全球产业转移带来的发展机遇，其国内技术水平显著提高，于是，技术密集型产业在美国和日本之间出现双向转移的现象。而日本和德国则开始借鉴美国在 50 年代的产业发展策略，把劳动密集型产业（如纺织服装业）和部分能耗大、污染严重的重工业转移到亚洲的韩国、新加坡、中国台湾和中国香港等新兴工业化国家和地区。同时集中力量在国内发展技术和资本密集型产业，如集成电路、精密机械、精细化工、家用电器、航空航天、生物医疗、钢铁、化工、汽车等产业。在这一次全球产业转移中，美国也开始扩大其产业转移的对象范围，把劳动密集型和高能耗资本密集型产业向新兴工业化国家和地区以及发展中国家和地区进行转移。在这一产业转移过程中，亚洲"四小龙"的脱颖而出使得此次全球产业转移的影响范围更加扩大；同时，发达国家产业转移范围的扩大也为发展中国家和地区提供了千载难逢的产业结构调整和升级的机会。

（三）20 世纪 70 年代的全球产业转移

随着发达国家自身经济实力的不断增强以及世界经济形势的变革，尤其是两次石油危机和世界性经济危机的爆发，使得发达国家开始意识到能源和资源对经济发展的重要作用。于是，资源的全球配置成为发达国家产业转移的动机。同时为了抵消能源和资源的限制，发达国家在国内开始积极推行技术创新政策，以期通过应用新型技术材料来替代传统的资源和能源。随之一个很自然的选择就是将一些高能耗、资源性的产业（如重化工业、钢铁、造船等）转移出去。部分资本密集型产业（如汽车和家电制造业等）也同时被列入被转移的目录之中。在此期间，技术密集型产业仍然在美国和日本之间进行双向转移，而美国和日本则输出劳动和资本密集型产业，其主要输出对象仍以东南亚的国家和地区为主。

在此次发达国家的产业输出中，承接资本密集型产业转移的主要是一些已经具备一定技术水平和经济实力的新兴工业化国家和地区，尤其是亚洲的"四小龙"；而承接劳动密集型产业转移的国家和地区主要以东盟国家为主。与此同时，新兴工业化国家在经历了十多年的发展后，产业结构调整和升级速度加快，为了进一步优化国内产业结构、有效地承接发达国家转移的资本密集型产业，这些国家也开始将一些劳动密集型产业转移到邻国，如东盟的一些国家。而东盟这些国家和地区把握住此次劳动密集型产业转移的机遇，迅速地调整和优化了国内产业结构并进一步实现产业的升级换代，使其经济得以快速发展，产业竞争力得以逐步提高。

在发达国家向外转移其劳动和资本密集型产业的同时，随着科学技术的进一步发展，一些高附加值的知识技术密集型产业相继出现，如微电子、新型能源和新材料产业等。而发达国家意识到这些产业未来发展的市场前景广阔，同时还蕴含着巨大的商业价值，于是开始集中国内优势资源加速发展这些高附加值的技术密集型行业。发达国家这些技术密集型产业的快速发展为未来的全球产业转移提供了良好的基础。

（四）20 世纪 80 年代以后的全球产业转移

科学技术，尤其是信息技术的发展，催生出一大批知识密集型的产业，美日欧等发达国家和地区凭借其雄厚的经济实力和领先的科技优势，牢牢把握住全球产业发展的趋势，加速发展高附加值、高科技含量的知识技术密集型产业。这就为技术密集型产业在美国和日本等发达国家之间的转移提供了条件。与此同时，这些发达国家进一步将处于竞争劣势的资本密集型产业和部分低附加值的技术密集型产业向新兴工业化国家和地区进行转移，将劳动和部分资本密集型产业向发展中国家转移。而新兴工业化国家和地区则顺势调整国内产业结构并逐步实现产业升级，将劳动密集型和部分低附加值的资本密集型产业转移到发展中国家和地区，这就形成了一个相对完善的产业梯次转移态势。

在此次全球产业转移中，中国与东盟国家承接了来自发达国家和新兴工业化国家和地区的劳动密集型和部分资本、技术密集型产业的转移；这些发展中国家和地区积极主动地利用此次全球产业转移所带来的发展机遇，进一步扩大经济开放程度，加大吸引外资的力度，为其国内经济快速发展和产业结构调整提供了良好的宏观环境。至此，发展中国家和地区（尤其是中国）开始全面参与到全球产业转移之中，与世界经济的联系进一步增强。

进入 21 世纪后，生产性服务外包成为全球产业转移的新兴方式。生产性服务外包是指跨国公司把非核心的生产、营销、物流、研发、设计等活动，分别转包给发展中国家的企业或专业化公司去完成。越来越多的跨国公司更加注重核心业务的发展，而将非核心业务以外包方式交由其他专业公司处理，其实质在于截取产业价值链中的高利润环节，缩小经营范围，将有限的资源集中配置到企业的强势领域，以降低企业的运营成本，突出企业的竞争优势。据预测，到 2020 年全球服务外包产业规模将持续扩张至 1.8 万亿美元以上，国际服务外包业务占比将进一步提高。❶

纵观世界经济发展中的四次大规模全球产业转移，不难发现，在历次全球产业转移中，发展水平呈梯次结构的三类经济体——发达国家和地区、新型工业化国家和地区、发展中国家和地区——相继完成了产业结构的调整和升级，这在东亚表现得尤其突出。韩国、新加坡、中国台湾和中国香港不仅通过承接全球产业转移实现了经济起飞和繁荣，而且通过转移失去竞争优势的产业，积极主动地完成了比较优势的动态转换，为发展中国家通过全球产业转移、实现产业持续升级换代树立了典范。❷

而美日欧等发达国家也通过全球产业转移为其国内产业发展和产业国际竞争力的提升创造了有利的内部和外部环境；同时，也为这些发达国家持续保持其在世界经济中的竞争优势地位提供了坚实的基础。图 2 – 1 展示了美国制造业构成❸的变化情况，从中可以看出，其技术密集型产业在制造业中的比重由

---

❶ 商务部国际贸易经济合作研究院任泓斌书记在 2014 全球服务外包大会新闻发布会上发言（http://mp. weixin. qq. com/s?＿＿biz = MzA3NzUwMDEyOQ ＝ ＝ &mid = 200283309&idx = 4&sn = baf-fa3d39c27abb0d37fe90d252f6bd0&3rd = MzA3MDU4NTYzMw ＝ ＝ &scene = 6#rd）。

❷ 潘悦. 全球产业转移的四次浪潮及其影响 ［J］. 现代国际关系，2006（4）：23 – 27.

❸ 美国制造业部门主要分成四类：第一类是技术密集型产业，一般指电子产品、光学仪器、航天工业、光导纤维、机器人、生物工程等部门；第二类是资本密集型产业，包括橡胶产品、印刷与出版、化纤、玻璃、钢铁、汽车等；第三类是劳动密集型产业，包括服装、鞋类、一般运输设备等；第四类是资源密集型产业，包括烟草、食品、木材、木材制品、皮革业等。

20 世纪 60 年代的 27%上升到 20 世纪 80 年代的 38%左右；而资本密集型产业的比重则由 32%下降到 27%左右；资源密集型产业的比重由 28%下降到 23%；劳动密集型产业的比重则维持在 13%左右。美国制造业结构的变迁为中国制造业的未来发展指明了一个明确的发展方向。

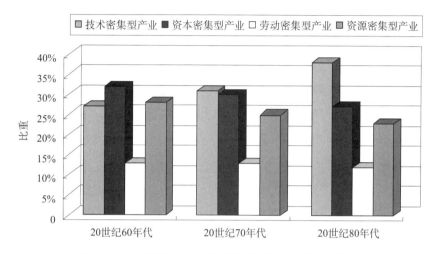

图 2 - 1　20 世纪 60—80 年代美国制造业构成变化情况

## 第二节　国际产业转移的新特征与新趋势

随着产品内分工的不断深化，国际产业转移呈现出一系列新特征和新趋势，发展中国家应该积极面对这些新特征和新趋势，积极主动地完成比较优势的动态转换，以实现产业持续升级。

### 一、国际产业转移的新特征

（一）产业转移主体多元化❶

20 世纪 80 年代以前，国际产业转移具有较明显的线性、单向的特征（吕政，2006），主要是以发达国家的跨国公司为主体。随着产品内分工的不断深

---

❶ 刘友金，胡黎明，赵瑞霞. 基于产品内分工的国际产业转移新趋势研究动态［J］. 经济学动态，2011（3）：101－105.

化，产品价值链的价值环节越来越多，价值链越来越长，各环节的分离变得越来越容易。与此同时，产业转移主体也变得多元化：一是产业转移突破了公司规模的限制。产品内分工使得各类企业，无论其大小，很少会从事一个完整产品价值链活动，而是嵌入全球产业分工体系，无论跨国公司的规模有多大都可以通过战略联盟、并购或者外包等多种方式在全球范围内组织生产，以获得最大化的产业链竞争优势。二是产业转移突破了区域经济发展阶段的限制。产品内分工使得各区域能够基于产品生产工序来深入挖掘自身的比较优势，区域经济无论处于哪一个发展阶段都可以使其比较优势发挥到极致。金兹伯格、西蒙纳西（Ginzburg，Simonazzi，2005）认为，随着全球产品内分工的深入，国际产业转移已不再局限于发达国家和发展中国家之间，发达国家之间、发展中国家之间的产业转移也正在兴起。部分转型期和发展中经济体的经济实力和科技创新能力显著增强，民族企业的资本实力和跨国经营能力也明显提升。一方面，迫于产业结构调整升级和国内生产成本上升压力，它们将落后产能转移到其他发展中经济体或地区。另一方面，通过境外投资等方式将技术成熟、具有竞争优势的生产线扩张至次发达甚至发达国家或地区，以整合全球资源、占领国际市场、更高效地融入世界经济体系。因此，随着部分转型期和发展中经济体产业转移条件趋于成熟，它们开始成为国际产业转移中的重要主体。金融危机后，发展中国家加快了跨国并购步伐，2012年跨国并购额同比增长10.7%，增至1147亿美元，占全球跨国并购额的37%。发达国家加快海外撤资，2012年跨国并购额减少56%，降至1763亿美元。美国曾是世界上最大的产业资本输出地，但随着美国"再工业化"战略的有序推进，美国资本和技术流出将逐渐逆转，可能由海外直接投资净输出国转变为净输入国，这不仅会导致美国资本回流，而且其种种优势和巨大的市场还会吸引全球资本，使中国的吸引力下降。

（二）产业转移对象片段化

过去以产品为中心的生产过程难以空间分割，它常常是作为一个整体由单个企业独立完成。因此，以往的产业转移通常是一个完整生产过程的整体转移。产品内分工使得产品生产过程的各环节（如研发、制造、营销、品牌服务等）出现了全球的垂直分离，各环节可以由分布于全球各地的企业协作来完成，形成了产业链的"片段化"（Arndt，Kierzowski，2001）。由于不是生产完整的产品而只是产品的某个部分或者说某道工序，所以企业就能相对容易地进入产业链的某个环节（Sturgeon，2002）。这样，产业转移的对象就不一定是整个产品生产过程，企业可以根据各地要素差异和自身的竞争战略在全球范围内转移其某个或某些生产环节。例如，美国通用汽车公司就通过生产过程"片段化"，将零部件生产以及某些价值活动环节外包到世界各地，形成了跨国公司主导的基于产品内分工的国际产业转移。布兰施泰特、拉迪（Branstetter，Lardy，2006）就明确指出，中国外贸出口的飞速增长正是由于在产品内分工的背景下，全球生产方式"片段化"与承接产品生产环节转移的结果。

（三）产业转移方式多样化

以往的产业转移，由于主要是在产业间和产业内分工的背景下进行，其主要方式是通过 FDI 来进行产品的跨区域复制，获取区域资源优势或突破区域行政壁垒占领区域市场。随着产品内分工的出现和深化，生产工序的可分离性越来越强，这促使国际产业转移进程加快，其深度、广度不断提高，并突破了较单一的直接投资和股权安排方式，外包、贴牌生产等连接和控制价值链条的非股权方式快速兴起，降低了国际产业转移对资金等条件的依赖，国际产业转移的方式趋于多样化。阿恩特等（Arndt，1997；Arndt，Kierzowski，2001）利用产品内分工理论，对全球外包和转包等新兴产业转移方式进行了研究，认为随着产品内分工的发展，全球外包和转包的产业转移方式正在不断兴起。事实上，从 20 世纪 80 年代开始起步的全球外包市场近年来呈现出加速发展的态势，正在使世界变得越来越"平坦化"，外包已成为国际产业转移的新兴主流方式（T. L. Friedman，2007）。越来越多的跨国公司通过外包将生产基地转移到发展中国家。跨国公司将非核心制造环节外包转移给那些具有专业能力的外部供应商，然后通过外购获得这些产品已成为国际产业转移的新兴主流方式。除了上述方式外，在产品内分工背景下，跨国界的战略联盟等方式也在国际产业转移中发挥了重要作用，日益多元化的转移方式为国际产业转移向纵深发展注入了新的活力。

（四）产业转移环节高端化

随着产品内分工的深化，高端产业的整体转移不再需要承接地区具有完整的先进生产技术体系和工业配套体系等整体优势，某个区域只要存在和产业链某些高端环节相匹配的局部优势，就可以承接相应高端环节的转移。显然，相对于整体优势而言，区域的局部优势比较容易获得，从而使得产业转移可以实现高端化。罗纳德、亨里克（Ronald，Henryk，2005）认为，在产品内分工水平的影响下，生产过程关联工序的服务连接成本降低，促使不同工序生产在地理分布上趋于分散化，而当这些分散的工序同区域要素禀赋相互结合时，产品价值链内部各环节的增值能力便会出现差异化。在寻求比较优势和追求最大经济效益的"内在冲动"作用下，企业不仅将在生命周期中处于较后期阶段的产品整体性地向其他国家转移，而且也会将某些在生命周期中处于较前期阶段且对要素成本比较敏感的产品生产环节尽快向其他国家转移，从而使国际产业转移的价值环节呈现出高端化趋势。例如，德国化工巨头拜尔正在上海建设其全球最大的生产研发基地，规模甚至比其在德国勒沃库森的总部还要大。2013年2月，德国大众旗下的奥迪研究中心在中国启用，该研发中心的300名工程师将专门针对亚洲市场研发新的产品。❶

（五）产业转移的集群化

产品内分工的深化促使产品生产的专业化、标准化特征日趋明显，生产单位投资的专用性程度越来越高，单位间的生产协作关系和共生互动性越来越强。同时，模块型、关系型、依附型的治理模式也进一步弱化了单个生产单位的市场适应能力，强化了单位间的相互依存关系。因此，全球价值链模式下单个生产单位的独立生存能力减弱，单位间的相互依赖程度增强，生产单位对产业的关联性和配套性要求提高，产业聚集产生的正向外部效益扩大，企业迁移和产业转移必然不再仅仅是零散式、单独地进行，而是倾向于整体地、集群式地展开，从而出现了生产单位的"抱团"流动、价值链的跨区域重组和产业的集群式转移。例如，自2002年韩国现代与北汽集团合作成立北京现代以来，已有大量为韩国现代进行配套的公司随迁至北京，继续为北京现代提供配套。

（六）产业转移效益最大化

就产品生产和价值实现过程而言，一方面，生产要素和资源流动始终会受到空间距离和国界的限制；另一方面，相对于整体的最优规模，每个生产环节

---

❶ 20世纪90年代以前，无论是垄断技术、标准化技术，还是边际技术，一个共同点就是跨国公司在母国研发，然后对外进行技术投资。然而，20世纪90年代以来，随着经济全球化趋势的迅猛发展和国际竞争的日趋激烈，国际产业转移的技术路径也发生了重要变化，由原来在母国研发对外技术投资的组织形式开始向直接在东道国从事研发转变。

也具有最佳的生产规模（张少军，刘志彪，2009）。此外，随着市场需求差异化与多样性以及发展中和转型期经济体市场潜力的扩大，靠近市场的生产更有利于产品价值的实现。在此条件下，跨国公司为进一步提升获利水平，根据要素禀赋差异和专业化形成的生产环节规模经济差异，并综合考虑市场需求等因素整合利用全球资源，将生产链中的各个环节放在获取附加值最高或价值增值潜力最大的地区以取得最佳竞争优势和最大利润，从而形成了产品的不同生产环节在空间上分布于不同国家的全球生产布局，实现了新一轮国际产业转移。

## 二、国际产业转移的新趋势

### （一）由产业链条整体转移走向生产工序分散转移

产业间分工是由要素结构和相对价格差异决定的国际分工，产业内分工则主要是由规模经济派生的国际分工。在这两种分工背景下，产业转移的对象主要是某个产业或某个产品，它是产业链条整体向某一个区域的转移。而产品内分工是产品价值链片段化所催生的国际分工，与前两次分工不同的是，产品内分工使得按工序转移成为可能，而这种可能性与区域差异性要素的比较优势相结合，就使得各生产工序可以通过产业转移布局于世界各地。在寻求比较优势和尽可能获取最大经济收益的"内在冲动"作用下，发达国家的厂商往往不再注重于对产品价值链的整体性占有，而是越来越注重于对新产品、新工艺、新装备的设计开发和涉及产品核心技术的关键部位的制造，以及产品的销售等产品价值链中"高位区"的重点性占有与控制。为了做到这一点，发达国家不仅将在生命周期中处于较后期阶段（如标准化产品阶段）的产品"整体性"地向其他国家转移，而且力求将某些在生命周期中处于较前期阶段的产品（除某些附加价值最高的、属于关键性核心技术的环节以外），易于进行标准化生产、规模经济效益显著或对生产制造过程中的工资成本比较敏感的生产制造环节尽快向其他国家转移，呈现出"头脑"产业与"躯干"产业、品牌经营和加工制造的"产业空间分割"。

### （二）由梯度转移走向跨梯度与逆梯度转移

戴宏伟（2006）认为，产业梯度具体表现为发达国家与欠发达国家、不发达国家（地区）之间产业结构层次上形成鲜明的阶梯状差异，传统的产业转移主要依据产业梯度依次转移。而在产品内分工背景下，由于价值链的片段化和区域要素的比较优势，国际产业转移不仅可以从价值链的任何环节开始，而且也不再局限于由产业发展水平较高的国家和地区向水平较低的国家和地区转移，而是在全球范围内寻求该产业或产业链条上特定环节最佳的投资区位，区域产业梯度的作用正在弱化，国际产业转移由不同产业的梯度转移逐步转向产业价值链各环节的全球布点（吕政，2006）。芬斯特拉、汉密尔顿（Feenstra，Hamilton，2006）认为，在当前的产业转移浪潮中，跨梯度转移表现得越来越明显，发达国家的买家或发包商为了满足全球消费市场的多样性和变化性特征，会通过技术转让、关键设备转让和专利授权等方式协助发展中国家代工企业迅速提升自身生产工艺与产品设计能力，即由不具有自主创新能力的 OEM 向具有一定自主创新研发能力的 ODM，甚至具有相当自主创新能力的 OBM 的生产方式转移。帕特里奇（Partridge，2009）的研究也证实，由于区域（城市）层级体系的存在，在当前高技术产业转移实践中呈现出十分复杂的局面，不仅存在梯度转移，同时也出现了逆梯度转移的现象。这表现为欠发达国家和地区某一产业在发展初期依赖本地资源成长起来，在发展到一定的成熟阶段，为了争取更多的市场资源和技术资源，该产业将其高端环节转移到相对发达的国家和地区。

（三）由制造业转移走向生产性服务业转移

长期以来，受追求低廉劳动力要素成本或质高价廉原材料等因素驱使，产业转移大多以制造业为对象。而随着产品内分工的不断深化，生产过程产生了革命性变化：一方面，产品内分工促使产品生产环节、生产过程和生产要素的分离和优化组合，这样在整个产品的价值实现过程中制造环节和生产性服务环节作为独立的环节分离出来（Athukorala，2006）；另一方面，由于分工的不断细化，生产过程中的工序环节越分越多，衍生出了新的生产性服务环节。尼利（Neely，2008）认为，制造企业通过增加、整合导向服务，表现为将制造环节进行分解，派生出具有更多附加值的服务环节。当代国际产业转移已突破了以制造业为主体的单一性转移，它以产品价值链为纽带，在实现生产环节转移的同时，伴随着大量服务环节的转移（Macpterson，2008）。值得特别关注的是，生产性服务业是一种两型产业，承接生产性服务业转移成为许多国家的重要竞争战略。例如，上海自贸区已把发展高端服务业作为重要的发展战略，对于国际资本的关注已经由重点吸引制造业转向吸引高端服务业，重点打造研发中心、金融中心、总部经济、维修检测中心、展示展览中心。在吸引国际服务业转移方面做出突出成绩的是印度。印度通过发挥自己的语言优势和人力资源优势，通过各种政策措施，不断鼓励承接服务外包，尤其是软件业，最终使印度因大量承接生产性服务业而成为"世界办公室"。

（四）由区域分工向价值链分工深化

全球经济时代，国际分工格局也发生了极为深刻的变化。从分工的细化程度来看，国际分工格局正在越来越明显地从以不同产业、同一产业内的不同部门，同一产业同一部门内的不同产品之间的分工为主的格局，向以同一产业、同一部门内的同一产品的价值链不同形成阶段的专业化分工为主的格局转变。从分工的价值链增值特性来看，发达国家更多地占有技术开发、产品设计、关键（核心）零部件的生产，以及品牌和销售渠道等高增值性价值链环节，发展中国家则更多地处于外围零部件生产或组装加工等低增值性价值链环节。按照各个地区资源禀赋参与全球经济活动增值能力的高低排列，各地的比较优势也存在一种严格的等级体系，区域分工向价值链分工深化。全球价值链的价值等级体系与全球各地比较优势等级体系相匹配的过程，也是全球价值链各个价值环节在全球垂直分离和空间重构的过程。在这一过程中，当区域比较优势决定了整个价值链条各个环节在全球如何空间配置的时候，区域的比较优势就决定了区域应该在价值链条上的哪个环节和技术层面上倾其所有，以便确保竞争优势。现实世界中同一价值链条上各个地方产业之间之所以存在等级体系，是由价值环节的等级体系所决定的，而且区域分工不断地向价值链分工深化，由价值链环节决定的区域分工等级谱系图越来越细密。笔记本电脑生产的全球区域分工与价值分配体系就是一个典型的案例（见表2-1）。众所周知，笔记本电脑生产是在全球范围内进行生产分工的，在笔记本电脑生产全球价值链中，系统产品的需求设计与规格整合、高中档芯片的设计加工、物流与供应的统筹管理、自有品牌的市场开拓和营销管理等环节处于价值链的高端，而普通零部件的制造、组装等环节处于价值链的低端。在笔记本电脑生产的全球区域分工与价值分配体系中，占价值比重约五成的价值链高端是发达国家，占价值比重约四成的价值链中端是发达国家与较发达的国家和地区，占价值比重约一成的价值链低端是发展中国家。

表 2 - 1　笔记本电脑生产的全球区域分工与价值分配体系❶

| 国家或地区 | 代表性企业 | 主要分工 | 价值比重 |
| --- | --- | --- | --- |
| 美日企业 | 微软、英特尔 | 控制 PC 市场、主要产品垄断性 | 约五成 |
| | 戴尔、惠普、东芝等 | 品牌、市场营销、渠道 | |
| 日、韩、中国台湾 | NEC、日立、东芝、三星、现代、明基 | 关键零组件、LCD、CRT、DRAM | 约四成 |
| | 台积电、联电、英业达、神达、大同、宏基 | ODM/OEM 生产制造、全球运筹 | |
| 中国大陆、中国台湾 | 建基、源兴、台达、鸿海、宣得、富骅 | 外壳、鼠标、键盘、电池、连接器 | 约一成 |

---

❶　刘友金，胡黎明. 产品内分工、价值链重组与产业转移——兼论产业转移过程中的大国战略 [J]. 中国软科学，2011（3）：149 - 159.

# 第三章　产业转移视角下中国装备制造业竞争格局

装备制造业是国民经济中的战略性基础产业，随着全球化的发展，中国装备制造业越来越多地融入全球产业转移浪潮中，也呈现出新的竞争格局。

## 第一节　装备制造业的界定与分类

装备制造业是我国独有的概念，虽然其他国家的产业分类中也存在装备制造业对应的产业部门，但世界其他国家和经济组织并没有明确提出"装备制造业"这个概念。从官方来看，我国最早在 1998 年的中央经济工作会议"要大力发展装备制造业"中正式提出这个概念。从研究文献来看，早在 20 世纪 80 年代初我国就已经有了与装备制造业相近的"机械制造业"和"机械工业"的正式研究文献（黄贞谕，1981；林延中，1982）。

一般来说，装备制造业可以从两个方面来界定：一是从其产业本质来界定，装备制造业是为国民经济各部门进行简单再生产和扩大再生产提供生产工具的制造部门的总称（王福君，2009）；二是从其产业的重要性来界定，装备制造业是为国民经济发展和国防建设提供技术装备的基础性、战略性产业。从官方对装备制造业的定义来看，《国务院关于加快振兴装备制造业的若干意见（2006）》指出，装备制造业是为国民经济发展和国防建设提供技术装备的基础性产业；《装备制造业调整和振兴规划（2009—2011）》中指出，装备制造业是为国民经济各行业提供技术装备的战略性产业，产业关联度高、吸纳就业能力强、技术资金密集，是各行业产业升级、技术进步的重要保障和国家综合实力的集中体现。

## 一、装备制造业的分类

### （一）中国装备制造业的分类及其演变

在我国的国民经济行业分类和工业统计资料中，并没有明确对应的装备制造业分类，而是根据装备制造业的界定把制造业大类下的相关装备制造部门汇总为装备制造业。我国使用的最新行业分类标准是国民经济行业分类（GB/T 4754—2002），根据该分类标准，装备制造业主要包括以下七个子行业，分别是：34 金属制品业，35 通用设备制造业，36 专用设备制造业，37 交通运输设备制造业，39 电气机械及器材制造业，40 通信设备、计算机及其他电子设备制造业和 41 仪器仪表及文化、办公用机械制造业。

中国装备制造业的分类是与装备制造业的技术发展水平紧密相关的，随着技术水平的革新，装备制造业包括的产业部门也随之由初级产业部门向高级产业部门演化。由中国工业经济统计资料（1949—1984）、中国工业经济统计资料（1986）、《中国工业经济统计年鉴》（1988—2008）、国民经济行业分类（GB/T 4754—94）、国民经济行业分类（GB/T 4754—2002）总结出中国装备制造业的二位数产业部门分类的历史变化，详见表 3 - 1。

表 3 - 1　中国装备制造业二位数产业部门分类表（1978—2008）

| 1978—1984 年<br>（机械工业） | 1985—1993 年<br>（六大类） | 1994—2001 年<br>（八大类） | 2002—2008 年<br>（七大类） |
|---|---|---|---|
| 文化生活用整机；<br>生活用机械制造工业；<br>生产用轻工金属品工业；<br>日用金属品工业；<br>农业机械制造工业；<br>工业设备制造工业；<br>交通设备制造工业；<br>电子工业 | 金属制品业；<br>机械工业；<br>交通运输设备制造业；<br>电气机械及器材制造业；<br>电子及通信设备制造业；<br>仪器仪表及其计量器具制造业 | 金属制品业；<br>普通机械制造业；<br>专用设备制造业；<br>交通运输设备制造业；<br>武器弹药制造业；<br>电气机械及器材制造业；<br>电子及通信设备制造业；<br>仪器仪表及文化、办公用机械制造业 | 金属制品业；<br>通用设备制造业；<br>专用设备制造业；<br>交通运输设备制造业；<br>电气机械及器材制造业；<br>通信设备、计算机及其他电子设备制造业；<br>仪器仪表及文化、办公用机械制造业 |

1978—1984 年，由于还未正式提出"装备制造业"的概念，统计资料中与"装备制造业"相对应的二位数行业为"机械工业"，机械工业中的轻工业部门包括文化生活用整机、生活用机械制造工业、生产用轻工金属品工业、日用金属品工业；重工业部门主要包括农业机械制造工业、工业设备制造工业、交通设备制造工业、电子工业。1985—1993 年，装备制造业包括金属制品业、机械工业、交通运输设备制造业、电气机械及器材制造业、电子及通信设备制造业、仪器仪表及其他计量器具制造业。1994—2001 年，机械工业被拆分成普通机械制造业和专用设备制造业，装备制造业包括金属制品业，普通机械制造业，专用设备制造业，交通运输设备制造业，武器弹药制造业，电气机械及器材制造业，电子及通信设备制造业，仪器仪表及文化、办公用机械制造业八个产业部门。1994 年起，"仪器仪表及其他计量器具制造业"更名为"仪器仪表及文化、办公用机械制造业"，内部所包含的部门不变。2002 年起，武器弹药制造业并入专用设备制造业中，装备制造业合并分为七大类，"普通机械制造业"更名为"通用设备制造业"，"电子及通信设备制造业"更名为"通信设备、计算机及其他电子设备制造业"，内部所包含的部门不变。

（二）国外装备制造业分类

1. 国际标准产业分类（第三次修订）（ISIC/Rev. 3）

联合国统计司于 1948 年设计了国际标准产业分类（ISIC），并于 1958 年、1968 年和 1990 年进行了三次修订。现在使用国际标准产业分类的 142 个国家中有 93 个国家使用 ISIC/Rev. 3，其余 49 个国家仍在使用 ISIC/Rev. 2。经过第三次修订后的 ISIC 细分到四位数的产业部门。ISIC 被作为欧洲共同体内部经济活动的一般产业分类（NACE）、北美产业分类体系（NAICS）及澳大利亚和新西兰产业分类（ANZSIC）的样本，并与其他国际标准分类保持着完好的对应性。ISIC/Rev. 3 中的装备制造产业部门包括：28 金属制品制造（机械及设备除外）；29 机械设备制造；30 办公、会计及计算机械制造；31 电气机械及仪器制造；32 无线电、电视与通信设备及仪器制造；33 医疗、精密与光学仪器及钟表制造；34 机动车辆、拖车及半拖车制造；35 其他运输设备的制造。

2. 北美产业分类体系（NAICS—2002）

北美产业分类体系（NAICS）是由加拿大、墨西哥、美国三国统计机构共同开发的产业分类体系，它为这三个国家的政策分析、学术研究、企业及公众使用产业统计资料提供了一个共同的产业定义和分析框架。NAICS 是一个生产导向型的体系，即只按照经济活动类型对经营单位进行分类，以可测度的方式反映最近数十年间巨大的技术进步以及服务业的增长和多样化。它是一个六位数的系统，在前五位数层次上为三个国家提供了标准化的编码，在第六位数上可以满足使用者各自国内的需要。NAICS—2002 中的装备制造产业部门包括：332 金属制品制造业；333 机械制造；334 计算机电子产品制造；335 电气设备、器具、器件制造；336 交通设备制造。

## 二、装备制造业分类的国际比较

虽然装备制造业是中国特色的概念，但是多个国家也存在与中国的"装备制造业"概念相对应的产业部门。根据装备制造业的界定标准，以中国的 GB/T 4754—2002 中的二位数部门为参照，由表 3-2 可以看出，GB/T 4754—2002 与 ISIC/Rev. 3、NAICS—2002 之间有相互对应的装备制造部门。虽然 ISIC/Rev. 3、NAICS—2002 中并没有与 GB/T 4754—2002 中的 35 通用设备制造业、36 专用设备制造业直接对应的部门，但可以从 ISIC/Rev. 3 的三位数部门和 NAICS—2002 的四位数部门中找到与之对应的部门。在更细分的层面上，从 GB/T 4754—2002 的四位数部门、ISIC/Rev. 3 的四位数部门以及 NAICS—2002 的六位数部门的对应情况来看，三者具有很好的对应关系。

表 3-2　GB/T 4754—2002 与 ISIC/Rev. 3 及 NAICS—2002 装备制造部门对应表

| GB/T 4754—2002 | ISIC/Rev. 3 | NAICS—2002 |
|---|---|---|
| 34　金属制品业 | 28 金属制品制造（机械及设备除外） | 332　金属制品制造业 |
| 35　通用设备制造业 | 291　通用机械制造 | 3334　通风、加热、空调及商业冷藏设备制造；<br>3335　金属加工机械制造；<br>3336　发动机涡轮电力传输设备制造；<br>3339　其他通用机械制造 |
| 36　专用设备制造业 | 292　专用机械制造 | 3331　农业建筑采掘机械制造；<br>3332　工业机械制造业 |

| GB/T 4754—2002 | ISIC/Rev. 3 | NAICS—2002 |
| --- | --- | --- |
| 37 交通运输设备制造业 | 34 机动车辆、拖车及半拖车制造；<br>35 其他运输设备的制造 | 336 交通设备制造 |
| 39 电气机械及器材制造业 | 31 电气机械及仪器的制造 | 335 电气设备、器具、器件制造 |
| 40 通信设备、计算机及其他电子设备制造业 | 32 无线电、电视与通信设备及仪器制造 | 334 计算机电子产品制造 |
| 41 仪器仪表及文化、办公用机械制造业 | 33 医疗、精密与光学仪器及钟表制造；<br>30 办公、会计及计算机械制造 | 3333 商业服务业机械制造；<br>3345 导航、测量、电子医疗；控制仪器制造 |

# 第二节 中国装备制造业的"引进来"与"走出去"

随着经济全球化的不断深入，国际产业转移沿着"日用消费品—电子消费品—装备制造业"逐级上升。中国凭借丰富的劳动力资源和良好的工业基础，依次承接了三次国际产业转移，从2002年开始掀起国际装备制造业向中国大规模转移的高潮。在该过程中，一方面是跨国公司以直接投资、进口、技术转让等方式大量进驻中国市场；另一方面是中国装备制造业通过设备、技术引进及与跨国公司合资、技术溢出等方式获得了较快发展。在"引进来"战略的推动下，中国装备制造业"走出去"实力日渐增强。具有较强国际竞争力的装备制造企业把目光瞄准了国外市场，通过跨国兼并或绿地投资等方式到国外寻求实现自身持续发展所需的战略资源，以全面提升中国装备制造业的国际竞争力。

## 一、国际装备制造业加速进军中国市场

近年来，由于现代技术革命特别是信息技术的普及，装备制造业的全球化趋势日益明显。进入21世纪，世界经济进入一个缓慢增长的平滑期，跨国装备

制造业公司纷纷寻找低成本的制造基地，而具备比较优势的中国成为首选。国际装备制造业向中国进行大规模产业转移，成为当今经济全球化的一个显著特征。

（一）国际装备制造业向中国产业转移

根据邓宁的国际生产折中理论，装备制造业进行国际转移应具备两个条件：所有权优势和内部化优势是产业转移的必要条件，区位优势是产业转移的充分条件。必要条件针对的是转移国家，而充分条件针对的是接收国家，即东道国。中国作为产业转移承接国，具备了很强的区位优势，包括劳动力成本低且其素质不断提高、强大的加工制造能力、广阔的国内消费市场、社会政治局面稳定、市场体系不断完善等优势。"十二五"期间，中央政府投入数万亿资金，用于提升产业的国际竞争力，这将进一步推动装备制造业转型升级。而中国政府高度重视的"绿色产业"，其背后也是装备制造业一个惊人的市场空间。如此庞大的投资计划意味着对装备制造业强大的拉动效应，这进一步刺激了国际装备制造业向中国进行转移的信心。

跨国公司是装备制造业转移的重要载体。从 2002 年开始，跨国重型制造业、装备制造业向中国转移的热浪此起彼伏。2002 年，受广州本田汽车公司所谓"广本模式"刺激，丰田、日产分别与一汽、二汽签署了全面的合资合作协议；同时，本田、丰田、尼桑都陆续将不少生产厂搬到广州，原本先天优势并不突出的广州地区，迅速集聚起一个上千亿元产值的汽车及配套产业。日本国际合作银行调查显示，中国是发达国家认为最有前途的制造业产业转移对象国之一，在未来相当长的时间内，中国将继续成为发达国家产业转移的主要目的地，其中运输设备、机械、电气、电子机械等装备制造业将首当其冲。随着中国装备制造业实力的日渐增强，一大批世界装备制造业巨头纷纷对华展开投资或是继续扩大在中国本土的生产规模。如美国机床巨头哈斯、德国机床巨头因代克斯、日本机械巨头久保田株式会社、芬兰装备制造巨头美卓、法国装备制造巨头阿尔斯通、德国电子巨头西门子等，近几年来不断加快进军中国市场，扩大投资规模。外资的进入在一定程度上推动了中国装备制造业先进技术、管理经验、知识技能等的提升。

2002 年是中国装备制造业标志性的一年。在这一年中，全国规模以上工业完成增加值首次突破 3 万亿元，达到 31482 亿元，比上年增长 12.6%，成为 1997 年以来增长最快的一年。2002 年，在 40 个工业行业大类中，电子及通信设备制造业、交通运输设备制造业、化学工业、电气机械及器材制造业、纺织工业、普通机械制造业以及冶金工业七个行业，对全国工业增长的贡献率达58.5%，拉动增长7.4个百分点。而以上七大类行业正是跨国制造业公司直接投资最为集中的行业。2011年，全国规模以上工业总产值达到844269亿元，十年间平均增幅为122.51%。其中，外商投资达到140888亿元，占比16.7%，外商投资在装备制造业领域呈现集聚态势。2002年以来，国际资本对中国装备制造业的投资节节攀高。2002—2011年，中国装备制造业累积外商投资工业产值超过60万亿元，十年平均增幅超过100%。不论是外商在中国投资的跨国公司个数，还是外商投资总额均呈现稳步攀升态势。2008年金融危机后，外商在华投资一度跌弱，随后迅速反弹。这体现出中国装备制造业应对全球危机的良好反应，国外市场信心在稳步恢复，如图3-1所示。在中国区域内，装备制造业全行业的三资企业产值过亿元的就有上千家。根据2011年的数据，装备制造业三资企业的销售收入和利润额占装备制造业总销售收入的51.27%、利润总额的44.78%。国际资本已经全面进占中国装备制造业。以辽宁为例，德国宝马、德国大众、德国Alfing曲轴公司、美国李尔、日本积水、韩国乐天、中国香港和记黄埔、恒隆等一批国际知名大企业在辽宁新设项目或增资扩产。

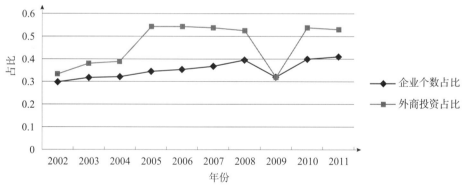

**图3-1　外商投资中国装备制造企业个数及外商投资额占工业企业总数及总额的比例**
资料来源：根据各年份《中国统计年鉴》计算得出。

联合国贸发会议《世界投资报告》显示，在国际装备制造业向中国进行产业转移的过程中，中国初步形成了"3+2"的承接区域格局：三大传统承接区域——长三角承接区、珠三角承接区、环渤海承接区；两大新兴承接区域——东北承接区、中西部承接区（以成都、重庆、武汉、西安为中心）。这五大承接区在政策扶持、资源禀赋、基础设施、市场空间等方面各自具有比较优势。珠三角、长三角、京津冀地区具有人才、资金、技术等方面的优势，且经济实力雄厚、市场广阔、产业承接基础良好，是发达国家装备制造业产业转移的首选。随着东部沿海人力和资源成本逐渐上升，发达国家开始将目光转向中国的东北和中西部地区。东北承接区、中西部承接区虽然地缘特征不同，但都属于新兴的发展地区，东北承接区不仅具有资源优势，且制造业基础雄厚，老工业发展正处于产业升级的关键阶段；中西部承接区人力成本低、土地资源价格低，政策扶持力度大，由此也不断吸引国际资本涌入。

（二）国际装备制造业产业转移与中国产业承接之间的矛盾

国际装备制造业向中国大规模产业转移，充分体现了中国在当今世界的经济影响力。中国必须抓紧机遇，大力发展装备制造业，奠定强国富民的产业基础。同时也必须注意到，随着产业承接带来的三大核心矛盾。

1. 经济发展和国家战略安全的矛盾

由于装备制造业的特殊性，国际资本在进入中国装备制造业的同时，客观上带来资金、技术和管理经验，也创造就业机会，对中国的装备制造业发展起到积极的作用。然而，大量案例证明，国际资本在中国并购装备制造企业，往往瞄准了中国具有一定竞争力的国有装备制造企业，趁其面临经营困难的阶段"逢低吸纳"，并以多数参股形式介入，不断在谋取控股权，控制销售权、财务权、品牌使用权上提出明确的控制要求。典型案例包括凯雷收购徐工机械、德国依纳公司并购西北轴承、西门子并购锦西化机透平机械分厂、新加坡威斯特电机公司并购大连电机厂、阿特拉斯并购沈阳凿岩机械公司等。跨国公司在选择这些中国装备制造骨干企业时，往往选择优质资产作为并购范围，而剥离相对劣质企业资产。这些跨国公司往往是以合资方式进入，随后通过亏损后扩股、迫使中方出售股份或退出，以达到控股或独资的目的。倘若这种趋势蔓延，将会对装备制造业的产业安全构成巨大的威胁，从而危害我国经济安全。

2. 短期发展和长期发展的矛盾

尽管国际装备制造业向中国转移进行得如火如荼，但一个客观事实是，中国更多承担了世界"生产车间"的角色，在产业链中处于低端。具体表现在：第一，在装备制造业中重要产品和工艺技术仍然主要从国外引进，并为此支付高昂的技术引进费用，但对引进的技术往往缺乏消化、吸收和进一步自主创新的能力；第二，跨国装备制造公司在中国进行直接投资，其技术转移和扩散是非常有限的，核心技术、关键零部件、成套设备都掌握在外方手中，中国主要承担加工组装任务。在转移的产品结构方面，中低档产品居多，重大成套设备和高技术产品偏少。在这样的分工体系下，中国装备制造企业处于明显的劣势。虽然许多装备制造企业拥有先进技术装备以及一定技术开发能力，但是由于经营管理体制的不健全，企业难以得到有效的扩张和发展，只能寻求利用外资以图发展的道路。多数情况下，外资实施股权控制式的兼并来和中方合作。在合资企业不断发展壮大的过程中，通过扩资扩股甚至是垄断营销渠道的方式来达到控制权。与此同时，跨国公司国际销售网络的高度完善性、国内市场信息渠道的畅通性及财务管理体系的灵活性，使得外方几乎完全操纵着外商投资企业的国际销售渠道及制定价格的主动权，而国内企业由于长期处在生产和贸易相分离的体制下，基本处于被动状态。这样合资企业所取得的利润大多被外资变相转移，中国装备制造企业长期发展的基础逐渐弱化。

3. 区域承接和全国产业布局的矛盾

由于地方经济发展的要求，中国各地方政府为了吸引外资，纷纷把 GDP 贡献价值大、拉动地方就业程度高的装备制造业定位为招商引资的主要方向之一。除上文所提及五大承接区之间的竞争外，承接区内部由于地缘相近也发生激烈的竞争，如东北三省之间、中西部重庆和成都之间等。竞争在客观上有利于刺激各地方创造更好的产业承接软硬环境，但同时也带来一些资源低价处置、国有资产流失的弊端，造成全国区域装备制造产业布局的同构化。因此，在区域承接问题上，国家应积极展开相关指导，地方政府也应充分从自身地缘优势、产业基础、劳动力等生产要素情况多方出发，明确承接定位，建立有针对性的装备制造业转移计划。比如，黑龙江佳木斯市在煤机、电机、农机等方面具有良好的产业基础，其产业承接对象主要围绕东北亚邻国，如俄罗斯、韩国、日本等，未来应更好地做好这些产业的引资工作。

## 二、中国装备制造企业"走出去"

自 20 世纪 80 年代以来，装备制造业通过多种渠道引进国外先进技术，使一批新型、高效、高精度的制造工艺技术在装备制造业中得到广泛应用，为改善产品质量、制造大型成套设备、研制高新产品创造了条件。进入 21 世纪以来，我国装备制造业一直保持高速增长的态势，目前已形成了一个门类齐全、具有较大规模和相当实力、技术水平和成套水平不断提高的工业体系。然而，从总体来看，我国装备制造业高技术含量的高端装备还比较缺乏，核心技术缺少，而中低档产品过剩，同质化竞争激烈，甚至达到"白热化"程度。同时，国内装备制造企业还受到来自国外企业在中国抢夺市场的竞争。外资企业采取"以资金换市场"的战略，在中国的投资大都以合资或独资方式进行，"用最少的技术换取最大的市场"，在核心技术领域对中国进行出口限制。国外装备制造业的参与加剧了我国装备制造业的竞争。为了获得更广阔的市场，增强抵御风险的能力和国际竞争力，中国装备制造业提出了"走出去"战略，这是近几年国内装备制造业参与国际市场增多的一个直接动力。

（一）中国装备制造企业"走出去"态势良好

1. 从中国装备制造业出口贸易角度来看

根据联合国商品贸易统计数据库现有统计资料，1996—2009 年我国装备制造业对外贸易发展迅速，总贸易额呈稳步增长状态，2009 年受金融危机影响略有下降。装备制造的贸易额增幅很大，1996 年总贸易额为 1098.1 亿美元，至 2009 年已达到 12014.4 亿美元，增长幅度达 10916.3 亿美元，增长近10 倍。装备制造业出口总额在不断上升，12 年间增长了近 15 倍。从图 3 - 2 中还可以看出，我国装备制造业对外贸易可以分为两个阶段：第一个阶段为 1996—2003 年，第二个阶段为 2004 年至今。第一个阶段我国装备制造业对外贸易呈逆差状态；第二个阶段对外贸易由逆差转为顺差，而且顺差不断扩大，贸易规模也迅速增长。这充分反映出中国装备制造业"走出去"战略取得的重要成就，出口在我国装备制造业对外贸易中的地位稳步提高，1996 年出口额占总贸易额的比重为 42.7%，至 2009 年则已达到58.3%。我国装备制造业出口增长率呈先升后降的趋势，2003 年以前增长率逐年提升，在 2003 年达到最大值，出口增长率为 46.0%，此后逐年下降（见图 3 - 3）。增速放缓与我国装备制造业出口贸易规模大小有关，当出口规模较小时增长较快，而当出口贸易达到一定规模，增长放缓。由此可见，中国装备制造业"走出去"已经形成了一定规模，在总体上保持着增长趋势。

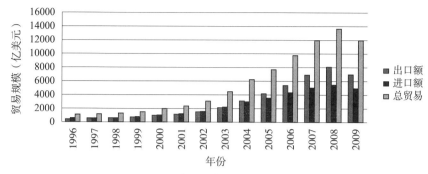

**图 3 - 2  我国装备制造业贸易规模**

资料来源：根据 UN Comtrade 数据库数据计算所得。

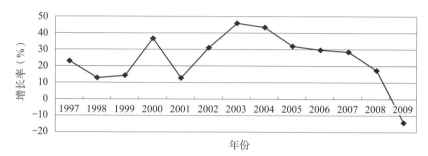

**图 3 - 3  我国装备制造业出口增长率**

资料来源：根据 UN Comtrade 数据库数据计算所得。

从中国装备制造业出口贸易的行业分布来看（见图 3 - 4），电气机械、电子通信、仪器仪表这三类产业的产品出口总计所占比例高达 69.38%。这说明中国装备制造业部分子行业在国际竞争中享有比较优势，带动了出口优势的不断增强。从中国装备制造业出口贸易的国别分布来看（见图 3 - 5），我国装备制造业的主要出口市场有美国、日本、德国、新加坡、韩国、荷兰、英国、马来西亚、法国等。我国装备制造业的出口市场具有市场较广但是集中度高的特点，历年来，我国装备制造业出口国在 200 个左右波动，但主要出口市场却集中在少数国家。与此同时，这一集中态势有所减弱，中国装备制造业市场在不断扩大，合作国家日益增多，"走出去"呈多元化方向发展，特别是对亚非拉新兴市场国家的出口贸易稳步上升。

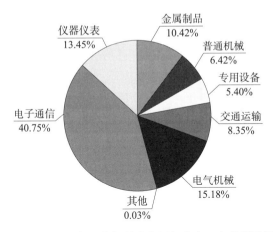

**图 3 - 4　近十年间中国装备制造业子行业出口占总贸易额比例**

资料来源：根据 UN Comtrade 数据库数据计算所得。

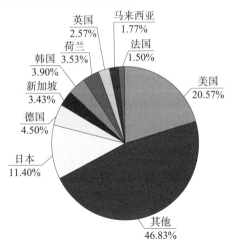

**图 3 - 5　近十年间中国装备制造业出口贸易主要国家**

资料来源：根据 UN Comtrade 数据库数据计算所得。

2. 从中国装备制造业海外投资与兼并的角度看

2008 年金融危机由虚拟经济蔓延至实体经济，2008 年 9 月，美国制造业活动指数为 43.5，创历史新低。美国金融危机不仅影响了本国装备制造业，还迅速波及全球，使得世界投资需求在相当长的一段时间内疲软不振。根据联合国贸发会议（UNCTAD）的报告，2011 年全球外国直接投资流出流量为 1.69 万亿美元，年末存量为 21.17 万亿美元。中国对外直接投资分别占据世界流量、存量的 4.4%、2%，排名世界第 6 位、第 13 位（见图 3 - 6）。虽然中国的对外投资总量和美欧日等发达经济体相比仍存在一定差距，但快速的增长势头已在金砖国家中遥遥领先，进一步增强了中国在全球对外投资领域的影响力。在中国海外拓展与投资中，制造业对外投资特别是装备制造业海外投资占据了相当大的份额，中国制造业海外投资规模呈不断上升态势，2011 年投资净额已经达到 704118 万美元，近五年年均增长率高达 127%（见图 3 - 7）。装备制造业是中国制造业海外投资的中流砥柱，其中的工程机械、交通运输、通信设备等中国优势装备制造业纷纷进驻国际市场，中煤装备公司收购了国际著名的百年制链企业英国帕森斯公司，开启了中国煤机企业并购国外知名公司的先河；吉利并购沃尔沃、北京第一机床厂并购德国科堡、三一重工收购行业巨头普斯迈斯特、国内机床行业并购十余家海外机床企业等。海外并购整合了双方优势资源，提升了我国高端装备制造能力，为创造世界知名品牌和提高全球制造业竞争力奠定了重要基础。此外，三一重工、西电集团在国外投资设厂，华为、中兴、联想等在海外设立研发中心，一批装备制造企业已在国际上崭露头角，成为国际化大企业。

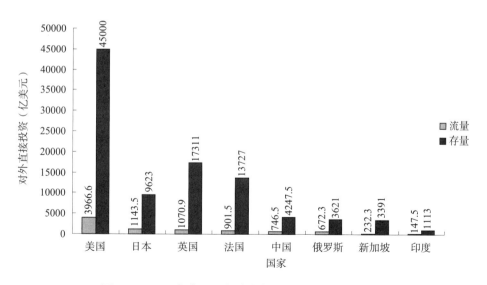

图 3 - 6  2011 年主要国家对外直接投资存量及流量对比

资料来源：商务部、《2012 年世界投资报告》。

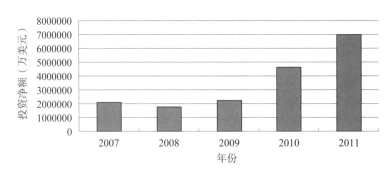

**图 3 - 7 2007—2011 年中国制造业对外投资净额**

资料来源：国家统计局网站。

　　装备制造业中的工程机械企业是目前中国海外并购的主要行业，这也与中国机械行业的迅猛发展有关。2008 年，中国机械设备行业主营业务收入为 10 万亿元；到 2011 年，行业主营业务收入达到 21 万亿元，年复合增长率接近 30%。而机械行业的并购交易额，已占中国制造业出海并购比例总额的 45% 之多。2001—2012 年上半年，中国机械制造企业海外并购完成数量按照目标国排序，德国、美国作为全球工业领域的领跑者仍然成为中国企业最为青睐的并购目的地，分别有 19 起和 8 起交易。中国机械制造巨头三一重工依托强大的自主创新能力，打破国际巨头的技术壁垒，从一个"跟随者"发展成行业的"引领者"。该机械制造集团大步"走出去"，全球布局初步完成，目前已在印度、美国、德国、巴西投资建造研发制造基地，下一步目标锁定非洲；在欧洲、美国、印度、俄罗斯、澳大利亚等 13 个地区和国家共建有 30 家海外子公司，全球已建成 15 个物流中心，业务覆盖 150 多个国家，产品批量出口到 80 多个国家和地区。

　　（二）中国装备制造企业"走出去"面临的障碍

　　中国装备制造业"走出去"的道路面临相当多的风险。

　　（1）国外的贸易保护主义和反倾销仲裁，成为我国装备制造企业"走出去"的一大屏障。我国装备制造企业面临着国际投资环境以及自身在"走出去"方向、模式、风险和社会责任等方面的多种考验，海外经营整体欠佳，海外投资进展放缓，有的企业不得不退出国际市场。如 2012 年，我国太阳能电池光伏产品遭遇美国的贸易保护，美国对华光伏双反仲裁结果公布，中国企业反倾销税率从 18.32% 到 249.96% 不等，反补贴税率从 14.78% 到 15.97% 不等。同年，欧盟对中国光伏电池发起反倾销调查，涉案金额超过 200 亿美元。其产生的影响巨大，国内很多光伏产品制造企业面临着不仅是亏损，而且可能破产的危险。

（2）出售方对中国企业的不了解或不信任。欧美国家的优质资产是中国装备制造企业的主要收购目标，尽管中国企业资金实力雄厚，但很多时候却无法打动出售方。主要原因是当地企业和政府对于中国企业技术转化利用能力、持续运营和品牌管理，以及处理当地劳资关系的能力心存质疑。基于这些挑战，其在分析全球装备制造业海外并购交易时，发现真正为企业创造价值、表现优异的交易仅占总交易量的 23%，表现一般的占 47%，表现不佳的占 30%。

（3）我国装备制造业"走出去"的障碍除了国外的贸易保护外，还有自身的产品问题。我国装备制造业的出口主要集中在亚非拉等发展中国家，产品大多集中在中低端水平，产品附加值不高，在国际市场同样受到低端的、同质化竞争，且竞争日趋激烈。未来，我国装备制造企业需要不断努力，提升产品竞争力和企业国际化运营能力，打开欧美等发达国家的市场，使我国装备制造业跻身中高端领域，具备国际化竞争优势。

# 第三节 中国装备制造业的竞争格局

装备制造业是基础性、战略性产业，是科学技术物化的基础，体现了一个国家的科技实力和国际竞争力。众多工业发达国家都极为重视装备制造业的发展，纷纷出台多项政策措施支持装备制造业的发展。我国是装备制造业大国，经过多年发展已经形成了门类齐全的装备制造业体系。然而，与很多发达国家相比，产业大而不强、自主创新能力弱、基础制造水平落后等问题依然突出。因此，研究我国装备制造业的国际竞争力、分析装备制造业在行业和区域中的竞争格局，对于全面了解中国在世界装备制造业中的位势，以进一步推进我国装备制造业结构调整和优化升级具有重要意义。

## 一、中国装备制造业总体及行业国际竞争力比较

### (一) 装备制造业 R&D 投入

2011 年，我国共投入 R&D 经费 8687 亿元，比上年增长 23%，R&D 经费占 GDP 比重为 1.84%，比上年提升 0.08%。根据 OECD 及科技部统计数据，可以发现美国—加拿大、欧盟 15 国、日本—韩国构成世界 R&D 经费支出的三极，三方分别占 R&D 经费支出总额的 40%、28.2% 和 19.2%。中国的 R&D 投入占据世界比重的 5.3%，是除这三极之外最重要的国家，如图 3－8 所示。但我们也应该看到，虽然中国 R&D 经费支出世界排名第四，但与美、日、欧等发达国家与地区的差距还是很明显的，且 R&D 经费支出占国内生产总值的比重仍处于低位水平。

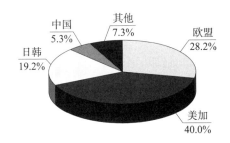

**图 3－8　主要国家和地区 R&D 经费支出占 38 个国家总额的比重**

资料来源：科技部统计网站。

从我国 R&D 投入产业部门来看，制造业占据了 R&D 投入总量的 95%，而装备制造业又占据了制造业 R&D 总投入的 58.9%。全国 R&D 经费投入超过 200 亿元的行业有 8 个，装备制造业占据了 5 个，R&D 经费投入强度（与主营业务收入之比）超过规模以上工业平均水平（0.71%）的行业有 11 个，装备制造业占据了 6 个，如表 3－3 所示。由此可见，在我国 R&D 投入中，装备制造业具有重要地位。装备制造业的子行业大多属于国家高新技术产业或是重点支持产业，因而在科技研发投入中具有明显的倾斜态势。从国际比较来看，中国和美、日、欧等发达国家和地区在交通运输设备制造业，电气机械及器材制造业，通信设备、计算机及其他电子设备制造业等行业 R&D 投入经费都较大，其他部门的投入相对较小，特别是中国金属制品业的比重最小，也说

明了金属制品业技术水平最低。在世界先进装备制造业大国中，R&D 经费支出的绝对投入最多的是美国，其次是日本和德国，中国最少。从表 3 - 4 的数据来看，中国和发达国家 R&D 经费支出的绝对投入差距最大的是仪器仪表及文化、办公用机械制造业，为美国的 0.65%、日本的 0.88%、德国的 4.2%；R&D 经费支出最为接近的为电气机械及器材制造业，但仍低于其他三个国家。

表 3 - 3　装备制造业各行业 R&D 经费使用情况

| 产　业 | 经费投入（亿元） | 投入强度 | 占总投入比重 | 占制造业投入比重 |
|---|---|---|---|---|
| 装备制造业整体 | 3355.0 | — | 0.565 | 0.589 |
| 金属制品业 | 111.3 | 0.49 | 0.019 | 0.020 |
| 通用设备制造业 | 406.7 | 1.01 | 0.069 | 0.071 |
| 专用设备制造业 | 365.7 | 1.40 | 0.062 | 0.064 |
| 交通运输设备制造业 | 785.3 | 1.25 | 0.132 | 0.138 |
| 电气机械及器材制造业 | 624.0 | 1.25 | 0.105 | 0.110 |
| 通信设备、计算机及其他电子设备制造业 | 941.1 | 1.48 | 0.159 | 0.165 |
| 仪器仪表及文化、办公用机械制造业 | 120.9 | 1.62 | 0.020 | 0.021 |

资料来源：科技部《2011 全国科研经费投入统计公报》。

表 3 - 4　近年来中国装备制造业 R&D 经费支出占美、日、德比重

| 产　业 | 中国 R&D 经费占美国比重（%） | 中国 R&D 经费占日本比重（%） | 中国 R&D 经费占德国比重（%） |
|---|---|---|---|
| 金属制品业 | 9.14 | 15.98 | 21.76 |
| 机械设备制造业 | 16.10 | 13.95 | 25.57 |
| 交通运输设备制造业 | 5.02 | 9.38 | 9.63 |
| 电气机械及器材制造业 | 42.46 | 13.18 | 86.36 |
| 通信设备、计算机及其他电子设备制造业 | 9.53 | 18.87 | 65.69 |
| 仪器仪表及文化、办公用机械制造业 | 0.65 | 0.88 | 4.20 |

资料来源：根据经济合作与发展组织 STAN 数据库数据计算得到。

（二）装备制造业劳动生产率

劳动生产率是指每年每个从业人员创造的增加值的多少。以现有的统计资

料来看，2005 年，我国装备制造业的劳动生产率为 10.2 万元，是 2000 年的 4.7 万元的 2.2 倍，年均增长为 16.6%。如表 3 - 5 所示，按汇率计算的装备制造业劳动生产率，我国与工业化国家和新兴工业化国家相比存在很大差距。2005 年，我国装备制造业的劳动生产率仅为 1.24 万美元，而美国（2003）、日本（2003）、德国（2002）等发达国家的装备制造业劳动生产率分别高达 10.7 万美元、9.2 万美元、6.25 万美元，我国只有这些国家的 11.6% ~ 19.8%。一般来说，劳动生产率是一个与人均资本装备水平直接相关的指标，人均资本装备水平高，劳动生产率也较高；人均资本装备水平低，劳动生产率就相应较低。因此，我国装备制造业相对较低的劳动生产率水平很大程度上也反映了这个行业的资本积累还不足、人均资本装备水平还较低的现实。中间投入生产率反映了生产过程中包括原材料、燃料和动力在内的中间消耗或物耗的水平，同时也反映装备制造业产品的深加工程度，是一个与生产技术水平相联系的指标。2005 年，我国装备制造业的中间投入生产率为 32.1%，与 2000 年的 33.5% 相比下降了 1.4 个百分点。我国装备制造业的中间投入生产率与美国、日本、德国相比差距较大，相互间的差距在 17.7 ~ 23.6 个百分点。从装备制造业各个行业的情况看，我国与发达国家相比均有较大程度的差距，差距最大的为仪器仪表及文化、办公用机械制造业，差距最小的为交通运输设备制造业。这种差距表明我国装备制造业生产过程的物耗水平较高、产品的加工深度和技术含量较低的状况。

表 3 - 5　装备制造业劳动生产率与中间投入生产率国际比较

| 产　业 | 劳动生产率（万美元） | | | | 中间投入生产率（%） | | | |
|---|---|---|---|---|---|---|---|---|
| | 中国（2005） | 美国（2003） | 日本（2003） | 德国（2002） | 中国（2005） | 美国（2003） | 日本（2003） | 德国（2002） |
| 装备制造业 | 1.24 | 10.70 | 9.20 | 6.25 | 32.1 | 55.7 | 52.8 | 49.8 |
| 机械设备制造业 | 0.99 | 8.36 | 7.37 | 6.19 | 38.6 | 65.5 | 63.9 | 70.2 |
| 交通运输设备制造业 | 1.33 | 10.80 | 11.90 | 6.78 | 32.2 | 46.9 | 40.8 | 34.6 |
| 电气机械设备制造业 | 1.19 | 7.80 | N/A | 5.64 | 34.6 | 54.4 | 69.2 | 60.0 |
| 通信设备、计算机及其他电子设备制造业 | 1.59 | 12.70 | N/A | 6.21 | 26.9 | 60.0 | 56.2 | 41.0 |
| 仪器仪表及文化、办公用机械制造业 | 1.01 | 10.40 | 7.17 | 5.76 | 35.8 | 80.1 | 81.9 | 92.5 |

资料来源：《中国工业经济发展报告》。

（三）装备制造业出口市场占有率

出口市场占有率衡量的是一国某产品的出口额占该产品世界总出口额的比重，也就是在国际出口市场中的占有率。根据世界贸易组织关于装备制造业的进出口数据，我们计算了2008—2012年中国、美国、德国、日本主要装备制造业产品的出口市场占有率，从动态的视角来分析这几个国家装备制造业产品的出口市场占有率的变化（见图3-9）。

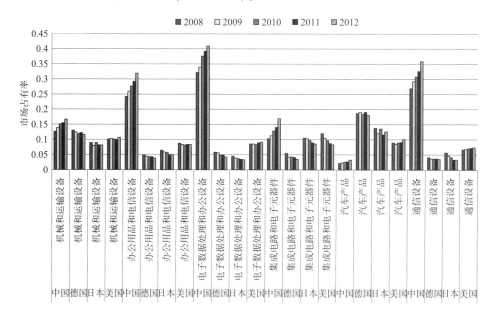

**图3-9　2008—2012年装备制造业出口市场占有率**

资料来源：根据WTO数据库数据整理。

从图3-9可以看出，2008—2012年，中国主要装备制造业产品的出口占有率呈现不断攀升态势，除汽车产品之外，中国其他装备制造业产品（机械和运输设备、办公用品和电信设备、电子数据处理和办公设备、通信设备、集成电路和电子元器件）的出口市场占有率都位列第一。汽车产品的出口市场占有率平均为2.69%，大约为美国的1/4、德国的1/5、日本的1/8，差距仍然较大。虽然我国大多数产品的出口市场占有率已经超过美国、德国和日本，但出口市场占有率衡量的只是一个国家产品的出口额在世界市场中的比重，而其中的产品结构问题不应该被忽略：中国的出口市场占有率虽然大幅提高，但出口产品的结构仍然停留在一个较低的层次，从技术水平上与发达国家还有一定的差距，缺少在国际市场中的竞争力。总而言之，中国仍然是一个装备制造业出口大国，但非强国。

(四) 装备制造业 CA 指数

产业竞争优势指数（CA 指数）既衡量了出口和国外市场的份额，也考虑了进口因素和国内市场部分，而且平衡了拥有巨大国内市场份额产业和加工贸易为主产业的国际竞争力。基于数据的完整性，我们根据 1990—2009 年世贸组织数据库中关于装备制造业几大类产品进出口的时间序列数据，计算出 CA 指数，从动态视角对中国、美国、德国和日本装备制造业的国际竞争力进行比较。

从图 3 - 10 机械和运输设备制造业 CA 指数来看，1990—2009 年这 20 年的时间内，日本的机械和运输设备制造业的 CA 指数一直处在第一位，而且从数值上看都大于 1，说明日本的机械和运输设备制造业长期以来都具有超强的国际竞争力；美国和德国的机械和运输设备制造业的 CA 指数在四个国家中处于中间水平，2000 年之后略有下降，但 20 年间的波动不大，从 CA 指数的数值上看一直接近于 1，所以美国和德国的机械和运输设备制造业长期以来都具有较强的竞争力；1990—2009 年中国的机械和运输设备制造业的 CA 指数是一个显著升高的趋势，在 2003 年超过美国和德国跃居第二位，到 2009 年已经接近日本的水平，达到 1.3229，具备了很强的国际竞争力。

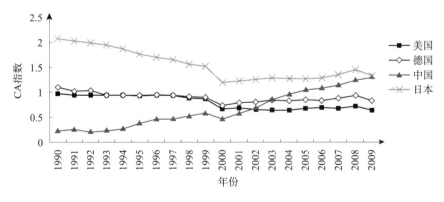

图 3 - 10　机械和运输设备制造业 CA 指数

从图 3 - 11 办公用品和电信设备 CA 指数来看，1990—2009 年，美国、德国和日本的办公用品和电信设备 CA 指数呈现下降的趋势。其中，日本的下降幅度最大，从 2000 年的 3.3 下降到 2009 年的 1.43，但仍然具有较强的国际竞争力；德国和美国的办公用品和电信设备 CA 指数在 2000 年之后呈现出非常相近的水平，2009 年的水平都在 0.75 左右，较 1990 年竞争力明显下降；中国的办公用品和电信设备 CA 指数除了在 2000 年左右有波动之外，总体上呈现升高的趋势，从 2004 年起超越日本升到第一位，到 2009 年的 CA 指数为 1.89，已经具有了很强的国际竞争力。

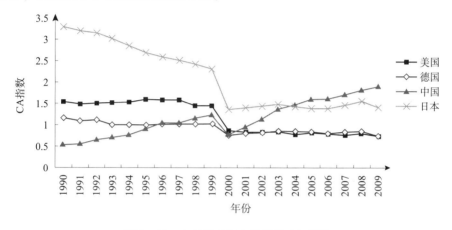

图 3 - 11　办公用品和电信设备 CA 指数

　从图 3 - 12 汽车产品 CA 指数来看，日本和德国的汽车产品 CA 指数长期以来都处于较高的水平，CA 指数值在 2.0 左右波动，也说明日本和德国的汽车产品在国际上具有很强的竞争力；美国汽车产品 CA 指数在 1990—2009 年变动不大，大体处在 0.8 左右的水平，具有一定的竞争力；相比之下，中国汽

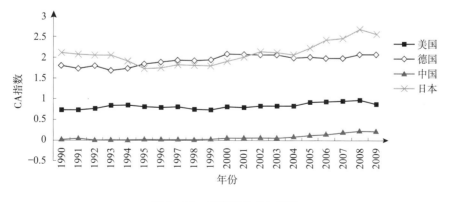

图 3 - 12　汽车产品 CA 指数

车产品 CA 指数 2000 年之前都接近于 0，处于较低水平，与美国、日本和德国相比竞争力很低，虽然 2000 年之后中国的汽车产品 CA 指数有了一定的升高，但 2009 年也只有 0.21，距离日本和德国还是有着巨大的差距。

从图 3 - 13 可以看出，2000—2009 年中国的电子数据处理和办公设备 CA 指数一直领先于美国、德国和日本。特别是 2004 年之后，中国的 CA 指数值一直在 3.0 以上，处于一个较高的水平，与德国、美国和日本 0.7 左右的 CA 指数值相比具有明显的优势，说明中国的电子数据处理和办公设备产品在国际上具有较强的竞争力。从 CA 指数值的差距变化来看，中国的电子数据处理和办公设备产品的竞争力优势正呈现一种不断增大的趋势。

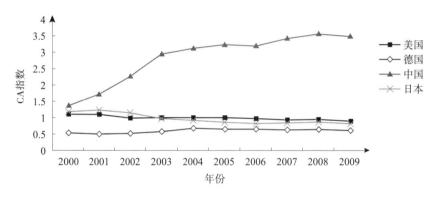

图 3 - 13　电子数据处理和办公设备 CA 指数

从图 3 - 14 可以看出，2000—2009 年中国的通信设备 CA 指数高于美国、德国和日本，而且主要呈现上升的趋势，而日本、德国和美国的通信设备 CA 指数则呈现下降趋势。这不仅说明与美国、德国和日本相比，中国的通信设备

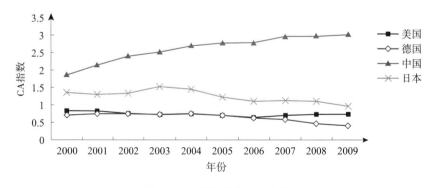

图 3 - 14　通信设备 CA 指数

产品具有长期以来的竞争优势，而且这种竞争优势的差距在逐渐扩大。

从图 3-15 可以看出，2000—2009 年中国集成电路和电子元器件 CA 指数呈现增长趋势，到 2009 年 CA 指数值达到 1.13，具有一定的竞争力；从 2002 年开始，中国集成电路和电子元器件 CA 指数高于德国的水平，但落后于美国和日本；到 2009 年，中国集成电路和电子元器件 CA 指数与美国基本持平，但落后于日本。由于美国 CA 指数呈现下降趋势，而中国的 CA 指数呈现上升趋势，可以判断未来几年中国集成电路和电子元器件 CA 指数会超过美国，位列第二。

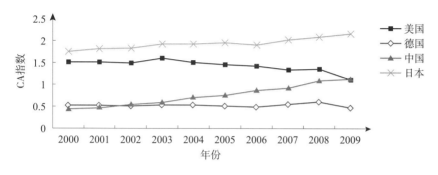

图 3-15　集成电路和电子元器件 CA 指数

（五）装备制造业经济贡献度

我们采用装备制造业增加值占 GDP 的比重、装备制造业增加值占工业增加值的比重来衡量和比较中国、美国、德国和日本装备制造业对经济增长的直接贡献，如图 3-16、图 3-17 所示。装备制造业增加值的计算为中国、美国、德国和日本四国各自的金属制品业、通用设备制造业、专用设备制造业、交通运输设备制造业、电气机械设备制造业、通信设备与计算机制造业、仪器仪表制造业这七个装备制造业子行业的增加值之和。从四个国家的比较来看，德国的比重处于最高位置，而中国已经超过美国、日本，位列第二，且接近德国的比重水平。但我们也应该看到，虽然美国装备制造业增加值占 GDP 的比重排在第四位，但由于美国 GDP 位列世界第一，所以其装备制造业的增加值的绝对值远高于中国、德国和日本的水平。从装备制造业增加值占工业增加值的比重来看：德国同样处于领先水平，达到 40% 左右；日本紧随其后达到 35% 左右，美国领先于中国；中国位于这四个国家之末，且整体比重偏低。这说明中国装备制造业增加值对工业增长的直接贡献与发达国家相比偏小。

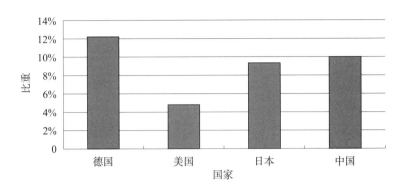

**图 3 – 16　装备制造业增加值占 GDP 比重**

资料来源：根据经济合作与发展组织 STAN 数据库、《国际统计年鉴》数据计算得到。

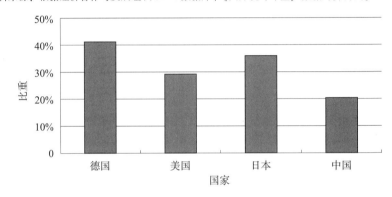

**图 3 – 17　装备制造业增加值占工业增加值比重**

资料来源：根据经济合作与发展组织 STAN 数据库、《国际统计年鉴》数据计算得到。

（六）装备制造业环境保护与资源节约

环境污染和能源消耗也是一国装备制造业先进水平的重要体现。对于不断发展却耗能较大的装备制造业而言，在发展的同时注重提高资源使用效率、保护环境生态是可持续发展的题中之意。从图 3 – 18 我国工业部分行业能耗情况来看，装备制造业整体能耗在工业各行业中相对较低，这与近几年装备制造业转型升级密切相关。同时，装备制造业以高新技术或新兴产业为主，相比石油、化工、煤炭等传统行业耗能较少。

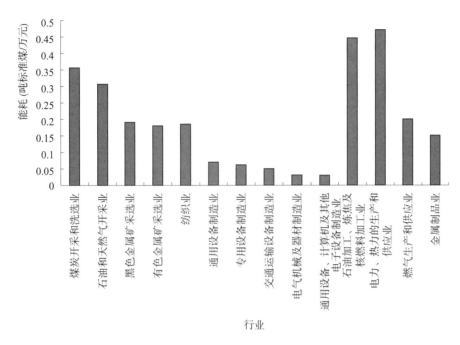

**图 3 - 18 2011 年我国部分工业行业能耗**

资料来源:《中国能源统计年鉴》。

　　就整体而言,我国近年来能源利用效率的改善取得了显著成效,且与其他国家同一经济发展阶段相比,我国在提高能源利用效率上取得的成绩非常突出。与世界先进国家相比,我国内地的能源利用效率总体水平却接近低收入国家的标准,如图 3 - 19 所示。2011 年,世界平均万美元 GDP 的能耗为 1.83,高收入国家和中等收入国家分别是 1.49 和 2.25,中国为 2.73,能源利用效率相当于世界平均、高收入、中等收入国家的 67%、55%、82%,只有美国的 62%、日本的 46%。中国与发达国家相比,经济发展与环境友好之路还很漫长,当然这也是与我国经济发展阶段和工业化进程的特点密不可分的,是我国工业现代化实现过程中的必经之路。

　　综合装备制造业行业竞争格局分析,我们得到以下几点:首先,从中国与世界先进国家 R&D 经费支出的比较也可以看出,R&D 经费支出最多的是美加,接下来是欧盟和日韩,中国最少,中国与发达国家在装备制造业研发投入之间的差距是明显的。同时中国装备制造业产品在劳动生产率方面与发达国家相比还有相当大的差距。其次,装备制造业的国际竞争力主要反映在市场占有率

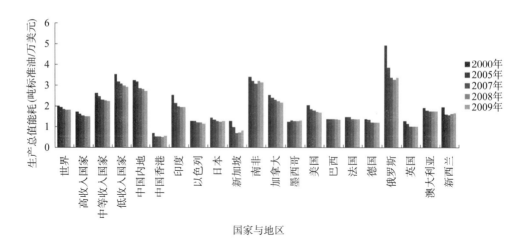

**图 3 - 19　世界主要国家与地区万美元国内生产总值能耗**

资料来源：世界银行（WDI）数据库。

和 CA 指数上。从各国装备制造产品的出口市场占有率数据上看，除了汽车产品，中国其他装备制造业产品的出口市场占有率都位列第一，汽车产品的出口市场占有率与发达国家的差距仍然较大。从各类产品的 CA 指数上看，除了汽车的 CA 指数只有 0.21，距离日本和德国还是有着巨大的差距，其他的如机械和运输设备、电子数据处理和办公设备、通信设备、集成电路和电子元器件的 CA 指数基本尚处在前两位，在国际上具有较强的竞争力。再次，各个国家的装备制造业都在其国民经济发展中处于核心和主导地位，但其对经济发展的贡献也有所差异。从装备制造业增加值占 GDP 的比重来看，德国的比重一直处在最高的位置，而中国已经超过美国和日本位列第二。从装备制造业增加值占工业增加值的比重来看，中国的比重一直低于德国、美国和日本，处在第四位，说明中国装备制造业增加值对工业增长的直接贡献与发达国家相比偏小。最后，环境污染和能源消耗也是一国装备制造业先进水平的重要体现。中国处于工业化加速推进阶段，与发达国家相比，能源消耗还有较大的进步空间。

## 二、中国装备制造业区域竞争格局比较

装备制造业是我国的战略性新兴产业，它的分布具有明显的区域特征。装备制造业主要分布在东北老工业基地、珠三角、长三角，以及环渤海地区，因为这几大区域长期以来具有发展装备制造业的较为雄厚的基础。"十一五"以

来，在国家优惠政策的鼓励下，装备制造业在其他地区也开始蓬勃发展，如安徽、湖南、河南等。下面，我们从规模分布、效益分布、出口分布、就业分布以及技术创新五个方面对我国装备制造业的地区分布状况做简要分析。

（一）装备制造业规模指标的区域分布

从地区的资产总额比重来看，如图3－20所示，东部沿海地区的比重达到了74%，处于较大优势地位，中部和西部地区分别占16.5%和9.5%。与东部地区相比，在装备制造业总规模上还有较大的差距。从2011年我国各地区装备制造业资产总额分布情况来看（见图3－21），江苏省是我国装备制造业资产总额最大的省份，占全国总产量的16.92%，排在第二的是广东省，占15.7%，接下来是上海市、浙江省、山东省、辽宁省，这六个省市的资产总额占比达到了62.16%。

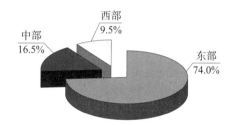

**图3－20 2011年装备制造业资产在东部、中部、西部分布**

资料来源：《2012年中国工业经济统计年鉴》。

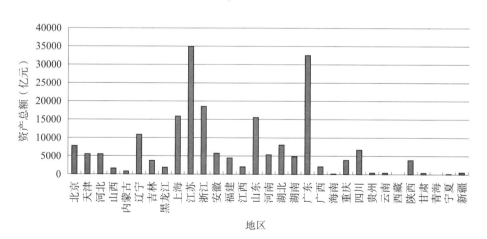

**图3－21 2011年装备制造业资产总额地区分布**

资料来源：《2012年中国工业经济统计年鉴》。

（二）装备制造业效益指标区域分布

从装备制造业的利润分布情况来看（见图 3 - 22），利润总额较高的省市是江苏省、广东省、山东省、上海市、浙江省、辽宁省等；前六个省的利润总额合计占到了全国的 60.59%，利润集中度水平略低于资产总额的集中度；前十个省市的利润总额合计占到了全行业的 75.79%，高于资产总额占比前十名的集中度。具体的省市中，江苏省、广东省和山东省的利润表现较好，占全国利润总额的比重分别达到 17.94%、13.70% 和 10%，其余地区的比重都低于10%。可见，江苏省、广东省和山东省是我国装备制造业最重要的分布地区，从规模和绩效上都占有绝对的优势。从资产总额规模排在前六名的省份来看，其利润排名也都在前八名，总体上来看基本处于领先的位置。

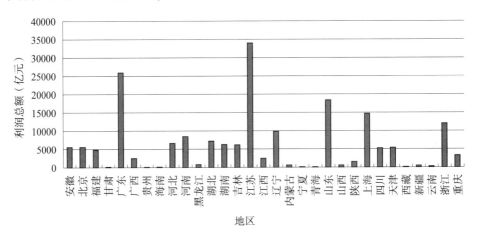

**图 3 - 22　2011 年装备制造业利润总额地区分布**

资料来源：《2012 中国工业经济统计年鉴》。

从东部、中部、西部三大区域的利润分布来看，我国装备制造业东部沿海地区的比重达到了 72.53%，处于相对较大的优势地位，几乎与东部地区的资产总额比重持平；中部和西部地区分别占 19.83% 和 7.64%，与资产总额比重相比，中部、西部的差异较大。中部地区 16.5% 的规模的利润比重占到了19.83%，而西部地区 9.5% 的规模比重只获得了 7.64% 的利润占比，相比来说同等规模条件下中部地区的装备制造业获利能力更强（见图 3 - 23）。

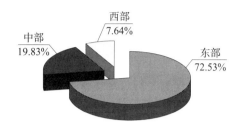

**图 3 - 23　2011 年装备制造业利润在东部、中部、西部分布**

资料来源：《2012 中国工业经济统计年鉴》。

（三）装备制造业出口指标的区域分布

出口一般来说受地理位置的影响较大，一是因为沿海地区比内陆地区开放更早，从事对外贸易的时间更长，经济开放程度更高；二是因为沿海地区的地理位置优越，在运输成本、交通便捷等条件上与中部、西部地区相比有着优越的地理位置条件。从装备制造业的出口情况来看，东部地区的出口交货值比重占到了 91.53%，占有绝大多数比重，而中部和西部地区的出口交货值比重都只有 4% 左右，相比于规模占比和利润占比，东部、中部、西部三大区域的出口比重差距明显更大（见图 3 - 24）。出口占比较多的省市是广东省、江苏省、上海市、浙江省、山东省、福建省等，共同特征都是沿海的经济强省或地区；排名前六的省份出口总额合计占到了全行业的 83.53%，出口集中度水平高于资产总额的集中度，也高于利润总额的集中度；前十个省市的出口交货值总额合计占到了全行业的 92.30%，也高于资产总额前十名的集中度。具体的省市中，广东省、江苏省和上海市的出口占比较高，占全国利润总额的比重分别为 31.39%、24.79% 和 10.89%，其余地区的比重都低于 10%（见图 3 - 25）。可见，广东省、江苏省和上海市是我国装备制造业最重要的出口地区。

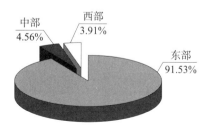

**图 3 - 24　2011 年装备制造业出口交货值在东部、中部、西部分布**

资料来源：《2012 中国工业经济统计年鉴》。

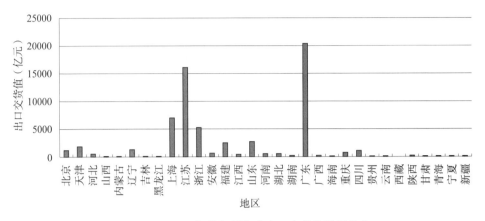

**图 3 - 25　2011 年装备制造业出口交货值地区分布**

资料来源：《2012 中国工业经济统计年鉴》。

（四）装备制造业就业指标的区域分布

装备制造业就业指标是装备制造的全部从业人员平均数。从各省市就业人数来看，广东省、江苏省、浙江省、山东省、上海市、辽宁省排在前六位，合计比重达 65.68%，前十位省份占比 78.18%，集中程度高于规模指标和效益指标，低于出口指标。就整体而言，装备制造业发展水平高的地区带动的就业人数也较多，如排名前三的省份广东、江苏、浙江分别占比 23.57%、17.2%、9.38%，领先于其他省市（见图 3 - 26）。从从业人数在三大区域的

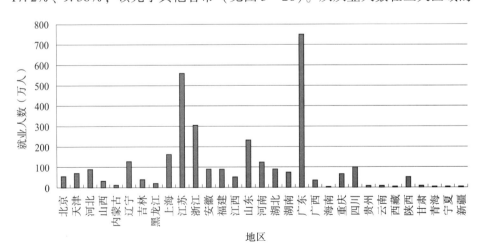

**图 3 - 26　2011 年装备制造业就业人数地区分布**

资料来源：《2012 中国工业经济统计年鉴》。

分布情况来看，东部地区仍然遥遥领先，占比 75.03%，而中部、西部地区占比分别为 15.54%、9.03%（见图 3-27）。就业分布在三大区域的空间分布上与规模占比、效益占比具有相似性，可见装备制造业在区域内发展的规模和效益是影响其从业人数的重要因素。装备制造业发展水平高的地区能够推动该地区装备制造行业从业人数的增加，我国大部分装备制造业从业人员都集中在东部地区。

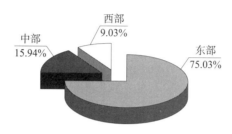

**图 3-27 2011 年装备制造业就业人数在东部、中部、西部分布**

资料来源：《2012 中国工业经济统计年鉴》。

（五）装备制造业技术创新指标的区域分布

装备制造业分地区技术创新指标使用的是新产品产值，从三大区域分布来看，东部的新产品产值占比为 63%，与规模占比、利润占比、出口占比和就业占比相比偏低，中部新产品产值占比为 22%，西部新产品产值占比为 15%，如图 3-28 所示。从规模占比与新产品占比比较来看，东部地区的创新效率与中部、西部相比处于劣势，但从整体的装备制造业产品技术整体水平来看，中部、西部距离东部各省还有一定差距。从装备制造业新产品产值比重来看，上海市、浙江省和广东省位列前三，比重分别为 12.19%、11.6%、8.78%。这三个地区是长三角和珠三角的代表省份，可以看出长三角和珠三角地区是我国装备制造业技术创新的主要地域。吉林省、江苏省和天津市排在第四位至第六

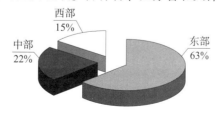

**图 3-28 装备制造业新产品产值在东部、中部、西部分布**

位，前六位的占比总和为 54.59%，前十位的占比总和为 75.39%，技术创新产出的集中度低于规模占比、利润占比和出口占比的集中度。

因此，从我国装备制造业地区分布的整体状况来看，在装备制造业的规模、效益、出口、就业以及新产品五个方面，东部地区明显处于领先水平，而中部、西部距离东部有较大的差距。广东省、江苏省、上海市、浙江省、山东省等东部省市装备制造业先进水平较高，而其他省份处于第二和第三档次，装备制造业发展水平相对落后。

# 第四章　中国装备制造业在全球竞争中的位势

作为"制造业之母"的装备制造业是国家综合实力的重要体现，发展装备制造业对提升国家综合竞争力具有重要的意义。我国是人口大国，且现阶段仍处于工业化和城市化的发展进程中，发展装备制造业具有一定的人才优势和市场优势。目前，我国装备制造业发展势头迅猛，且已经形成了一批快速成长的龙头企业和产业聚集区。但与世界发达工业国家相比，中国装备制造业大而不强的特征越来越明显。特别是随着装备制造业模块化生产方式的推进，我国的装备制造业不但在自主创新能力、基础配套设施能力、产品可靠性等方面存在劣势，还存在产业集中度不高、产品结构不合理、产业安全风险增加、产业高端缺位等问题，难以实现健康、稳定地成长。

## 第一节　装备制造业的模块化生产模式

模块化产业结构是一种高效灵活的生产体系，能够快速推出新产品和新服务，因而成为未来产业结构发展的新趋势。发达国家的跨国公司是模块化生产网络中的核心企业，掌握着关键模块，而包括中国在内的发展中国家的企业是模块制造商，在模块化生产网络中从属于跨国公司。

### 一、组织结构

模块化一词最早用来表示一种针对复杂产品的设计方式（Ulrich，1995）。它将复杂系统分解为一些半自律性的子系统——模块，这些子系统按照一定的规则相互联系而构成更加复杂的系统或过程。与传统整合式系统不同，模块化系统中存在两类设计规则，即"看得见的设计规则"和"看不见的设计规则"❶。模块化系统在设计与制造上之所以具有灵活性和效率，关键在于将系统的各项技术参数合理地分解为这两类设计规则。模块化系统通过对两类设计规则的划分，显著提高了企业产品设计制造的灵活性和效率。因为模块化系统中局部的修改和变化并不影响其他部分的运作，这就让系统拥有了模块可升级性。模块可升级性使得企业能够在一个相对稳定的技术平台上，在特定的模块上利用以往形成的核心知识进行持续开发，并提高企业知识投资的效率；模块可升级性还能让企业在遵循看得见的设计规则的基础上，根据消费者的需求对模块进行重组，快速推出新产品和新服务。

在模块系统中，某些模块对于整个模块系统的存在与发展至关重要，这类模块被称为关键模块。从系统复杂性角度来看，关键模块具有以下三个特征：①模块内部的技术复杂度较高；②模块与其他模块的交互较多，根据图论的基本原理，这类模块所在的节点的邻接节点较多，所以这类模块对系统的稳定性影响较大；③模块功能构成上级模块功能的主体或主体的重要组成部分。可见关键模块是模块系统的核心功能部分，是整个系统存在的前提和基础。模块化系统中的关键模块及其相互关系形成的"关键模块层"是其共有的核心技术要素的集合，构成了整个产业内产品平台的最低标准，规定了关键模块层对一般模块层的联系规则，包含了整个模块化系统的大部分标准信息，具备产业技术平台的特征，主导着整个模块化的变化和发展（见图 4 – 1）。

核心企业生产的关键模块与其他企业生产的非关键模块由于在系统中所处的经济地位、稀缺程度不同，决定了它们之间不可能存在对等的方式直接或间接地交流（Gittell，Weiss，2004）。这表现在核心企业会寻找它认为是适宜的合作伙伴，因而其他非关键模块往往处于被选取和从属的位置。结果是非关键模块的企业不得不处于接受相应规则和条件的地位，加入核心企业治理中。从

---

❶ "看得见的设计规则"包括确定系统包含哪些模块、模块之间如何联系在一起以及如何评价、测量模块的标准。具体来说，这类规则由结构、界面和标准三个部分组成。"看不见的设计规则"是指模块开发人员在遵循"看得见规则"的前提下，对各个子模块内部功能实现方式的规定，其作用范围仅限于一个模块之内，它允许和鼓励设计人员在遵循"看得见规则"的前提下自由发挥对本模块的设计，而不必考虑其他模块的设计方式。

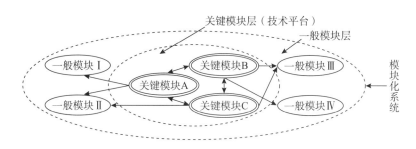

图 4-1　模块化系统技术维度分层结构示意

这个层面讲，核心企业与非关键模块化企业之间的关系类似纵向一体化企业内部的"看得见的手"。但这又不是完全的科层制关系，因为对于非关键模块化企业来说，依旧存在自主、独立地选择市场上潜在的其他关键模块化企业的可能和机会。

　　由于装备制造业具有技术构成复杂、配套零部件高度多样化的特性，企业往往根据其核心能力和关键资源重点从事模块化生产网络中的某一个节点工作。发达国家企业集中于高新技术、高附加值产品，而劳务型和传统性产品则大量转移到发展中国家，从而使得装备制造企业间同一产品市场中的横向竞争和模块化网络组织内的垂直竞争日益增强。中国本土装备制造企业由于市场竞争能力弱，只能处于全球价值链模块化分工的中低端。跨国公司掌握了大量的关键模块，因而成为装备制造产业模块化组织的核心企业。在跨国公司的协调下，各个模块制造商负责设计、制造各个模块（配件），最后由跨国公司统一整合成最终产品。在这种组织模式下，跨国公司负责确定系统的设计规则，从而确定各模块之间的结构、界面和标准。各模块制造商在此规则的指导下，独立地开展本模块的设计、制造活动。各模块设计、制造活动开始后，跨国公司根据环境信息的变化情况对系统的设计规则做出细微的调整。模块制造商和跨国公司之间存在信息反馈，系统的设计规则的调整、完善信息在跨国公司和模块制造商之间来回地流动。如同一体化的企业组织模式中的系统设计师，跨国公司在网络组织中发挥着领导作用，体现出很强的网络组织控制力。

## 二、利益分配

　　收益的根本来源是"经济租"，而经济租来自各种生产要素不同的生产能力及其稀缺性，如自然资源、资本、技术、劳动以及企业家精神等。然而，随着经济全球化进程中要素收益率的降低，进入壁垒开始成为"租"产生的重要因素。进入壁垒较高的环节能产生较高的"租"，而竞争激烈的低进入壁垒环节，收益是不可能持续的，因为"租"会慢慢耗散。要保持较高收益，要么是该行业进入壁垒很高，行业外企业很难进入该行业与之竞争；要么是进入壁垒在不断发生变化，即企业的创新和生产能力在动态发展，不断从事新的经济活动，从而在该领域形成新的进入壁垒。提斯等（Teece et al., 1997）认为存在三种类型的租金：一是基于受到保护的市场力量而产生的垄断租金；二是凭借企业独特资源而产生的李嘉图租金；三是依靠企业动态能力的熊彼特租金。

（一）垄断租金、李嘉图租金和熊彼特租金

垄断租金的创造依赖于企业能够在产品市场上获得竞争优势。在完全竞争的市场结构条件下，考虑到其他市场和产品市场上的互替和互补现象，就会存在所谓的整个经济体系能够实现均衡状态下的"帕累托最优"。但现实的产业市场结构并不是完全竞争这种理想状态的产业结构。在不完全竞争市场结构条件下，消费者所要支付的价格要高于完全竞争时期其支付的价格，自然，企业的剩余增大。这种因为改变消费者剩余需求曲线而增大的企业剩余，被看作是加强企业市场力量的结果。相应地，这种剩余形成的租金水平被称为垄断租金。

李嘉图租金的创造是企业拥有独特资源要素的结果。稀缺性资源能够产生李嘉图租金是企业利润的源泉和企业赖以生存与发展的基础。资源的界定标准在于三个方面：需求、稀缺和成果的可占有性。企业内的人力资源、专利、设备、原材料等都是企业的资源。而将一组资源组合起来使用的方法与技能就是企业的能力，如质量控制诀窍、商品推销技巧、科学研究技能、学习能力等属于企业的能力范畴。这种异质性资源使单个企业的要素价值被激发出来的过程被称为租金的搜寻和选择过程，其获得的企业整体的市场溢价就是企业的经济租金。

熊彼特租金也可以说是由于企业家创新而产生的经济租金，因而也称为"企业家租金"。来自不确定环境下由于企业预见和风险偏好产生的创新，是企业对现有资源能力更有效率地生产经营的结果。与传统的认为垄断会降低全社会福利的消极观点不同，熊彼特认为，企业经济租金反映了企业对竞争这种客观存在的市场行为的回应方式，他把竞争视为"一种创造性破坏的过程"。熊彼特租金来源于企业的生产方式创新、组织制度创新与技术创新，一个企业要维持竞争优势就必须依靠持久不断地创新，即企业的经济租金要靠不断出现的熊彼特租金来维持。

（二）租金传递与收益分配

以上三种租金表示了企业不同来源的超额回报，把企业间业绩的差异与企业内外部资源有机地联系在一起。企业持续租金的创造和获得是一个从熊彼特租金到李嘉图租金至垄断租金依次循环往复的动态过程。企业经济租金最终需要通过企业在市场竞争中获得市场力量来得以实现，对企业来说垄断租金的取得是最关键和最直接的。

市场力量主要通过进入壁垒和合作两种途径来实现，从根本上来讲是企业拥有异质性资源能力（即李嘉图租金）的结果。从某种角度上讲，进入壁垒就是资源壁垒。如果资源定位壁垒有价值，它就能转化为至少在一个市场上的进入壁垒。进入壁垒主要有规模经济、品牌忠诚和产品差异化等，无论哪种成因，它们都是企业对某种特种资源创造和使用的结果。规模经济的出现来自企业通过不可撤毁投资和生产过程的研发建立起最能发挥资源效率的生产能力；产品差异化是因为企业拥有关键性的独特资源和产品研发能力，等等。资源独特性包含了有价值、稀缺而又难替代的特征。有价值表明该资源在企业生产经营和租金创造中的重要性，而稀缺和不可替代性又提高了竞争对手的跟进和模仿的成本。拥有这类资源的企业无疑会形成特定市场定位而获得市场力量进而得到更多收益。但是从时间维度上看，企业资源的独特性是短暂的，竞争对手会通过创新和模仿来打破现有格局。为了继续获得租金，企业必须主动进行"创造性破坏"，打破自我的资源和能力优势，把能力提升从一次性突破转化为持续过程，利用汲取机制和能力提升机制，持续培育、改进和重构异质性能力的知识基础，整合和提升异质性能力，最终实现多项特定能力的循序衔接，在动态竞争中保持稳定的优势地位，从而不断创造出"李嘉图租金"。因此，熊彼特租金被看作企业持续经济租金的根本源泉，而成为发达国家和跨国公司竞相争夺的焦点。

在国际产业分工转移中获得较高收益的全球购买者或主导型生产者基本上

来自发达国家，处于模块化生产组织的核心地位，而缺乏核心竞争力、在模块化组织中处于附属地位的企业大多来自发展中国家。发达国家的企业具有比较强的创新能力，在工艺、营销、研发等各方面不断进行创新，控制了进入壁垒较高的设计、品牌和营销环节，在价值链中居主导地位，因而能够获得熊彼特租金甚至是李嘉图租金和垄断租金，从而获得较高收益；而发展中国家企业的比较优势就是成本优势，因而无从获得熊彼特租金，往往只能通过加工、组装和生产环节而嵌入全球价值链，进入壁垒较低，竞争激烈，从而收益较低。这种进入壁垒差异及权利不对称也使国家之间的收益分配出现差异，从而在全球范围内形成经济活动的地理分布与收益分配的不匹配。为此，发展中国家想要挣脱这一陷阱，成为真正的"发达的工业国家"，就必须着眼和重视"微笑曲线"的两端，向微笑曲线的两端扩张：一个是向自主知识产权扩张；另一个是必须要向拥有自己的品牌、自己的营销渠道、自主营销手段这一端来扩张，通过产业链中不断创新，增加产品的附加价值，不断进行产业升级。

# 第二节　中国装备制造业在全球分工中的地位
## ——以产业内贸易的测度为依据

中国装备制造业已经越来越多地融入全球分工体系中，中国装备制造业能否在全球产业分工中具有话语权取决于其在全球产业分工体系中的地位。本部分将应用产业内贸易理论，运用 GL 指数及 AR 方法，从装备制造业总体、各子行业及国别比较三个角度，测度和分析我国和主要国家的装备制造业产业内贸易水平，在此基础上对产业内贸易的类型进行分析。

### 一、测度方法及数据

本书在对装备制造业产业内贸易进行度量时采用的是 GL 指数法。GL 指数由 Grubel & Lloyd 提出，是研究产业内贸易时使用最广泛也是最具影响力的指数，其计算公式为

$$GL_i = 1 - \frac{|X_i - M_i|}{(X_i + M_i)} \qquad (4-1)$$

式中：$i$ 代表产业；$X_i$ 和 $M_i$ 分别代表 $i$ 产业的出口和进口；GL 指数的取值范围在 0~1，取值越大说明产业内贸易程度越强。

由上述方法得到一个国家整体的产业内贸易指数为

$$\overline{G} = 1 - \frac{\sum_{i=1}^{n} |X_i - M_i|}{\sum_{i=1}^{n} (X_i - M_i)} = \frac{\sum_{i=1}^{n} G_i(X_i - M_i)}{(X_i + M_i)} \qquad (4-2)$$

式（4-2）中的权数代表了各个行业在整个产业中的占比，即在整体装备制造业出口中的重要性，出口量相对较小的行业对装备制造业整体产业内贸易指数的影响较小。借助该指数，可以衡量出中国装备制造业的产业内贸易水平。

与此同时，根据进出口商品的品质差异，可以进行不同贸易类型的划分。因此，测算产业内贸易类型的基本思路是进行品质的衡量。品质的测算是利用产品的价值与产品数量的比值计算出单位价值 UV。国际上计算产业内贸易类型的主要方法有格里纳韦等（Greenaway et al., 1994）提出的 GHM 方法，Fontagn & Freudenberg（1997）提出的 FF 方法，以及 Azhar & Robert（2006）提出的 AR 方法。

GHM 测算方法与 GL 指数类似，不同贸易形态的产业内贸易指数为

$$IIT_{ik}^p = \frac{\sum (X_{mik}^p + M_{mik}^p) \sum |X_{mik}^p + M_{mik}^p|}{\sum (X_{mix} + M_{mik})} \qquad (4-3)$$

式中：$i$ 代表产业；$k$ 代表贸易伙伴；$p$ 代表高品质垂直产业内贸易、低品质垂直产业内贸易和水平产业内贸易三种类型；$m$ 代表 $i$ 产业的某种产品。

式（4-3）与 GL 指数的区别在于区分了贸易类型，利用 UV 的差异来划分

$$1 - \alpha \leq \frac{UV_{mik}^X}{UV_{mik}^M} \leq 1 + \alpha$$

我们用 $UV_{mik}^X$、$UV_{mik}^M$ 分别表示同一产品进口的单位价值，$\alpha$ 是分界点，取值一般为 0.15 或 0.25，该比值在 $1-\alpha$ 与 $1+\alpha$ 之间的称为水平产业内贸易（HIIT），该比值小于 $1-\alpha$ 的称为低品质垂直产业内贸易（LVIIT），该比值大于 $1+\alpha$ 的称为高品质垂直产业内贸易（HVIIT），这样就可以将 GL 指数分为三部分，即 GL = HIIT + LVIIT + HVIIT。

FF 方法与 GHM 方法的区别在于 FF 方法是从进出口贸易的重合程度来定义产业内贸易

$$\lambda = \frac{\min\ (X,\ M)}{\max\ (X,\ M)}$$

如果 $\lambda < 0.1$ 则被认为是产业间贸易，反之则认为是产业内贸易。在此基础上，利用下式进一步区分三种贸易形态，其对贸易形态的定义与 GHM 方法基本相同。

$$\frac{1}{1+\alpha} \leqslant \frac{UV_{mik}^{X}}{UV_{mik}^{M}} \leqslant 1+\alpha \qquad (4-4)$$

GHM 法与 FF 法都采用了 UV 作为区分三种贸易形态的关键，但缺点在于这一比值没有上限，无法得到一个范围来进行跨时期、跨截面的比较。同时，Azhar & Robert（2006）认为这一比值对于进出口商品单位价值变化的反应不同，利用这一指标分别对进口和出口的单位价值求偏导，令

$$f = \frac{UV_{mik}^{X}}{UV_{mik}^{M}}$$

$$\frac{\partial f}{\partial UV_{mik}^{X}} = 1/UV_{mik}^{M}$$

当 $UV_{mik}^{M} \Rightarrow 0$，则有

$$\frac{\partial F}{\partial UV_{mik}^{X}} = 1/UV_{mik}^{M}$$

若 $\frac{\partial f}{\partial UV_{mik}^{M}} = -UV_{mik}^{X} / (UV_{mik}^{M})^2$，当 $UV_{mik}^{M} \Rightarrow 0$，则：$\frac{\partial f}{\partial UV_{mik}^{M}}$ 趋于无穷大。

上式说明 GHM 和 FF 指标对进出口单位价值的变化具有非对称型，因此 Azhar & Robert（2006）吸取 GL 指标的合理因素，提出了 $PQV$ 指标

$$PQV = 1 + \frac{UV^{X} - UV^{M}}{UV^{X} + UV^{M}}$$

在此基础上定义的三种贸易形态为

$$1-\alpha \leqslant PQV \leqslant 1+\alpha$$

$PQV$ 具有良好的性能，其取值范围在 $0 \sim 2$，可进行跨时期、跨截面的比较。当 $UV^{X}$、$UV^{M}$ 的变化趋势相似时，指标具有对称性。

$$\frac{\partial PQV}{\partial UV^{X}} = -2UV^{X} / (UV^{X} + UV^{M})^2$$

当 $UV^X \Rightarrow 0$，$\dfrac{\partial PQV}{\partial UV^X} = 0$；$\dfrac{\partial PQV}{\partial UV^M} = -2UV^M / (UV^X + UV^M)^2$

当 $UV^M \Rightarrow 0$，$\dfrac{\partial PQV}{\partial UV^M} \Rightarrow 0$

从形式上看，PQV 指标不仅具有上下限，同时体现出进出口商品单位价值的反映弹性具有相似性。即当进出口商品单位价值趋近于 0 时，反映弹性均为 0。比较上述的三种方法，GHM 和 FF 方法都着眼于产业内贸易上，AR 方法则直接从品质差异的角度切入，将贸易直接划分为 *HIIT*、*LVIIT* 和 *HVIIT*，考虑到 *PQV* 指标的良好属性，故本书也采用 AR 方法研究产业内贸易的三种形态，在此基础上进一步分析中国装备制造业在国际分工中的地位。

综合以上分析，本书运用 GL 指数及 AR 方法，从装备制造业总体、各子行业及国别比较三个角度，测度和分析我国和主要国家的装备制造业产业内贸易水平，在此基础上对产业内贸易的类型进行分析。贸易统计上，通常将国际贸易标准分类（SITC）前三位数或协调编码体系（HS）前四位数相同的产品汇总到一个产品组。本书采用的贸易数据为国际贸易标准分类方法（SITC）的四分位贸易数据。所有贸易数据均来自 UN Comtrade 数据库。针对中国装备制造业在全球分工中的地位这一研究主题，本书选取了代表性国家进行比较，包括美国、日本、英国、法国、德国、加拿大、意大利、韩国、中国。原始数据涵盖 2003—2012 年中国及这八个国家与世界的四分位贸易数据。

## 二、测算结果及分析

从表 4-1 可以看出，在上述国家中，美国、德国、法国、英国等发达国家产业内贸易指数最高，平均达到 0.8 左右；我国的产业内贸易指数高于日本和韩国，平均达到 0.69 左右。总体而言，我国的 GL 指数具有较强的增长趋势，这说明我国装备制造业产业内分工的形式在不断提升。发达国家 GL 指数均较为稳定，美、德、英、法为代表的装备制造业强国产业内分工程度较高且稳定，而日韩产业内分工程度也较为稳定但指数不高。从中国的实际来看，2000 年前后，中国装备制造业经历了一个以进口为主向以出口为主的产业间贸易形式转换的阶段。在 2000 年之后，中国的进出口贸易均有不同程度地提高，产业内贸易水平显著增强，GL 指数在 0.65 左右波动，并在此后延续增长的态势。虽然日韩与中国相比，产业内贸易程度不如中国，但日韩是资源匮乏的国家，其生产原料必须依赖进口，因此在装备制造业产业内贸易发展的内涵方面，我国与日韩仍存在较大差距。

表 4 - 1　中国及主要国家装备制造业总体产业内贸易指数

| 国家 | 年份 | | | | | | | | | |
|---|---|---|---|---|---|---|---|---|---|---|
| | 2003 | 2004 | 2005 | 2006 | 2007 | 2008 | 2009 | 2010 | 2011 | 2012 |
| 中国 | 0.639 | 0.634 | 0.679 | 0.688 | 0.686 | 0.704 | 0.709 | 0.720 | 0.720 | 0.756 |
| 德国 | 0.749 | 0.737 | 0.742 | 0.760 | 0.721 | 0.727 | 0.760 | 0.761 | 0.749 | 0.724 |
| 法国 | 0.946 | 0.963 | 0.980 | 0.981 | 0.995 | 0.989 | 0.973 | 0.978 | 0.966 | 0.983 |
| 美国 | 0.807 | 0.797 | 0.802 | 0.822 | 0.842 | 0.868 | 0.802 | 0.789 | 0.788 | 0.775 |
| 日本 | 0.523 | 0.520 | 0.538 | 0.544 | 0.530 | 0.523 | 0.571 | 0.541 | 0.560 | 0.589 |
| 意大利 | 0.911 | 0.901 | 0.895 | 0.875 | 0.855 | 0.839 | 0.856 | 0.899 | 0.854 | 0.879 |
| 英国 | 0.900 | 0.865 | 0.907 | 0.959 | 0.827 | 0.853 | 0.862 | 0.850 | 0.876 | 0.874 |
| 加拿大 | 0.899 | 0.903 | 0.889 | 0.866 | 0.851 | 0.802 | 0.776 | 0.759 | 0.744 | 0.756 |
| 韩国 | 0.629 | 0.689 | 0.684 | 0.675 | 0.669 | 0.662 | 0.637 | 0.642 | 0.627 | 0.630 |

装备制造业七个子行业均具有不同特点，为了进一步分析各行业的产业内贸易水平，我们计算了代表性国家 2003—2012 年产业内贸易指数，得到表 4 - 2 不同国家装备制造业各子行业产业内贸易指数的平均值。

表 4 - 2　中国及主要国家装备制造业七大行业产业内贸易指数

| 行业 | 中国 | 德国 | 法国 | 美国 | 日本 | 意大利 | 英国 | 加拿大 | 韩国 |
|---|---|---|---|---|---|---|---|---|---|
| 金属制品业 | 0.379 | 0.683 | 0.858 | 0.706 | 0.868 | 0.558 | 0.815 | 0.741 | 0.826 |
| 通用设备制造业 | 0.697 | 0.670 | 0.956 | 0.935 | 0.472 | 0.608 | 0.932 | 0.757 | 0.914 |
| 专用设备制造业 | 0.876 | 0.666 | 0.968 | 0.884 | 0.370 | 0.433 | 0.873 | 0.962 | 0.662 |
| 交通运输设备制造业 | 0.807 | 0.644 | 0.888 | 0.758 | 0.629 | 0.896 | 0.911 | 0.932 | 0.428 |
| 电气机械及器材制造业 | 0.788 | 0.867 | 0.981 | 0.934 | 0.690 | 0.861 | 0.835 | 0.610 | 0.813 |
| 通信设备、计算机及其他电子设备制造业 | 0.437 | 0.877 | 0.731 | 0.777 | 0.748 | 0.563 | 0.684 | 0.657 | 0.560 |
| 仪器仪表及文化、办公用机械制造业 | 0.743 | 0.937 | 0.783 | 0.789 | 0.850 | 0.755 | 0.798 | 0.541 | 0.718 |

由表 4 - 2 可知，就装备制造业各子行业而言，美国、德国、法国、英国、加拿大等发达国家产业内贸易指数均不同程度地高于中国，七大产业全部以产业内贸易为主，日韩与中国相近，但产业内贸易程度在不同行业间存在明显差

异。我们将中国与发达国家相比，把七大子行业归为三类：第一类是中国与发达国家产业内贸易程度差距较大且水平较低的行业，如金属制品业，通信设备、计算机及其他电子设备制造业等，这两个产业的产业内贸易指数均在0.5之下；第二类是中国与发达国家相比产业内贸易指数差距不大，反映出行业由产业间贸易向产业内贸易转变的迅猛态势和巨大潜力，如通用设备制造业，电气机械制造业，仪表仪器及文化、办公用机械制造业等；第三类是中国与发达国家相比产业内贸易水平较高甚至领先的行业，如专用设备制造业、交通运输设备制造业等。由此可见，中国装备制造业虽然在整体上同样表现为各行业产业内贸易水平低于发达国家各行业产业贸易水平，但也有少数行业具备了较高的产业内贸易水平，并具有巨大的提升潜力。这说明，目前我国已经具备了发展装备制造业产业内贸易的基础和条件，应该以子行业领先者为榜样，加大对装备制造业优势领域和潜力领域的扶持力度，以帮助提升全行业的产业内贸易水平。

接下来，我们以SITC四位数标准选取各产品组作为统计对象，计算了装备制造业及其子行业的单位价值，根据AR指数分类法对这些产品组的贸易类型进行了分类，按照高品质产业内贸易、水平产业内贸易、低品质产业内贸易进行归类，然后统计各类别的产品组个数，并计算其占总体产品组的比例，见表4-3。由表4-3可以看出，在产业内贸易的内涵发展上，中国明显处于国际分工的较低端位置，在统计的四分位产品组中，发达国家主要以高品质产业内贸易及水平产业内贸易为主，这两项占比达到90%以上，三类型贸易的排序依次是高品质、水平和低品质，且比例相对稳定。美国、德国、加拿大等国家高品质产业内贸易占比平均达到65%以上，低品质垂直型产业内贸易占比最少，仅有10%左右。对比发达国家，中国装备制造业产业内贸易以低品质产业内贸易为主，但这一比例有不断减小的趋势。2003—2012年，我国高品质产业内贸易的比重在不断上升，反映出中国在国际产业分工中的地位有所改善。中国水平型产业内贸易的比重最低，且水平型和高品质产业内贸易的总和与美德等国家相距甚远，在全球产业利益的分配中仍然位于底层。从现实情况来看，中国出口的装备制造业产品大多数处于世界装备制造业产业链的低端，多为低附加值产品，进口则多为高附加值产品、高功能产品和高级产品，这与美、德、英、加等国家发展状况恰恰相反。由此可见，在装备制造业产业内贸易中，从品质和附加值的角度来看，我国依旧处于劣势，在装备制造业国际分工中，我国还处于弱势地位。

表 4-3　各国各类型产业内贸易所占比重

| 国家 | 类型 | 年份 | | | | | | | | | |
|------|------|------|------|------|------|------|------|------|------|------|------|
| | | 2003 | 2004 | 2005 | 2006 | 2007 | 2008 | 2009 | 2010 | 2011 | 2012 |
| 中国 | LVIIT | 0.513 | 0.477 | 0.372 | 0.371 | 0.318 | 0.272 | 0.292 | 0.263 | 0.298 | 0.294 |
| | HIIT | 0.111 | 0.116 | 0.151 | 0.152 | 0.152 | 0.181 | 0.172 | 0.191 | 0.150 | 0.133 |
| | HVIIT | 0.376 | 0.407 | 0.477 | 0.477 | 0.530 | 0.545 | 0.535 | 0.545 | 0.552 | 0.572 |
| 德国 | LVIIT | 0.109 | 0.107 | 0.138 | 0.123 | 0.076 | 0.092 | 0.107 | 0.125 | 0.127 | 0.095 |
| | HIIT | 0.234 | 0.230 | 0.200 | 0.215 | 0.200 | 0.200 | 0.215 | 0.187 | 0.190 | 0.222 |
| | HVIIT | 0.656 | 0.662 | 0.662 | 0.662 | 0.723 | 0.708 | 0.680 | 0.687 | 0.683 | 0.683 |
| 法国 | LVIIT | 0.190 | 0.161 | 0.129 | 0.161 | 0.145 | 0.129 | 0.080 | 0.145 | 0.097 | 0.113 |
| | HIIT | 0.338 | 0.338 | 0.290 | 0.306 | 0.274 | 0.323 | 0.403 | 0.419 | 0.435 | 0.371 |
| | HVIIT | 0.460 | 0.500 | 0.580 | 0.532 | 0.581 | 0.549 | 0.516 | 0.435 | 0.467 | 0.516 |
| 美国 | LVIIT | 0.029 | 0.097 | 0.029 | 0.029 | 0.077 | 0.061 | 0.093 | 0.061 | 0.029 | 0.010 |
| | HIIT | 0.323 | 0.270 | 0.306 | 0.371 | 0.306 | 0.255 | 0.239 | 0.303 | 0.355 | 0.306 |
| | HVIIT | 0.648 | 0.632 | 0.664 | 0.600 | 0.616 | 0.683 | 0.668 | 0.635 | 0.616 | 0.683 |
| 日本 | LVIIT | 0.213 | 0.297 | 0.096 | 0.164 | 0.213 | 0.064 | 0.215 | 0.197 | 0.229 | 0.229 |
| | HIIT | 0.348 | 0.266 | 0.382 | 0.248 | 0.231 | 0.380 | 0.213 | 0.215 | 0.178 | 0.214 |
| | HVIIT | 0.439 | 0.438 | 0.521 | 0.588 | 0.556 | 0.556 | 0.572 | 0.588 | 0.593 | 0.557 |
| 意大利 | LVIIT | 0.242 | 0.259 | 0.258 | 0.242 | 0.225 | 0.274 | 0.258 | 0.258 | 0.242 | 0.203 |
| | HIIT | 0.290 | 0.209 | 0.210 | 0.226 | 0.210 | 0.178 | 0.129 | 0.162 | 0.161 | 0.171 |
| | HVIIT | 0.468 | 0.532 | 0.532 | 0.532 | 0.565 | 0.548 | 0.613 | 0.580 | 0.597 | 0.626 |
| 英国 | LVIIT | 0.065 | 0.082 | 0.149 | 0.147 | 0.148 | 0.165 | 0.132 | 0.092 | 0.148 | 0.148 |
| | HIIT | 0.393 | 0.393 | 0.361 | 0.328 | 0.426 | 0.360 | 0.360 | 0.360 | 0.344 | 0.377 |
| | HVIIT | 0.540 | 0.525 | 0.541 | 0.525 | 0.426 | 0.475 | 0.508 | 0.548 | 0.508 | 0.475 |
| 加拿大 | LVIIT | 0.082 | 0.102 | 0.099 | 0.105 | 0.087 | 0.108 | 0.054 | 0.112 | 0.114 | 0.094 |
| | HIIT | 0.313 | 0.293 | 0.288 | 0.205 | 0.211 | 0.199 | 0.235 | 0.189 | 0.197 | 0.205 |
| | HVIIT | 0.604 | 0.605 | 0.612 | 0.689 | 0.701 | 0.693 | 0.711 | 0.699 | 0.689 | 0.700 |
| 韩国 | LVIIT | 0.403 | 0.435 | 0.387 | 0.403 | 0.338 | 0.337 | 0.354 | 0.322 | 0.241 | 0.241 |
| | HIIT | 0.209 | 0.130 | 0.178 | 0.210 | 0.292 | 0.293 | 0.226 | 0.275 | 0.324 | 0.307 |
| | HVIIT | 0.387 | 0.435 | 0.435 | 0.387 | 0.370 | 0.370 | 0.420 | 0.403 | 0.435 | 0.452 |

在对装备制造业整体产业内贸易不同类型进行国际比较的基础上，我们以装备制造业子行业产品组为样本，计算各子行业产业内贸易的发展情况，见表4-4。从表4-4可以看出，总体上我国装备制造业各行业仍然保持了低品

质垂直型产业内贸易的格局，水平型和高品质产业内贸易占比依然较低，且具有"两头略大，中间甚小"的特点。而美、德、日等发达国家则以水平型和高质量垂直型产业内贸易为主，这说明基于行业层面的我国与发达国家相比同样不具备优势。从各行业的角度进行分析，专用设备制造业，交通运输设备制造业，仪器仪表及文化、办公用机械制造业水平型和高品质产业内贸易的比重较高，说明近年来这些行业产品的国际竞争力有显著提升，在国际贸易分工中的地位得到增强。而对于金属制品业，通信设备、计算机及其他电子设备制造业等行业高品质垂直型产业内贸易和水平型产业内贸易的比重仍然偏低，这说明这几个行业的高品质和高技术产品占国际市场的比重较低，在装备制造业领域的国际分工中地位有待提升。因此，整体上我国装备制造业产业内贸易的竞争力和国际分工地位与发达国家相比还处于劣势。但是从各行业的分析来看，中国在装备制造业一些行业中也具备一定的竞争力，这些行业的产业内分工地位也在迅速提升，如专用设备制造业，其发展对于促进装备制造业产业内国际分工地位的提升具有重要的意义。

表 4 - 4　各行业产业内贸易类型的国际比较

| 行　　业 | 类型 | 中国 | 德国 | 法国 | 美国 | 日本 | 意大利 | 英国 | 加拿大 | 韩国 |
|---|---|---|---|---|---|---|---|---|---|---|
| 金属制品业 | LVIIT | 0.154 | 0.129 | 0.054 | 0.054 | 0.242 | 0.093 | 0.100 | 0.092 | 0.257 |
| | HIIT | 0.576 | 0.233 | 0.429 | 0.208 | 0.388 | 0.257 | 0.420 | 0.529 | 0.274 |
| | HVIIT | 0.270 | 0.638 | 0.517 | 0.738 | 0.371 | 0.650 | 0.479 | 0.379 | 0.469 |
| 通用设备制造业 | LVIIT | 0.323 | 0.011 | 0.107 | 0.300 | 0.056 | 0.083 | 0.256 | 0.103 | 0.120 |
| | HIIT | 0.227 | 0.287 | 0.402 | 0.230 | 0.290 | 0.405 | 0.335 | 0.589 | 0.537 |
| | HVIIT | 0.450 | 0.702 | 0.491 | 0.469 | 0.654 | 0.512 | 0.409 | 0.308 | 0.343 |
| 专用设备制造业 | LVIIT | 0.210 | 0.004 | 0.070 | 0.086 | 0.104 | 0.051 | 0.136 | 0.093 | 0.146 |
| | HIIT | 0.133 | 0.236 | 0.437 | 0.350 | 0.254 | 0.254 | 0.310 | 0.250 | 0.577 |
| | HVIIT | 0.657 | 0.760 | 0.493 | 0.564 | 0.643 | 0.695 | 0.554 | 0.657 | 0.277 |
| 交通运输设备制造业 | LVIIT | 0.333 | 0.278 | 0.149 | 0.122 | 0.418 | 0.033 | 0.072 | 0.117 | 0.454 |
| | HIIT | 0.052 | 0.105 | 0.411 | 0.432 | 0.033 | 0.435 | 0.280 | 0.374 | 0.060 |
| | HVIIT | 0.615 | 0.616 | 0.440 | 0.446 | 0.548 | 0.532 | 0.647 | 0.509 | 0.485 |
| 电气机械及器材制造业 | LVIIT | 0.276 | 0.072 | 0.164 | 0.220 | 0.100 | 0.193 | 0.170 | 0.216 | 0.379 |
| | HIIT | 0.300 | 0.444 | 0.364 | 0.308 | 0.284 | 0.360 | 0.380 | 0.300 | 0.192 |
| | HVIIT | 0.424 | 0.484 | 0.472 | 0.472 | 0.616 | 0.447 | 0.450 | 0.484 | 0.429 |

| 行　业 | 类型 | 中国 | 德国 | 法国 | 美国 | 日本 | 意大利 | 英国 | 加拿大 | 韩国 |
|---|---|---|---|---|---|---|---|---|---|---|
| 通信设备、计算机及其他电子设备制造业 | LVIIT | 0.034 | 0.067 | 0.050 | 0.075 | 0.110 | 0.028 | 0.053 | 0.090 | 0.183 |
| | HIIT | 0.624 | 0.364 | 0.250 | 0.083 | 0.407 | 0.294 | 0.284 | 0.229 | 0.400 |
| | HVIIT | 0.342 | 0.567 | 0.700 | 0.842 | 0.483 | 0.678 | 0.663 | 0.681 | 0.417 |
| 仪器仪表及文化、办公用机械制造业 | LVIIT | 0.253 | 0.273 | 0.126 | 0.125 | 0.184 | 0.122 | 0.062 | 0.070 | 0.116 |
| | HIIT | 0.250 | 0.197 | 0.424 | 0.322 | 0.361 | 0.525 | 0.380 | 0.317 | 0.432 |
| | HVIIT | 0.497 | 0.530 | 0.450 | 0.553 | 0.456 | 0.353 | 0.558 | 0.613 | 0.452 |

# 第三节　模块化分工对中国装备制造业发展的制约

装备制造业的产品具有明显的复杂产品系统特征，与简单大规模制造产品相比，复杂产品系统具有用户定制、技术复杂、耦合性强以及生产周期较长等特点。装备制造企业产品开发以及生产组织活动都要针对其复杂产品系统的特点展开，导致技术创新能力在装备制造业创新过程中表现出不同特点（见表4-5）。加之模块化背景下跨国公司强大的势力，中国装备制造业自主创新的制约因素主要有以下几个方面。

表4-5　复杂产品系统与简单大规模制造产品创新特点对比❶

| 创新特点 | 复杂产品系统 | 简单大规模制造产品 |
|---|---|---|
| 产品特征 | 复杂元件界面 | 简单界面 |
| | 多功能 | 单一功能 |
| | 单位成本高 | 单位成本低 |
| | 产品生命周期长达数十年 | 产品生命周期较短 |
| | 众多的定制元件 | 标准元件 |
| | 多层次、系统性 | 简单结构 |
| 生产特性 | 项目、小批量生产 | 大规模、大批量 |
| | 系统集成 | 制造系统设计 |
| | 规模密集型 | 增量过程，以成本控制为中心 |

---

❶ 桂彬旺. 基于模块化的复杂产品系统创新因素与作用路径研究 [D]. 杭州：浙江大学，2006：88-95.

| 创新特点 | 复杂产品系统 | 简单大规模制造产品 |
|---|---|---|
| 创新过程 | 用户—生产者联合驱动 | 供应商驱动 |
| | 创新和扩散重叠 | 创新和扩散分开进行 |
| | 供应商、用户从早期就参与创新 | 创新过程服从于市场选择 |
| | 知识附属于掌握知识的那部分人 | 技术诀窍固化于机械之中 |

## 一、跨国公司的利润压榨

在装备制造模块化网络组织中，企业的市场势力来自对模块中产生最大利润的关键资源的控制。一般情况下，关键模块制造商与其他企业之间的竞争，主要体现在这些在模块化生产网络中控制了关键技术的主导者或技术标准的控制者，可以通过约束性强的特性合约或一定程度的前向一体化控制物流、零售环节，以及通过俘获性的后向关联控制关键原材料、零部件供应，从而实现对整个模块化生产网络的控制，由此也限制了模块化生产网络上其他企业的竞争。发达国家利用自己的技术创新能力积累和足够规模的本土市场高端需求，成为世界新技术、新创意、新产品源发地和新需求市场的开拓者，由此对发展中国家形成了不对称的买方势力。这种垂直竞争格局决定了跨国公司的价值创造和分配的主动权，从而使得处于价值链中低端的中国本土装备制造企业只能分配到很微小的利润。如通信设备、计算机及其他电子设备制造业，芯片和软件是其核心技术。在全球化背景下，电子信息产业模块的各个环节在不同区域共同发展，目前已形成以各环节在相应区域集聚发展为基础的协同发展网络，但这些地区在电子信息产业模块所处的地位并不相同。美国及部分欧洲国家处于产业模块的高端，他们拥有品牌，负责标准制定和产品研发以及系统集成，控制着核心产品和新产品的生产；日本是世界电子信息产业的第二大国，是世界消费电子产品的霸主，在微电子、光电子产品以及计算机方面仅次于美国，并具备较强的研发能力，尤其拥有精湛的生产工艺；韩国、新加坡以及中国台湾地区处于产业模块的中端，经过积累已具备较好的生产技术，正发展成为集成电路等部分关键元器件的生产基地，并生产部分高端产品和新产品；而具有劳动力比较优势的发展中国家和地区则处于产业模块的低端，主要从事一般元器件的生产以及整机的加工和组装。处于全球制造网络中的中国电子信息企业普遍规模较小，企业经营能力和一些海外知名跨国公司相比仍存在较大差距，中国电子信息百强企业年利润总额目前尚不抵美国苹果公司一家企业的年利润。再如集成电路行业，中国近500家IC设计公司的总销售额也远不如全球最大IC设计企业高通公司。可见，这种国际分工体系所造成的利益机制扭曲，一方面限制了中国装备制造企业自主创新的资金流；另一方面将中国本土装备制造企业约束在价值链中高物耗、高污染、低效益的环节，一旦需求萎缩或原材料、运输等中间投入品的价格上涨，有限的利润空间就会受到严重挤压。在相当有限的科研经费的支持下，中国装备制造企业尚无实力进行产业共性技术和前沿技术研究，也难以进行持续性的自主创新（陈爱贞，等，2008）。

## 二、跨国公司的技术壁垒

模块化组织中的核心企业通过把隐性知识编码化，严格控制每一个操作动作来提高操作效率。需求从规模到范围的转化使生产从追求操作效率日益转化为追求过程效率，由此产生了劳动过程控制的新形式。控制由赤裸裸的隶属转化成隐晦的标准。网络核心企业显性化隐性知识来控制网络成员。从网络核心企业的角度看，好的标准就是经过伪装的命令（Iansiti，Levien，2005）。随着模块化生产网络的形成和拓展，核心企业的有形边界在收缩的同时，其无形边界却在不断地扩大。从半导体行业的"无晶工厂"模式，到服装鞋帽行业的90%制造外包，全球超级跨国公司的有形边界在缩小，但其品牌实现的总价值以及企业的无形边界在扩大，企业的控制能力在不断增强。

处于模块化生产网络中的品牌厂商，就是横在试图实现自主创新的模块化制造商面前的一条难以跨越的坎。模块化制造商的技术创新、升级跳跃，意味着原来的附属企业要与核心企业在全球市场进行面对面地竞争较量，模块化制造商的技术创新必然会与跨国公司发生利益冲突。模块化制造商可能在品牌知名度比较低的时候，重新使用低价格的策略，这对于核心企业来说或多或少都会有一定冲击。于是，一些跨国装备制造企业会凭借其市场势力阻止发展中国家的企业获得自主创新所需要的新能力，甚至对其技术发展设置障碍，以避免发展中国家企业与其共享核心能力，对其垄断势力与既得利益构成威胁。如美国思科公司为达到排挤中国华为公司的目的，拒绝授权华为公司使用其在路由器操作系统中大量使用的私有协议，以阻止华为公司的路由器与其设备互联互通。显然，跨国公司设置技术壁垒等方式增加了中国本土装备制造企业自主创新的成本和难度。

## 三、装备制造业创新网络不完善

当代成功的技术创新活动是建立在技术创新网络不同成员之间以知识流动、知识整合和知识共享为基础的信息交流过程基础上的，网络节点间的合作是知识和信息的交换（Rothwell，2000）。模块设计师（核心企业）共享知识可以提高成员企业之间的信任感，增强协作能力，提高网络组织的凝聚力和创造力。而模块制造商在网络组织内部共享知识可以检验自身知识的价值，提高模块在价值链中的地位。在技术日益复杂、快速发展的时代，通过合作或市场方式获得外部技术（与服务）支持，是企业乃至整个行业提高创新能力的关键。❶ 装备制造产品的技术系统可以看作由多个模块或者子系统集成而成，子系统或者模块按照技术的类别或者最终实现的功能需求进行划分。模块或者子系统间通过特定的接口程序或者方式耦合起来。为了适应其他模块或者子系统，必须考虑到产品结构上的链接和整合（耦合性），这使得系统本身变得较为复杂。因此，装备制造业在其创新过程中，更需要组建由原材料和模块供应商、系统集成者、金融机构、政府部门以及用户等各方面参加的跨企业创新联盟。例如，在新兴的 G3 通信系统这一典型的装备制造产品的研制过程中，就由爱立信和诺基亚牵头，包括众多企业（如日本富士通、三菱和 NEC 公司、NTT 等著名公司）参与组成的大型跨企业创新联盟来进行 G3 系统的研究，较强的外部技术获取能力帮助企业缩短产品研发到市场推广的周期，克服传统的孤立和隔离的技术创新思想，通过有机整合企业内部技术存量和外部获取的各种技术知识，在形成自身核心能力基础上产生集成优势，从而利用速度带来的经济效应获得竞争优势。

西方发达国家的装备制造业在市场充分竞争中形成了大企业主导、大中小企业共生的产业组织结构，以及产业链内上中下游之间的协作、互动关系。中国的模式与之完全不同，在长期计划体制下，装备制造业以国有企业为主体，

---

❶　BECKER W, JÜRGEN DIETZ. R&D cooperation and innovation activities of firms: evidence for the German manufacturing industry [J]. Research Policy, 2004 (33): 209 – 223.

形成了自我服务的封闭式产业链模式。产业链协作程度比较低，大约只能达到日本的 25%（王延中，2003）。加之中国在研发、商务、营销等方面生产性服务业发展相对落后，不能为装备制造业发展提供有力的支撑，信用体系也不健全，企业间建立长期的可靠契约关系比较难，因此企业规模越大外购率越小，而且大型国有企业外购率有逐渐下降的趋势。显然，中国装备制造业自主创新的协力网络还远远没有建立起来。外部力量不能为装备制造业提供有效的技术外援，从而增加了自主创新的难度和成本，并降低了自主创新成功的预期。因此，虽然自主创新对企业长期发展极其重要，但限于产业条件且迫于竞争压力，企业往往只能选择引进技术的短期化行为。

## 四、装备制造业有效需求不足

在复杂产品系统概念形成阶段，用户需要完全投入到新产品的创新中来，在产品研发直至使用维护的整个过程中，用户的信息反馈对复杂产品系统的创新起着关键性的作用（Hansen，Rush，1998）。复杂产品系统的创新过程需要用户的高度介入，从研发、生产、调试、运行到更新换代和再创新，用户需求能够直接反馈到创新过程中，而不是当产品在市场销售、客户使用之后再进行改进（Dvaies，Brady，1998）。这一方面是由于客户需求在复杂产品系统研制的前期难以清晰地界定；另一方面是由于客户除了提供产品需求思想之外，还将直接参与研发过程。李等（Lee et al.，2006）认为，创新活动的风险，尤其是市场风险的规避需要技术推动型创新和市场拉动型创新之间的合作、共享信息，即企业创新的成功需要技术的推动和市场需求的拉动。没有来自下游的市场需求为企业提供规模、大量生产的学习和发展机会，企业的技术领先和自主创新会变得非常困难。施米特（Schmit，2004）通过对印度和巴西的研究发现，那些专注于国内市场的企业更有可能自主发展设计、品牌和营销渠道。可以说，来自产业链下游需求的支撑，对技术和知识密集的装备制造业显得更为重要。

从中国实际来看，装备制造业模块化生产网络中的模块制造商需要不断追随核心企业推出的新标准和提高设备的技术要求。而本土设备与国外（跨国公司）设备的技术差距，迫使这些本土企业弃国内设备而购买国外设备。而且，当前中国一些企业存在歧视国产设备的心理，国产首台（套）装备往往因得不到信任而无法投入使用。中国的一些国企领导人在采购设备时往往更关心质量安全而不是价格，相比之下，采用国产首台（套）装备的风险更大。于是，国产装备制造产品的高端需求严重不足，在市场需求的指引下中国装备制造企业只能生产低端产品，销售给那些对价格敏感的中小企业，这显然不利于国产设备的技术进步。装备制造高端产品有效需求的不足严重制约其自主创新的能力与动力。

# 第五章　国际产业分工转移下企业升级的机理机制

随着国际产业分工转移的逐步推进，一种跨越企业和国家边界的价值链的集中扩散，形成全球制造网络。伊斯顿（Easton，1992）认为，网络分工通常是以技术创新为中心，通过提供创新机会和具有实现创新的已知及可预测环境的企业进行持续的相互合作而实现的。网络结构则是由错综复杂的水平的、倾斜的，以及垂直的价值链条构成的多空间、多层级的经济活动（Henderson et al.，2002）。上文分析表明，随着市场和技术条件的不断变化，装备制造业技术创新从依赖单个企业或国内资源转向依赖全球资源，设备企业间的竞争也演变为其所依托的分工网络间的竞争。因此，一国装备制造业的创新应该依托于分工网络。中国装备制造业已经深嵌于这种全球制造网络之中，如何在全球制造网络中实现产业升级是中国装备制造业提升竞争力、获取可持续发展的关键。

## 第一节　相关理论研究

### 一、企业升级研究

关于产业如何升级的问题，国际上主要分为两大学派。首先是关注核心竞争力的研究（Hamel，Pralahad，1994）。该学派所关注的企业核心能力主要表现为企业处理以下事务的能力：为最终消费者提供所需价值的能力；相对独特的竞争策略，即大多竞争者都无法掌控该策略；难于复制，使得进入门槛很高。因此，创新的能力就来源于：一方面，在这些竞争优势方面的强化和积聚；另一方面，将那些不合乎该三类标准的经济活动从企业等级制中分离出去。对该研究思路的一个很好补充就是在动态的现实世界中，核心竞争力很容易变得僵化（Leonard - Barton，1995），因此升级的一个重要任务就是不断从过时的专业技术领域中退出。

将研究集中于动态能力的研究思路（Teece，Pisano，1994）是与产业升级更密切相关的一个研究思路。该研究强调长期来看，企业利润并不能通过控制市场来获得，而只能通过发展企业的动态能力来获取。该动态能力来源于：企业内部加工流程，该流程应该有利于学习效应的发挥，包括改进型学习过程；企业所处形势即企业要进入的特别竞争领域要么在其内部，要么可以通过区域或国家创新系统获取（Nelson，1993）；企业的发展路径即企业的发展轨迹，因为变化总是有路径依赖效应的。

虽然这两个理论都深入了企业升级问题，也对于理解源于企业自身的推动或便利产品、加工流程改进等方面的举措非常有益。不过，由于两种理论都停留在企业层面，无法解释价值链上众多相关联企业所带来的产业的系统升级过程，因而其弱点也是显而易见的。其明显地忽略了产业沿着价值链升级过程中所应该包括的外部采购或产业分离现象。

## 二、产业升级研究

在全球价值链中关于产业升级的研究最早开始于 20 世纪 90 年代中期，也就是源于格里芬等人所做的东亚服装产业研究。在东亚服装产业研究中，他们发现：虽然原来在 20 世纪 40—70 年代欧美服装产业中盛行的大批量生产、大批量消费等"后福特制"（Post Fordism）已经不复存在，但是后福特制生产组织方式被新的生产组织方式代替后，整个产业的利益格局也发生了深刻的改变。这一改变正是诸多研究没有深入的地方。因为，大家把研究的重点都放在了如何通过产业组织方式的变换来应对市场许多多样化和产品生命周期越来越短的实际情况（Piore，Sabel，1984）。实际上，在后福特制变得越来越不经济而弹性专精等柔性生产组织方式不断涌现的时候，整个产业链条也由过去的垂直一体化发生了垂直分离的深刻变化。在这一变化过程中，产业价值重心也由生产领域逐步转移到品牌、销售渠道等流通领域中来。由此格里芬等人根据香港等地服装产业在价值链上的升级过程，采取了 OEA、OEM、ODM 和

OBM 这种衡量标准来看待全球价值链下的产业升级问题（Gibbon，2003）。不过，他们当时一方面根本就没有意识到这种升级进程会遇到重重升级阻碍；另一方面对能否把这种升级模式应用到所有的产业领域就更是没有什么考虑。

之后，20 世纪末期以来，一些学者延续格里芬等人的早期研究成果，他们力图找到在 OEM 和 OBM 等之外更为普遍的产业升级方式。在更为普遍的升级方式研究中，他们认为从 ODM 到 OBM 之间的升级应该归结为功能性升级，也就是进入了附加值更高的环节或者从产业的等级体系中剥离那些低附加值环节（Humphrey，Schmitz，2002b）。从此，该类研究进一步深入产品发展、物流系统和客户管理等诸多产业环节，也由此又提出了产业升级中产品升级和工艺流程等产业升级的概念。这也是本书所要重点研究的地方。此外，还有一些学者从全球价值链上利润或附加值等具体的外在表现来研究产业升级问题（Sturgeon，2002；Gibbon，2003）。由于该类研究不但需要做全球价值链中各个环节大量的企业调研，而且由于企业可能并不是该链条中的专业经营商，这样其得出的利润率等计算结果往往并不能反映产业链条中该环节的真实情况。此外该类研究还脱离了具体的企业集群来收集资料，因此，在全球价值链产业升级研究中该类研究虽然有所发展，但并不是很普遍。

## 三、全球价值链中的产业升级

### （一）产业升级内容

综合上面关于升级的研究，一般认为，为了抓住产业升级的核心，我们就必须通过一个更广阔的视角来检视升级问题。产业升级的中心可以包括价值环节内在属性和外在组合两个方面的变动，这两方面都连接在同一链条中或不同链条之间的相互关联中。这样，全球价值链所关注的产业升级主要落实到以下四个具体方面：工艺流程升级、产品升级、产业功能升级和链条升级。工艺流程升级是通过提升价值链条中某环节的生产加工工艺流程的效益来达到超越竞争对手的目的，如提高存货周转率和原料利用率、即时生产等。产品升级是通过提升引进新产品或改进已有产品的效率来达到超越竞争对手的目的。产业功能升级是通过重新组合价值链中的环节来获取竞争优势的一种升级方式（见图 5-1）。价值链条升级是从一产业链条转换到另外一条产业链条的升级方式，如中国台湾企业从晶体管收音机生产转到计算器又到电视再到电脑监视器以至掌上电脑等的一个过程。不过，这种转换一般都来源于突破性创新（Breakthrough Innovation）。

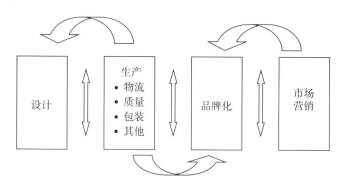

**图 5 - 1　价值链中的功能升级**

（二）产业升级的内在行为和外在表现

在给出全球价值链下各种升级方式后，就有必要搞清楚不同升级方式的具体行为和其所带来的外在表现。前文已经对全球价值链中各个环节之间关系做过论述，认为：总链条下各个环节也能自成体系，形成总链条下的分链条；分链条中又可以如此往下划分，直到与实际经济情况相吻合。如此一来，从总体上来看，按照最基本的划分方法就可以把全球价值链的升级放到各个环节内部和环节之间。当然，由于链条转换是总链条的转换而不是内部转换，因此也就不存在环节内和环节之间的区分。总链条内部各个分链条的转换，前面已经做过论述，这种转换实际上一般代表着产业升级中的功能升级。

根据研究，把全球价值链产业升级的一系列行为与其所带来的结果或外在表现总结为表 5 - 1 中的基本内容。

**表 5 -1　不同产业升级方式下的一些内在行为和外在表现**

| 产业升级方式 | | 内在行为 | 外在表现 |
| --- | --- | --- | --- |
| 工艺流程 | 环节内 | 研究与发展；物流和质量控制系统的改变；引进新的机器设备等 | 降低成本；提高质量和周转效率；缩短入市周期；提升利润；提升专利开发力 |
| | 环节之间 | 研究与发展；供应链管理；电子商务能力；方便供应链学习 | 降低最终成品成本；提升成品质量和缩短入市周期；通过环节之间合作协调改善利润水平；提升专利开发能力 |

| 产业升级方式 | | 内在行为 | 外在表现 |
|---|---|---|---|
| 产品升级 | 环节内 | 扩张产品设计和市场反馈部门；引入新产品和扩展产品功能 | 新产品销售率的提升；自有品牌产品的销售率的改善 |
| | 环节之间 | 与供应商或消费者在新产品推出过程中的合作 | 对自有品牌的市场模仿情况；不以牺牲市场份额为代价的产品价格的提升 |
| 功能升级 | 环节内 | 获取产业链中更高附加值环节；将环节中低附加值部分分离出去 | 产业链中的劳动分工；承担产业链中关键功能 |
| | 环节之间 | 进入产业链中新的联结点；转移旧有联结点 | 更高的利润率；技能和薪酬水平的提升 |
| 链条转换 | | 剥离原有的生产经营活动进入一个新的产业链条；不断增加新的价值链条中的市场份额 | 更高的利润率；新产品或差异化产品市场销售比率的上升 |

资料来源：作者根据 Kaplinsky and Morris（2002）编制。

(三) 产业升级的一般轨迹

对以上四种产业升级方式，众多研究表明：其内部是有一定规律可循的（Gereffi，1999；Lee，Chen，2000），且产业升级一般都依循从工艺流程升级到产品升级再到产业功能升级最后再到链条升级（见图 5-2）。这一升级规律基本上可以通过东亚众多国家的工业化进程来加以佐证。此外，产业升级过程中有一点是可以肯定的，就是随着产业升级的不断深化，参与价值链中实体经济活动的环节会变得越来越稀少。这从一个侧面说明了全球产业转移实际上是高低不同附加值的价值环节在空间上的一次优化调整和再配置。该类研究实际上是基于购买者驱动的价值链而言的，因此不能作为一般规律来讲。生产者驱动的价值链和中间类型的价值链的产业升级路径肯定不是这个样子的。

此外，全球化的结果使得价值链条的升级轨迹变得并非不可逆转。例如，当技术出现突破性创新的时候就是一个很好的突破常规升级轨迹的好时机。波特（2003）在其《竞争论》中就讲过一个很好的案例。在 1960 年，纽约布法罗市的两名医生和一位电机工程师合作发表了一篇关于自行消毒、芯片移植的

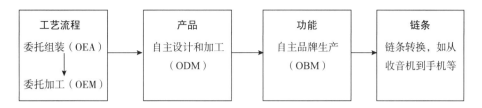

**图 5 – 2　购买者驱动价值链产业升级一般轨迹**

资料来源：整理自 Kaplinsky and Morris（2002）；在这一升级过程中，随着附加价值不断提升，经济活动非实体性或产业空心化程度也不断提升。

脉搏器的论文。而远在外地的电子医学公司也在研发这类产品，因此在几个月内就买下了这项技术的专利权，并独家开发这项新产品。如果纽约布法罗市本地有相关企业集群，其中的企业就能把他们的成果予以商品化，两名医生和一位电机工程师的成就对当地来讲就会更有经济价值。这也告诉我们，突破性技术创新一般只有那些已经融入了该产业价值链条中的企业或地方企业集群才能够把握住。由此，我们要谋求产业升级或逆价值链条一般发展规律的前提是：我们首先要融入全球价值链中，而不要太介意是低端融入还是高端融入。

# 第二节　知识流动与全球制造网络升级能力

知识流动是指网络组织内部各成员企业与技术创新系统各个要素之间在相互作用中进行的知识交流活动，其主要体现为知识在创新主体的驱动下进行的转移、共享、整合和学习的过程。知识在企业间的流动过程是一个价值交换与学习的长期动态过程。网络组织内的成员企业在外部环境和需求信息的作用下不断创造和发掘新的知识，新知识通过各种渠道在网络组织内转移和扩散，从而使得新知识能够在成员企业之间得到共享、整合与吸收。在外界新信息的影响下，知识整合过程中可能创造和发掘出新的知识。知识在流动过程中整合，在整合过程中创新，最终产生模块之间的联系规则，形成新的界面标准。

## 一、全球制造网络的知识流动特性

简言之，知识流动就是科学技术知识为人所知、为人所用。知识流动中的核心要素包括企业、科研院所、高校、中介服务机构等，也包括制定政策法规的政府机构。在模块化生产网络中，知识和信息成为贯穿生产全过程的最重要的生产要素。一是模块化系统的设计规则就是对事物进行数字化处理的编码化知识。在系统内部，设计信息在产业部门间传递和交换，模块生产者必须完全服从系统的设计规则，才能充分保证模块与系统的兼容。二是知识和信息在企业生产成本中的比例超过了物质资本。模块化生产网络由于大量应用计算机辅助设计（CAD）、柔性制造系统、计算机集成制造系统（CIMS）等新的制造技术，大大降低了生产设备等物质资本的投资；与此同时，以知识和信息为基础的服务在成本中的比例急剧上升，从而成为创造财富的主要资产。三是客户信息成为关键的生产要素。模块化的产品结构使消费者可以自行设计和配置所需产品，厂商则按顾客需要进行定制生产。因此，客户信息在模块化生产中对于驱动公司战略非常重要，它们是价值的创造者和关键的生产要素（孙晓峰，2005）。知识流动的根本目的是创新。而以创新为基础的升级能力是竞争优势的源泉，它通过对生产要素的重新组合来实现组织的成长，而生产要素的重新组合取决于知识的流动，因此知识流动是实现升级能力的条件和前提。一个规范、高效的全球制造网络创新系统就是一个通畅的知识流动系统，知识流动供给全球制造网络创新系统以养分。在创新系统中，知识流动与否决定着系统的命运，只有知识到达之处，才会有创新，全球制造网络才会有活力，才会不断发展壮大。因此，存在顺畅的知识流动是全球制造网络升级能力实现的重要途径，知识流动的规模和效率直接影响着全球制造网络创新的运行效率。那么就全球制造网络系统而言，其知识流动呈现如下特征。

（一）全球制造网络知识流动的空间黏滞性

知识通常被分为显性知识和隐性知识。❶ 显性知识又被称为编码化知识（Codified Knowledge），是比较容易整理和编码的知识，具有单一的含义和内容。隐性知识（Tacit Knowledge）是很难编码、隐含的知识，它往往被偶然发

---

❶ 李华伟，董小英，左美云. 知识管理的理论与实践 [M]. 北京：华艺出版社，2002：19.

现，并且这种知识不能和个人、社会及地域背景轻易地分开。与显性知识相比，隐性知识是更重要的知识资源，在企业的知识管理中占绝大部分，它具备即时产生和实践中来的特征，适应了知识经济下技术更新迅速、创新速度加快的趋势。显性知识和隐性知识的比较见表 5 - 2。

表 5 - 2　显性知识和隐性知识的比较

| 分类 | 形式 | 外部性 | 来源 | 特征 | 扩散成本 | 时效性 | 收益 |
|---|---|---|---|---|---|---|---|
| 显性知识 | 可以编码，通过文字可以记录和传播 | 强 | 理论的 | 共享 | 低 | 非即时产生、顺序产生 | 私人收益低，社会收益高 |
| 隐性知识 | 非编码，难以用文字记录和传播 | 弱 | 实践的 | 独占 | 高 | 即时产生 | 私人收益高 |

资料来源：作者自制。

　　显性知识和隐性知识在全球制造网络中都存在。但是由于交通通信及信息技术的发展，显性知识易于在更大的地理空间中交流与扩散，基于这类知识之上的创新活动通常对区位选择的要求相对不是特别严格。并且显性知识的特征也决定了其并不是全球制造网络所独有的知识，因而在全球制造网络中有显著特征的知识是本身就占据整个知识体系的绝大部分且对创新极为重要的隐含经验类知识。我们可以说流动于全球制造网络中的特殊知识就是指不能编码、难以扩散的隐性知识。

　　隐性知识特征决定其转移和扩散不同于显性知识，显性知识可以以非常低的成本跨越地理边界扩散，而隐性知识主要蕴藏在人们（尤其是专家、工程师和技术工人）的大脑之中，一般很难用语言表达，个人属性较强，在跨越地区扩散时的成本比较高。于是其所决定的创新要求近距离的相互作用，只有在一定范围内密切接触的群体之间，这种隐性知识才能够较为容易地传播，潜移默化，成为一种不易被他人模仿的、群体独占性、并在群体内共享、构成群体创新优势的群体心智模式。全球制造网络在地理、文化和机构上的接近形成了集体隐性知识，它是由全球制造网络成员长期以来所共同经历的生产过程、时间、心理和认知体验构成的，全球制造网络创新主体之间通过人员流动与私人之间的交流等形式建立稳定和持续的关系，为组织内部及不同组织之间的隐含经验类知识准确、快速地传递与扩散提供了基础条件，从而形成了全球制造网络隐性知识，并且这种知识在全球制造网络空间上具有黏滞性，有利于提高全球制造网络的创新速度和升级能力，体现全球制造网络的创新优势。在这类知识含量较高的产业中或在新产业发展初期，企业集聚更具有重要意义。如世界各国高技术企业集群多数位于大学和公共研究机构、大公司 R&D 部门等较为密集的地区，其原因正是这些地区拥有大量高素质人才资源，富含大量的创新知识源。并且绝大部分对创新起重大作用的关键信息常常来自非正式渠道，如基于私人关系的一些聚会活动、参加学术会议、员工跳槽等，在相关产业的聚集地，这种情况大量存在。美国的硅谷、好莱坞等地区的成功秘诀之一就是大批相关企业聚集一地，极大地促进了行业之间的信息交流。❶ 此外，集聚体内供应商与富有经验的客户之间的频繁交流有利于改进产品质量，更快地了解市场潜在需求和发展趋势。非正式交流中的讨论和反思又会产生思想的火花，提高双方的知识含金量，这种影响是无形的，但确实可能对企业的知识积累和创新产生重要的推动作用。所以，基于地理邻近的全球制造网络具有隐性知识交换的独特优势，群体隐性知识形成所具备的空间黏滞性形成了强大的知识壁垒。全球制造网络外的主体，如果没有相似的文化、心理、认知体验以及生产活动，是难以获取这部分知识的。全球制造网络的升级能力及独特的竞争优势就是在全球制造网络系统内这种隐性知识的流动中形成的，许多国家试图复制硅谷而最终失败也说明了这一点。

（二）全球制造网络知识流动呈现网络性流动特征

知识流动分为线性流动和网络性流动两种。线性流动是封闭的、单一的、往往也是单向的流动且流动效益低，对知识产出的拉动和知识应用的激励作用不大。通常是知识由科研院所及高校通过计划部门或主管机构流动到企业，企业应用知识完成创新。知识生产部门只管生产，应用部门只管应用，功能单一。知识流向基本上只是由"上游"到"下游"。网络性流动是开放性、综合性的多向流动。即系统内各要素不再仅仅是单一的知识产出、应用或流动的承担者，而是集多项功能于一身，可产出也能应用，或产出和应用同时进行。知识不再固定地由"上游"流向"下游"，既可以横向、交叉流动，也可以"逆流而上"；既可以行业内外交流，也可以国内外相互流动。

---

❶ 梁能. 跨国经营概论 [M]. 上海：上海人民出版社，1995：119－120.

全球制造网络是一个开放性的系统，在系统中存在纵横交错、通畅顺达的网络，知识在其间的流动必然呈现网络性特征。在全球制造网络中，知识流动范围广、针对性强、速度快，能够有效拉动知识产出，促进知识应用。流动中各相关部门联系密切、协调性强，构成了知识流动系统化的特征。于是全球制造网络创新系统实质上成了知识流动系统，该系统就是承担知识产出、流动、应用的各要素在促进知识流动中有机结合、密切联系、互激共振所形成的网络整体。其中，知识的产出是知识流动的源泉，知识的应用是知识流动的动力，促进知识流动的中介机构和有关政策法规等则是知识流动的桥梁。全球制造网络知识的网络性流动克服了线性流动的功能单一性局限，更能够适应柔性生产的需要，形成较强的升级能力。

## 二、全球制造网络系统中的知识流动模式和层次

前面我们分析了全球制造网络中的知识流动具有网络性特征。作为一个复杂的系统网络，全球制造网络的创新是不同行为主体和机构间复杂的相互作用的结果。技术创新并不以一个完美的线性方式出现，而是系统内部各要素之间的相互作用和反馈的结果。全球制造网络创新系统的核心是企业，企业获取知识，运用知识并组织生产和创新，最终加以扩散是全球制造网络创新系统运作的主要方式。其中，知识的来源是企业、公共的或私有的研究机构以及中介组织。全球制造网络中的知识流动是在企业与企业、研究机构和中介组织之间的相互作用过程中进行的。全球制造网络中的知识存在需要有实物作为载体，也就是说在全球制造网络中的显性知识一方面物化在机器设备、材料和产品上，另一方面以书本、图纸、资料、说明书和报告作为载体，而在全球制造网络中的隐性知识则体现在全球制造网络行为主体相关人员的头脑思维中。由于知识一般深嵌于知识的载体中，那么知识流动就需要通过载体之间的交换和沟通来实现知识在各载体之间的传递和转移。

日本学者野中郁次郎和竹内广隆认为："人类的知识是通过隐性知识和显性知识之间的社会交互作用创造和增长的，这种交互作用就是知识转化，隐性

知识和显性知识在人们的创造性活动中互相补充，不断转化。"❶ 并就此提出了知识转化模型，如表 5-3 所示。

表 5-3  知识转化模型

| 作为源泉的知识 | 已转化的知识 | |
|---|---|---|
| | 隐性知识 | 显性知识 |
| 隐性知识 | 社会化 | 外化 |
| 显性知识 | 内化 | 综合化 |

资料来源：[日] 野中郁次郎，竹内广隆. 创造知识的公司——日本公司如何创立创新动力学的 [M]. 科技部国际合作司，2000：89.

实际上，野中郁次郎等提出的知识转化就是指组织对知识的获取、共享、表达和传递。它包括组织内部、组织间对知识的共享、应用以及新知识的创造和传播等一系列行为。从全球制造网络角度来看，全球制造网络知识流动表现在创新主体——企业与全球制造网络创新系统中其他各要素之间的相互作用，这种作用主要体现在知识的共享、创造、学习、运作和扩散上。因此，我们可以用野中郁次郎等提出的知识转化模型来分析全球制造网络的知识流动，这里涉及全球制造网络中存在的隐性知识和显性知识的相互转化，可分成四类模式。

（1）从隐性知识到隐性知识的流动，即知识的社会化过程。这是一种全球制造网络个体或团体之间获取和共享隐性知识的过程，由于全球制造网络在地理、文化和机构上的邻近，这种知识流动是通过全球制造网络成员共同的活动和体验进行的。例如，企业员工通过观察、模仿、实践来获得知识技能；全球制造网络内部人员的流动、人们的交往以及全球制造网络行为主体之间的考察学习。这个过程的特点就是需要人们极力动用感官，通过观察、体验、模仿等感性经验交流，而不是靠正式的语言文字交流来获取难以用文字表达的经验知识。

（2）从隐性知识到显性知识的流动，即知识的外化过程。这是挖掘隐性知识并把其发展为显性概念的过程，是在全球制造网络中个人和团体的隐性知

---

❶ [日] 野中郁次郎，竹内广隆. 创造知识的公司——日本公司如何创立创新动力学的 [M]. 科技部国际合作司，2000：88.

识得到共享和集成的基础上创造出可用文字语言表达的新知识的过程，也是知识层次从感性向理性升华的过程。从隐性知识到显性知识的流动是创新过程的一个重要环节。例如，全球制造网络中的研究开发人员将最新产品开发的思路通过语言或文字图形的形式表达出来，使知识能够扩散得更快捷方便，并易于带动创新活动；理论研究者将全球制造网络企业长期形成的企业文化和管理理念进行理性思考和文字化梳理，并从中寻找共同点，上升为全球制造网络的文化和管理理念等。

（3）从显性知识到显性知识的流动，即知识的综合化过程。这一过程是将全球制造网络中存在的以及吸收的外部不同的显性知识体系，通过分类、重组并加以综合，重新构架产生更具有实用价值的、更高层次的新知识体系。例如，在全球制造网络中的科研机构接受正规教育和培训；通过召开学术会议和举行讲座传播知识；通过编辑加工显性知识，形成报告、数据库、文档资料，使其变得更为可用等。

（4）从显性知识到隐性知识的流动，即知识的内化过程。这种流动使得显性知识体现在隐性知识中。在流动过程中，全球制造网络中的个体可以通过学习、培训获得团体乃至团体外部的显性知识，同时经过亲身体验和实践将显性知识转化为自身掌握的隐性知识，这是一个学中干（doing by learning）—干中学（learning by doing）的过程。

从以上全球制造网络知识流动模式分析来看，全球制造网络知识流动是一个复杂的过程，并不简单地遵从单一的模式，而是几种模式同时进行，相互影响的过程。在全球制造网络创新过程中，来自不同职能部门的人们彼此交流、相互学习，这就是一个广泛的知识流动过程。个体经验在经历了隐性到隐性的知识流动后为全球制造网络各主体共享，由隐性到显性的知识流动使得个体的经验变成用文字语言表达的新知识（如新的概念），再经显性到显性的知识流动后，新知识被加工成更具有市场价值的显性知识（如新工艺、新专利等），最后经过显性到隐性的知识流动成为具有空间黏滞性的全球制造网络隐性知识，存在于全球制造网络成员之中。经过知识流动，全球制造网络的知识存量增加，升级能力得以提高。

从另一个角度看，全球制造网络中的企业作为创新的主体，也是知识流动的核心，全球制造网络的知识流动是围绕着企业进行的。因此在分析全球制造网络知识流动过程时，应以企业为基点来分析，并将全球制造网络的知识流动分成两个层次。一个是微观层次，是企业内部的知识流动，如企业研究开发部门、工艺设计部门、生产制造部门、供应和销售部门和部门内部对知识的共享、创造、转移和学习。另一个是宏观层次，是企业与外部的知识流动，包括全球制造网络内企业之间、企业与科研机构之间以及企业与全球制造网络中介组织之间的知识流动和全球制造网络企业与全球制造网络外部的知识流动。微观和宏观两个层次的知识流动是密切联系的、相互影响和互动的，共同形成了全球制造网络的知识流动过程。

具体来说，从企业核心角度而言，全球制造网络宏观知识流动有八类，即全球制造网络中企业与供应商之间的知识流动、企业与竞争对手的知识流动、企业与其他企业的知识流动、产业与大学科研院所的知识流动、产业与中介组织的知识流动、企业与政府部门的知识流动、全球制造网络内部行为主体与全球制造网络外部的知识流动，以及全球制造网络人员流动和交往。全球制造网络微观知识流动形式分为八类：企业研发部门与工艺设计部门的知识流动，企业研发部门与生产制造部门的知识流动，企业研发部门与市场部门的知识流动，企业工艺设计部门与生产制造部门的知识交流，企业工艺设计部门与市场部门的知识交流，企业生产制造部门与市场部门的知识流动，企业各职能部门成员间的知识流动以及企业内部人员流动交往（见表5-4）。

表5-4　以企业为核心角度的全球制造网络知识流动

| 层次 | 全球制造网络知识流动形式 | 主要内容及类型 |
|---|---|---|
| 集群宏观层次的知识交流 | 企业与供应商和客户间的知识流动 | 以生产资料、半成品和产品形式引进技术，是物化的知识流动（显性到隐性的知识流动） |
| | 企业与竞争对手的知识流动 | 结盟或分享技术和市场（四类知识流动模式都可能存在）。通过考察、学习、模仿进行，如借鉴对方的管理经验、工艺方法等（主要以隐性到隐性的知识流动为主） |
| | 企业与其他企业的知识流动 | 技术、专利引进（以显性知识到显性知识的流动为主），结成战略联盟（四类知识流动模式都可能存在），寻求互补技术和市场 |

续表

| 层次 | 全球制造网络知识流动形式 | 主要内容及类型 |
|---|---|---|
| 集群宏观层次的知识交流 | 产业与大学科研院所的知识流动 | 联合研究开发、利用专利技术、信息共享等（四类知识流动模式都可能存在） |
| | 产业与中介组织的知识流动 | 享有知识、信息和技术服务（四类知识流动模式都可能存在） |
| | 企业与政府部门的相互作用 | 了解政府产业政策，影响政府相关政策的制定，如参与相关行业标准的制定等（四类知识流动模式都可能存在） |
| | 全球制造网络内行为主体与全球制造网络外部知识流动 | 吸收外部知识、技术和信息（以显性知识到显性知识流动和以显性知识到隐性知识流动为主） |
| | 全球制造网络内人员交往和流动 | 技术人员在全球制造网络各行为主体间的流动（以隐性知识到隐性知识流动为主） |
| 集群微观层次的知识流动 | 企业研发部门与工艺设计部门的知识流动 | 新产品开发（以显性知识到显性知识的流动为主） |
| | 企业研发部门与生产制造部门的知识流动 | 分享知识和信息，以便产品设计符合企业的生产技术水平，产品能达到设计要求（以隐性知识到隐性知识的流动为主） |
| | 企业研发部门与市场部门的知识流动 | 了解客户需求，以便制定新的开发项目（以隐性知识到隐性知识流动为主） |
| | 企业工艺设计部门与生产制造部门的知识流动 | 生产工艺流程的制定，设计部门为生产部门提供技术支持（四类知识流动模式都可能存在） |
| | 企业工艺设计部门与市场部门的知识流动 | 联系并不密切，主要在信息共享方面进行合作（以隐性知识到隐性知识流动为主） |
| | 企业生产制造部门与市场部门的知识流动 | 供应与销售方面的联系（四类知识流动模式都可能存在） |
| | 企业各职能部门内部成员的合作 | 共同完成工作，相互学习（四类知识流动模式都可能存在） |
| | 企业内部人员流动和交往 | 技术人员和工人在各职能部门或不同岗位的流动（以隐性知识到隐性知识流动为主） |

资料来源：作者自制。

在全球制造网络创新系统中，宏观层次的知识流动更为重要。因为我们研究的是全球制造网络的整体升级能力和竞争优势，这需要全球制造网络各行为主体发生有机的知识联系和互动。从以企业为核心的创新角度来看，企业必须靠外部知识能量的不断输入才能获取持续创新的基础，而且企业的集聚也给全球制造网络知识的溢出提供了良好的条件。

## 三、知识流动与全球制造网络升级能力的关系模型

前面我们分析了全球制造网络内的知识流动，全球制造网络创新系统实际上也是一个知识流动的网络，大量同行业企业及其上级供应商和下级客户（往往还需要科研院所和大学的支持）在共享和转移知识的愿望下形成纷繁复杂的网络结构。在该网络中，全球制造网络中的企业处于知识网络的各个节点上。集聚效应和网络化的创新组织使得企业容易获得创新所需要的基本要素（专业人员、研究团体、创新项目等），多方参与又降低了创新的风险，提高了创新的成功率。由于全球制造网络的柔性生产和外部效应（全球制造网络所带来的品牌效应和市场扩大），全球制造网络中企业容易把握市场需求，其中通过对知识利用而进行的企业创新往往顺应了市场的需求，因此在知识网络中，知识的流动是通过知识链条进行的，在知识链条中产学研的结合是较为关键的环节。只有处于知识链条上的大学和科研机构、中介机构、企业形成稳定的、相互信任的关系，知识在供应链中的流动才能通畅，才能不断地增值。全球制造网络的知识网络中，许多知识链相互影响，同一个企业可能处于多个知识链之中。企业之间的联系比非全球制造网络条件下要紧密得多，这使得它们可以通过联合制定行业的标准而获得更多的垄断利益，扩大全球制造网络的竞争优势，并且这种垄断又会加强全球制造网络的凝聚力。

在全球制造网络基础上，由知识链所构建的知识网络是一个开放的、动态的整体系统。全球制造网络升级能力是通过这个网络中的知识流动实现的。我们用 $F$ 的函数量度全球制造网络的升级能力。

$$F = \frac{A}{2} \sum_{i=1}^{n} \sum_{j=1}^{n} T_{ij} X_i X_j + B \sum_{i=1}^{n} I_i X_i \qquad (5-1)$$

在式（5-1）中，$A$ 和 $B$ 是两个权重系数，分别代表全球制造网络内的知识流量与全球制造网络系统外的知识流量的重要性。$I_i$ 代表全球制造网络行为

主体 $i$ 从外界接受知识流量的强度，它是开放的全球制造网络与外界相互作用的量度。$X_i$ 代表全球制造网络行为主体 $i$ 对知识的利用，$X_j$ 代表全球制造网络行为主体 $j$ 对知识的利用。

式（5-1）右边第一项代表全球制造网络内各主体之间的相互作用，而第二项代表全球制造网络外部因素的作用。其中，$T_{ij}$ 是主体 $i$ 和主体 $j$ 之间的知识关联强度。定义如下：

$$T_{ij} = \frac{S_{ij}}{X_i + X_j} \tag{5-2}$$

在式（5-2）中，$S_{ij}$ 代表主体 $i$ 和主体 $j$ 之间的知识流量，$T_{ij}$ 代表主体 $i$ 的自反馈强度，也即知识的自我繁殖能力。进一步分析，从系统动力学的观点看，主体 $i$ 用于知识进展的投入 $R_i$（包括用于科技仪器设备、土地、原材料等物质投入，以及科学家、工程师等人力资源投入）与全球制造网络整体升级能力 $F$ 之间的关系为

$$\frac{\mathrm{d}R_i}{\mathrm{d}t} = \alpha_i \frac{\partial F}{\partial X_i} \tag{5-3}$$

式（5-3）中，$t$ 代表知识积累量，$\alpha_t$ 为比例系数，$\dfrac{\mathrm{d}R_i}{\mathrm{d}t}$ 代表知识变化所带来的投入变化，它与升级能力的变化存在比例关系。于是，根据式（5-1）和式（5-2），可得到如下全球制造网络系统知识网络模型

$$\frac{\mathrm{d}R_i}{\mathrm{d}t} = \alpha_i \frac{A}{2} \sum_{j=1}^{n} T_{ij} X_j + \alpha_i B \sum_{i=1}^{n} I_i \tag{5-4}$$

在式（5-4）中，由于 $X$ 是 $R$ 的非线性函数，因而该公式是一个非线性的多元系统模型。现在，我们进一步讨论全球制造网络整体升级能力 $F$ 的变化问题。由式（5-1）和式（5-4）得出

$$\frac{\mathrm{d}F}{\mathrm{d}t} = \sum_{i=1}^{n} \frac{\partial F}{\partial X_i} \frac{\partial X_i}{\partial t} = \sum_{i=1}^{n} \frac{1}{\alpha_i} \frac{\mathrm{d}R_i}{\mathrm{d}t} \frac{\mathrm{d}X_i}{\mathrm{d}t} = \sum_{i=1}^{n} \frac{1}{\alpha_i} \frac{\mathrm{d}R_i}{\mathrm{d}X_i} \left(\frac{\mathrm{d}X_i}{\mathrm{d}t}\right)^2$$

$$\tag{5-5}$$

由于 $\alpha_i > 0$，$\left(\dfrac{\mathrm{d}X_i}{\mathrm{d}t}\right)^2 \geqslant 0$，若 $\dfrac{\mathrm{d}R_i}{\mathrm{d}X_i} > 0$，即各单元的知识投入随其知识产出的增长而增长，那么

$$\frac{\mathrm{d}F}{\mathrm{d}t} \geqslant 0 \qquad (5-6)$$

也即知识积累量的变动与全球制造网络整体升级能力呈增函数关系。由以上的分析可以得出，全球制造网络整体升级能力的提高有赖于全球制造网络乃至全球制造网络各主体知识积累量的增加，并进一步有赖于全球制造网络各个主体对知识的利用程度以及对知识投入的提高，而知识投入又往往依赖于对知识的利用程度。

我们认为，全球制造网络行为主体对知识的积累和利用，以及对知识资源的投入过程，就是全球制造网络内知识的流动过程，并且全球制造网络内的知识既包括内部存量知识和由内部主体创造的增量知识，也包括开放的全球制造网络系统不断地从外部吸收的知识。这是个能量输入的过程，对全球制造网络提高升级能力，进而增强竞争优势起着重要作用。进一步来讲，全球制造网络内的知识流动也是动态地增加全球制造网络知识的过程，而全球制造网络的升级能力以及持续创新行为就是在这一过程实现的。

## 四、知识流动促进全球制造网络升级能力的实现

知识既是静态的实体，同时又是动态的过程。在全球制造网络中，知识本身并不能自动创造价值，它只有通过进一步地积累与激活才能使全球制造网络中企业的升级能力得以提高。而全球制造网络知识的积累和激活就是全球制造网络内知识的流动。知识的积累必须以一定的知识存量为基础，缺乏相关的知识积累，企业无从取得和吸收其他的知识。而知识的激活更是以一种知识增量激活知识存量的方式来达到知识的动态过程，全球制造网络的升级能力实质上也就是不断将全球制造网络内外部知识激活，进行整合与创造并实现其价值的能力（见图5-3）。

对于知识认识的一个重要角度是时间维度。知识既可以看作一种实体生产要素，也可以看作一种过程。当对知识进行分类和测度的时候，我们较为注重的是知识的实体性，而当我们关注于知识的创造、传播、学习和应用时，所涉及的是知识的过程性。从这一点上来说，知识是"实体"和"过程"的统一体。

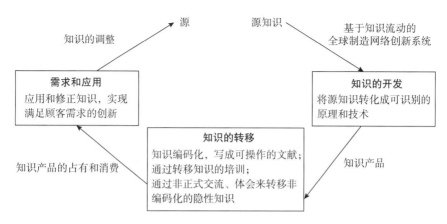

**图 5 – 3　基于知识流动的全球制造网络创新过程**

资料来源：作者自制。

美国学者维纳·艾丽（Verna Allee）认为："知识是'不定型物'，是神话中能呈现多种形状的精灵。它一直在变化，它是有机的而不是机械的。"❶这是一种动态的观点。动态知识在近些年的知识经济和知识管理的研究中越来越受到重视，尤其在创新系统的知识流动过程研究上。

从全球制造网络知识流动而言，它包括全球制造网络系统与外部之间的知识流动和全球制造网络组织内部的知识流动。流动的知识是系统化、理论化后的知识组合，而不是零散的、垫底的、互不相关或联系不紧密的知识。对知识流动的衡量一般分成两部分，一是物化知识的扩散，即知识进入包含新技术的机械、设备、部件制造的过程；二是非物化知识的扩散，即知识、技能和技术以专利、许可证或技术诀窍为形式的转移。

与任何科学技术活动一样，全球制造网络创新活动（尤其是技术创新）是一个源源不断产生知识，并加以不断发展的知识累积流动过程，只有在及时获得有用信息与知识的基础上才能使全球制造网络技术创新活动更加有效地进行，取得更好的绩效。全球制造网络创新过程包括知识的产生、开发、转移和应用四个阶段。

在全球制造网络系统中，知识流动是一种重新组合生产要素的过程，是全球制造网络创新活动最重要、最基本的实现形式之一，全球制造网络创新是知

---

❶　郁义鸿. 知识管理与组织创新［M］. 上海：复旦大学出版社，2001：30.

识流动的结果。从知识流动的角度看，全球制造网络技术创新活动能否成功以及提高创新效率的问题实际上就是创新知识流动通道是否顺畅的问题。因此，可以这样理解全球制造网络的技术创新：概念产生（通过生产实践和科研活动）—概念传播（通过正式传授和非正式交流）—知识创造（由原型的发明到产品制造）—知识溢出（创新成果在全球制造网络中扩散）。也就是说，全球制造网络知识流动体现为知识在不同载体——全球制造网络企业、研发机构和中介机构——之间的有效流动，它协调了技术创新各要素之间的匹配关系和技术创新体系化运作过程，从而使知识共享—协作创新—成果分享的创新演化变得更加有效。

知识流动与全球制造网络创新的互动是一个体系化的过程，受到多方面因素的影响。知识流动与技术创新之间存在正相关关系，在知识流动过程中不同载体对知识本身处置能力的提高是引发全球制造网络升级能力提升的关键，并且由于知识流动是一个动态的、连续的过程，因而这种升级能力也是动态的和连续的，而升级能力的提升又促进了全球制造网络整体竞争力的增强。可以说，知识流已成为全球制造网络升级能力重要的衡量指标。促使知识流动起来，在知识流动的过程中实现知识的价值和知识的增值，是提高全球制造网络升级能力的有效途径。

# 第三节 组织学习与全球制造网络升级能力

创新的基础在于知识的利用，知识流动是全球制造网络升级能力的实现基础，并且在以上的分析中我们也不难看到这样的痕迹，即全球制造网络的知识流动是通过全球制造网络组织间的学习，以及竞争和协作互动中实现的。企业要在激烈的竞争环境中保持竞争优势、培育升级能力，必然要在全球制造网络中学得更多、学得更快。

## 一、学习型组织与组织学习

### （一）学习型组织
学习型组织最早由美国学者彼得·圣吉于 1990 年提出，他从企业的角度来为学习型组织做出了定义，认为学习型组织是"为培养弥漫于组织的学习气氛，充分发挥员工的创造性思维能力而建立的一种有机的、高度柔性的、扁平化的、能持续发展的组织"，"在学习型组织里人们不断扩展自身能力以产生他们真正需要的结果，这里孕育着思想的新模式，使集体的灵感得以释放，促使组织成员能力不断得到改善，组织整体具有持续学习的能力和高于个人绩效总和的综合绩效"。圣吉认为："学习型组织的精髓在于五项修炼：自我超越、改善心智模式、建立共同愿景、进行团体学习、系统思考能力。"[1] 学习型组织自圣吉提出后，十几年来已经成为后福特制时代的流行词，得到研究领域和实践领域越来越广泛的关注，很多学者更是从不同的角度对其进行了描述。如鲍尔·沃尔纳（Paul Woolner）认为："学习型组织就是把学习者与工作系统地、持续地结合起来，以支持组织在个人、工作团队及整个组织系统这三个层次上的发展。"[2] 显然，鲍尔·沃尔纳的定义主要特点在于将学习与工作融为一体。另外，由于学习的对象是知识，因此，从知识获取的视角界定学习型组织者也不乏其人。美国学者加文·戴维德（Garvin Davida）认为："学习型组织是一个善于获取、创造和运用知识，并根据新知识和远景目标而调整自己行为的组织。"[3] 在此定义中，加文·戴维德已将知识的获取、创造与运用视为一个系统工程，并将其与组织远景紧密地结合在一起，并以此作为调整组织自身行为的准绳。相比而言，加文的定义比较具体，具有一定的可操作性。不仅如此，加文还将善于创造知识作为学习型组织的特征，孕育了组织的升级能力思想。美国学者迈克尔丁·马奎特更是明确从组织能力角度为学习型组织进行了定义，指出："学习型组织是能够有力地进行集体学习，不断改善自身收集、管理与运用知识的能力，以获得成功的一种组织。"[4]

学习型组织是在后福特制时代复杂全新条件下出现的一种组织模式，它是一个具有不断开发适应能力与变革能力的组织。从其特点来看，学习型组织是

[1] SENGE P M. The fifth discipline: the art and practice of the learning organization [M]. New York: Bantam Doubleday Deli, 1990: 67 - 69.

[2] 沈建华，等. 学习型组织的内涵及成长机制 [J]. 财贸研究, 2004 (1): 35.

[3] GARVIN DAVIDA. Building a learning organization [J]. Harward Business Review, 1993, 71 (4): 99 - 112.

[4] [美] 迈克尔丁·马奎特. 创建学习型组织与要素 [M]. 北京: 机械工业出版社, 1997: 205 - 209.

现代市场经济发展的产物，是一个以各种要素交互作用的网络式组织；它运作的模式是集体学习，不断收集、管理与运用知识来改善自身能力；它实行分层式的决策及对员工授权，这使得组织的各个部分（团队）具有自我调节功能，而不完全依靠其外部（如管理中枢）的因素调节；组织是动态有序的，构成组织的各个部分与其外部的联系是发散性的，在不断地与环境交换信息和能量（资源）的过程中保持和发展；它具备通畅的信息交流和反馈系统，形成以创新为目的的激励机制。

（二）组织学习

在学习型组织中，组织学习是一个重要的概念。组织学习理论出现得要比学习型组织早，它由美国学者阿吉瑞斯（Argyris）和舍恩（Schon）于1978年在其著作《组织学习：行为透视理论》中首先提出。他们认为："组织学习是可以触摸的、可量化的价值增值活动，是一个社会或集体现象，它要求共同的交流基础和协调的探索程序，是持续竞争效率的源泉。"阿吉瑞斯也因此被誉为"组织学习"之父。此后，组织学习的概念、理论逐渐受到学术界和企业界的重视，阿吉瑞斯及其他学者也不断对组织学习的概念进行修正。此后，在关于组织学习的定义中，不同的学者从各自不同的研究角度提出自己的概念，林林总总，不可胜数。其观点可大致分为以下四类。

（1）组织学习的过程观。阿吉瑞斯、舍恩、福伊尔（Fiol）、莱尔斯（Lyles）、圣吉（Senge）、陈国权等学者都认同组织学习是一种过程的观点，可见组织学习的过程观应当是目前组织学习理论研究中的主流。学者们从过程的角度讨论组织学习的概念，认为组织学习的过程中涉及信息的获取和传播、知识的记忆和运用，并伴随着组织适应性和组织效率的提高。

（2）组织学习的能力观。迈尔斯（Meyers）、野中郁次郎和竹内广隆、应瑛、吴晓波、李俊等学者把组织学习定义为组织的一种能力，从组织是否具备知识的传播、应用和升级能力，是否具备应对内外部刺激的能力等条件来界定组织学习的概念。每个组织通过学习达到的效果不同，是因为存在组织学习能力上的差异。彼得·圣吉（1990）也认为，学习是一个加强能力的过程。学习是为了培养新的能力，学习归根结底要为行动服务。

（3）组织学习的结果观。莱维特（Levitt）和玛驰（March）等学者认为组织学习是组织达到的一种状态。组织不是为学习而学习，而是为了实现组织目标而采取的行动，比如为了提高管理效率而制定的制度规范。

（4）组织学习的系统。尼维斯（Nevis）、古尔德（Gould）等学者认为组织学习是一个系统层面的问题。组织学习系统包含了组织学习的过程因素及促进因素等组成部分。

由上述各学者对组织学习的诠释，可见组织学习不仅是一种改进的程序，可以提高例行性工作效率及改进技术，也是一种改进的结果，是组织知识的累积，可让组织适应外部环境的改变。从以上定义可以概括出组织学习的本质特征：①组织学习的主体是整个组织，而不是个人；②组织学习的客体围绕信息和知识；③组织学习的目标是改善组织绩效。本书从知识的角度定义组织学习，认为组织学习就是通过较好的知识与了解来改善行动的过程，包含了组织认知的改进和行动的改善两个层面。

以上对学习型组织和组织学习的分析是以企业为视角进行的。但既然是从组织角度研究的学习，那么这个组织概念就可以适当放大。因此，本书认为全球制造网络实际上就是一个学习型组织。从前面章节的分析我们已经知道，全球制造网络系统作为一种网络组织，知识和信息在群内企业间的积累、传播和扩散等就是群内相互关联的企业集体进行学习的过程。群内错综复杂的网络关系为企业相互合作学习提供了有利环境。同时，全球制造网络是一个适应后福特制时代的耗散结构系统，其具备动态性、开放性，不断地与外界进行能量交换，以实现自身的有序性。并且，全球制造网络中的各行为主体，也即相互联系的网络节点可以自主做出决策，且都具备自我调节功能，并没有一个更高的管理中枢来控制。再者，全球制造网络的竞争优势源泉在于升级能力，全球制造网络企业为了在复杂多变的市场环境中生存，持续创新成为它们生存的途径，激励着它们去不断地进行知识技能的学习。全球制造网络这些特征完全符合学习型组织的特征，因此，其本身就是一个学习型组织。在这样一个学习型组织中，组织学习关系可以用全球制造网络学习来替代。

## 二、全球制造网络的学习行为

前文已经述及组织学习观点是从企业角度来研究的，其基本定位在企业边界内部。虽然随着对学习理论研究的深入，研究视角开始从企业边界内部走向跨边界的学习，如技术合作、战略联盟、知识外包等，但这些研究还很少触及处于狭窄地理区域范围内全球制造网络的学习行为。在知识经济的浪潮下，知识已经成为创新动力，全球制造网络的竞争优势研究开始深入，对全球制造网络层次的学习进行关注和探索是十分必要的。可以说，全球制造网络学习是组织学习行为在全球制造网络系统中的体现。

全球制造网络是以企业为主体的网络系统，全球制造网络的学习基础是成员企业之间以及成员企业与其他行为主体的关系，这与以单个企业为研究视点的学习行为和绩效是不同的，也与超过企业边界的跨边界学习是不同的，这是由于如前所述的技术合作、战略联盟、知识外包等跨企业边界的学习模式，也是建立在正式的交易契约和市场规制基础上的，研究的着眼点仍未脱离单个成员企业的学习行为和绩效上。

这种差异性应先从一般组织学习的定义和特征来揭示。进化经济学理论把组织学习定义为企业内部以共享的规则或规制为基础，个体之间在寻求解决问题时，在协调行动过程中所产生的知识积累过程（Dosi，1982；Nelson，Winter，1982）。从该定义看，它具有三个方面基本特征：一是学习行为的企业内部性，即从组织边界内部来研究知识产生和积累过程，知识在时间和空间上的转移都局限在组织边界内部；二是个体基础性，即通过研究组织内部全体成员的学习行为来揭示整个组织的学习行为；三是内部规制特性，即把促进或制约学习行为的环境定位于组织边界内部的制度和规制（如习惯、思维模式和价值观等）。❶ 结合组织学习的三个特性，借鉴国内学者魏江的研究，我们来考察全球制造网络的学习行为。全球制造网络的学习行为与一般组织学习相比，在其边界特性上，从单个组织边界扩展到地理区域边界；其学习行为的承担主体，从以个体为基础扩展到以全球制造网络成员企业之间的学习、成员企业与其他行为主体之间的学习以及全球制造网络内部行为主体与全球制造网络外部环境之间的学习为基础；其学习行为的规制特性，从组织内部的制度和规则等发展到整个全球制造网络区域的社会、文化、制度和规则等。因此，全球制造网络学习和组织学习相比，其一致性在于两者的内在行为仍是实现知识在时间和空间上的有效转移，并通过知识转移机制的建立和完善以产生最佳的学习绩效，而其最本质的区别则在于学习行为的个体化特征和社会化特征的差异。由

---

❶ 魏江. 企业集群——创新系统与技术学习［M］. 北京：科学出版社，2003：130 – 138.

此，我们得出全球制造网络学习的定义：全球制造网络行为主体（企业、中介机构、科研部门和政府部门）及个人以全球制造网络共享的规制和资源为基础，通过内外部的协调行动在寻求解决问题的升级能力，提高竞争优势时所产生的知识积累和转移的社会化过程。

从全球制造网络学习的定义来看，社会化特征是它最重要的特征，是区别于一般组织学习的本质特征。首先，全球制造网络学习过程是社会化过程，而非单个企业过程。全球制造网络是由相关企业构成的产业生态系统，它是围绕一个或有限几个产业而形成的产业部落。❶ 作为生态系统，其生存和发展离不开该地理区域内部的生态链，并由此决定了生态链上不同环节之间关系的互动性。在该生态系统内部的学习不是单个企业能完成的，单个企业的学习必须融入整个群体的社会活动过程中。其次，全球制造网络学习的环境具有社会特性，全球制造网络内部相关行为主体的学习行为必然受到全球制造网络当地制度、文化和非正式社会关系的影响。全球制造网络学习在根本上依赖于个体人员和组织的学习，但由于当地相近的传统、文化、习俗和社会关系等影响，它们的学习行为在很大程度上体现出一种共性。再次，全球制造网络学习的协调方式具有社会性。一般组织学习往往被看作是组织之间和个体之间有意识的合作行为，而全球制造网络学习则是由于地理集聚而导致成员可以自由利用全球制造网络内部知识的经济外部性。一般组织学习具有有意识性和正式契约性，而全球制造网络学习除具有一般组织学习这一特点外，往往还具备潜在性和非正式契约性，在特定的产业氛围中全球制造网络学习是动态的，成员会无意识地通过非正式交流获取内化于全球制造网络创新系统但又外化于企业的隐性知识。❷ 最后，全球制造网络学习在全球制造网络范围内具有较强的社会公共性特征。由于全球制造网络成员之间在学习过程中的协调互动和较为相近的社会文化氛围，这使得全球制造网络知识的转移是不以某个成员意志为转移的，不管其是否愿意，新技术知识都将（可能）转移到其他成员中。某个体对技术知识的消费不会降低其他成员对该技术知识的使用价值，整体效用是递增的，

❶ 魏江，叶波. 企业集群的创新集成：集群学习与挤压效应 [J]. 中国软科学，2002（12）：38 - 42.

❷ CAPELLO R. Spatial transfer of knowledge in high technology milieux：learning versus collective learning process [J]. Regional Studies，1999（4）：353 - 340.

技术知识在全球制造网络内的使用往往是非排它的，全球制造网络学习最终实现了全球制造网络整体的创新优势，增强了全球制造网络的竞争优势。

## 三、全球制造网络的学习模式

全球制造网络内部各要素之间通过各种关系构成了特殊的产业生态系统，其中包括核心网络和支持网络，核心网络内部之间、核心网络和支持网络相互之间以及核心网络、支持网络与外部环境之间构成了知识互动，形成全球制造网络学习系统。从这个角度看，我们把全球制造网络学习模式分成以下三种。

（一）全球制造网络核心网络成员之间互动学习模式

这种模式是发生在核心层次内部成员企业之间的知识流动通道和过程，包括了全球制造网络核心网络内部成员之间的学习机制和相互作用。该类学习机制主要包括：人力资源在成员企业间流动、企业间互动学习、企业衍生和人员间正式或非正式沟通学习四种类型。

1. 人力资源在成员企业间流动

自马歇尔的产业区位理论开始，人力资源要素的流动一直被全球制造网络研究者认为是知识溢出的最重要机制。比较普遍的观点是，稳定的当地人力市场为技术学习提供了重要的机会。而且外部人力资源的流入也通过学习为外部知识传入及其与全球制造网络创新系统内部成员交流（这一过程中，企业内部人员可以通过向流入的人力资源学习），以获得外部的知识技能，为企业原有知识的重新组织提供可能，成员企业人员的流出可以将企业的知识技能带出供外部学习，从而通过不断的学习促进了知识在全球制造网络成员企业间的扩散，促进了全球制造网络的知识流动，提升了全球制造网络整体的升级能力。人力资源流动的路径一般发生在：①横向企业与竞争者或者合作者之间；②纵向产业链上企业与供应商企业、用户企业之间；③企业与公共服务机构或全球制造网络代理机构之间。全球制造网络内部成员企业间一定比例的人力资源流动有利于知识溢出，这是一种柔性生产的需要，因为人力资源在同一企业内部配置的刚性会阻碍知识技术信息扩散和再组合。但需要注意的是，过度的人力资源流动或者流失到全球制造网络外将极可能给全球制造网络带来损失。随着人力资源流动的速率越高，将破坏知识的学习时间持续性积累规律，知识还没有通过学习被掌握就又流走了，这会导致学习绩效的下降，进而削弱企业的研发能力。

2. 企业间互动学习

企业间互动学习的方式可以多种多样，如合作创新、要素互动等。由于地理邻近、产业关联和社会文化规制等原因，核心网络成员企业之间在有意识或无意识地展开高频度且密集的互动学习。从创新行为看，全球制造网络成员企业之间技术和知识通过学习而形成的垂直和水平扩散构筑了当地化的创新系统。如果以创新主体企业为核心，这种当地化创新网络在纵向上表现为供应商和客户的产业链互动关系。其中，更为重要的是"供应商—生产商"关系，如通过创新过程的 R&D 外包实现利润分享；再如，通过增加订单提高供应商从事技术学习、产品创新和工艺创新的积极性。如果把上述"供应商—生产商"关系在产业链上向下延伸，同样说明"生产商—用户"关系在创新行为中的互动作用，用户成为非常重要的知识技术学习和创新源泉。在成员企业间技术和知识的水平扩散，表现为横向上的竞争激励型的互动学习，合作促进型的互动学习以及人力资源流动上的学习关系。这种由横向和纵向关系相互交错形成的创新网络，从微观层次看，能提高企业学习新技术的机会，由于新技术知识往往是非正式或非编码性的隐性知识，因此更容易在近距离地理范围内流动。从要素互动看，全球制造网络成员企业之间可以表现为管理要素互动、中间要素互动等。比如，在管理要素互动上，全球制造网络成员之间的知识外溢，使管理信息为成员学习共享，促进企业预测未来发展趋势，而且企业间的正式和非正式协作还有助于企业学习优秀的组织模式和管理模式等。再如，中间要素互动，全球制造网络内部产业链上下游之间的买卖关系存在，比单独一个企业内部垂直一体化战略更能产生知识的流动和技术要素学习互动。

3. 企业衍生

企业衍生指的是全球制造网络创新系统内部的人才和知识流动可以通过企业的本地化衍生行为而加速，这实际上是个学习过程。衍生活动包括：①由以前属于另一个企业的员工新成立的企业；②由于经营观点的分裂导致从创业初期的企业里分离出来的新企业；③公共研究机构或教育机构成立的企业属于公共机构衍生企业的行为；④由多家企业共同发起建立公共机构，产生的知识信息由大家共享等。企业衍生出的新企业与母体之间存在千丝万缕的联系，新企业往往向母体企业学习了先进的知识，包括生产技术以及管理经验，并促进人才、知识的流动，人力资源在创新系统内部的流动因为企业衍生活动而得以加速。另外，它也促进了当地企业间正式合作关系的建立和非正式沟通，从而推动了创新网络的构建和其成员企业创新协同。企业衍生可以看作全球制造网络地方生产体系的内在扩张，通过从母体企业分离出新企业的形式实现了人才和知识的转移流动，因此新企业与母体企业之间存在人才流和知识流的学习互动关系。这些企业衍生的全球制造网络学习形式为分离的企业提供了社会和经济条件，从而为它们的成功提供了可能。从社会条件看，处于同一文化背景下的高度信任和共同意识，使分离成为一种普遍可以接受的正常现象。从经济条件看，由于在原来工作过程中通过学习所积累的对当地供求市场的充分了解，对特殊产品开发的需求特点把握，以及外部经济性的存在，为分离出来的企业实现盈利提供了基础。

4. 人员之间正式或非正式沟通学习

全球制造网络的地理邻近性有利于企业通过正式或非正式渠道学习全球制造网络内部知识，即分享智力溢出。美国区域经济学家安吉尔（Angel）认为企业的成长依赖于通过非正式渠道产生的信息——员工个人之间面对面交流学习。❶ 这种非正式沟通的学习作用非常明显，在一个成熟发展的全球制造网络（如硅谷），包括企业家、高级管理人员、中层和基层管理人员、技术开发人员等在内的各类人员之间都存在高频率的非正式沟通，为技术和管理知识与信息在全球制造网络内部的学习和流动提供了最有效的路径。

（二）全球制造网络核心网络和支持网络之间的互动学习

这是发生在核心网络成员企业和辅助网络中的公共服务机构、全球制造网络代理机构之间的知识学习过程。它通过全球制造网络公共服务机构、全球制造网络代理机构向全球制造网络成员企业提供技术知识和信息支持的方式实现。这里的全球制造网络代理机构指由当地政府及全球制造网络成员共同发起设立的机构，如行业协会、企业家协会、质量监督委员会等，它们主要负责全

---

❶　ANGEL D. The labor market for engineers in the US semicon doctor industry [J]. Economic Geography, 1989, 65 (2): 99 – 112.

球制造网络整体创新网络形成和发展过程中所必需的协调活动以及特定企业活动。公共服务机构指从事知识创造、提供管理和技术服务的独立机构，如研究机构、政府实验室、生产力中心、企业联合中心、技术孵化器等。该类学习机制主要包括：公共服务机构为全球制造网络提供人力资源的培训和教育、从辅助网络向全球制造网络核心网络的人员流动、知识基础设施建设、核心网络和辅助网络间正式沟通机制四种类型。

1. 人力资源的培训和教育

从事人力资源培训和教育的机构主要有两类：一类是高校、技校等教育机构，另一类是专门培训机构。在一些国家，全球制造网络处于非中心城市，由于没有高校，人力资源的培训就需要由培训机构来完成。于是，这些全球制造网络或是通过政府或全球制造网络代理机构与处于中心城市的高等院校联合进行人才的培养，或者通过专门培训机构从高校中聘请教师对全球制造网络劳动力进行培训，如广东东莞的 IT 全球制造网络就通过政府牵头与北京大学长期合作，从事人力资源培训工作。相对来讲，处于中心城市的全球制造网络由于交通便利，更经常地利用高校来进行人才的培训。在培训过程中，全球制造网络中的人力资源通过正规教育的学习掌握显性知识，又通过学习过程中面对面的思想交流来掌握隐性知识，从而促进知识在全球制造网络中的传播。

2. 从辅助网络向全球制造网络核心网络的人员流动

从辅助网络向全球制造网络核心网络的人员流动现象，比较典型的有：大学向当地企业输送毕业生；研究人员从公共研究机构向企业研发部门流动（当然也有反向流动）；从全球制造网络代理机构向企业流入管理和技术人才。这种从辅助网络中的研究开发机构——知识生产系统向核心网络中的成员企业——知识应用系统的人才流动，是全球制造网络学习和知识扩散的一种途径，但这种人才流动方式没有企业间的流动那么明显。另外，全球制造网络内部公共服务机构、全球制造网络代理机构和组织之间也存在人才流动现象，这种形式的人才流动并不直接作用于全球制造网络企业。因此，总体上人才流动作为全球制造网络学习的一种实现途径，可以看作全球制造网络创新系统内部要素互动的重要形式，通过人才的流动和互动学习为企业带来了新的思想、知识诀窍和技能，从而促进了企业知识基础的更新和升级能力的增强，以尽快适应外部技术和市场的不确定性。从全球制造网络层面看，人才的内部流动驱动了全球制造网络整体升级能力的提升。

3. 知识基础设施建设

大学和研究机构等公共服务机构，除了向全球制造网络成员企业提供人力资源培训和教育方面的学习支持外，还有一种很重要的形式是提供技术和管理方面的学习支持。此时，大学、研究机构、技术中介机构等就承担了知识基础设施的功能。这些公共服务机构成了全球制造网络创新系统内部的知识基础结构和全球制造网络学习的通道，公共服务机构与成员企业之间的互动程度对于全球制造网络学习起着重要作用。如当地大学和学术机构通过科学技术扩散为全球制造网络学习提供技术支持，还通过出版物的形式传递科学性、基础性的技术和知识。此外，这些知识基础设施还为全球制造网络成员的沟通提供了场所，为这些成员之间的学习交流创造条件，对促进全球制造网络创新系统内部的技术沟通具有显著意义。

4. 核心网络和辅助网络间正式沟通机制

这里所谓的正式沟通机制，是指由全球制造网络辅助网络专门为全球制造网络学习安排的学术论坛、专题会议、市场分析报告、全球制造网络成员参加的其他专题论坛或研讨会等。这种全球制造网络学习方式一般需要行业协会、企业家协会或直接由政府部门组织，围绕某一技术或管理问题进行研讨，通过这种会议或研讨的方式，有利于全球制造网络成员通过学习了解最新技术发展动向。另外，全球制造网络也有类似产品订货会等主要面向市场开发的会议，这使得市场信息能够被全球制造网络成员较好地学习和掌握。

(三) 核心网络、支持网络与外部环境之间的学习

这里指的是通过学习交流，全球制造网络外部环境向核心网络知识输入的过程。前面述及的两种模式属于全球制造网络内部学习，主要依靠地理邻近性，通过全球制造网络内部企业之间及其与大学、教育机构、研发机构、技术传播组织和商会之间的合作关系、技术人员的内部流动、干中学等途径来获得全球制造网络整体的显性与隐性知识的提升。而该种学习模式则是由全球制造网络内少数企业、机构（技术力量比较雄厚）充当"桥梁人物"，引进全球制造网络外部新的知识及技术，通过消化吸收转化为全球制造网络内部企业可以接收的方式，进而提升整个全球制造网络的技术与市场能力。从结构上说，全球制造网络是一个开放性的系统，是区际甚至全球制造网络的某个环节，其与

外部世界之间必然因物流、资金流和信息流而形成了多种联系。在全球制造网络外部，全球制造网络内的企业同样可以找到大量的相关者，包括外界同行、外部客户、外部供应商以及外部的公共技术部门或其他的一些相关组织。这些组织显然也可提供各种知识技术信息资源，全球制造网络成员也可通过学习来掌握这些资源，尽管对这些资源的学习并不如全球制造网络内近距离学习方便，但却是全球制造网络系统吸收外部能量形成耗散结构不可缺少的环节。如果全球制造网络企业单纯在全球制造网络圈内进行封闭式的学习，必然使得整个全球制造网络陷入缺乏活力的泥潭，出现系统熵增现象，使全球制造网络的技术活动锁定在一条陈旧轨道上，从而缺乏创新潜力，最终出现系统的衰落乃至消亡。

对于较为成熟的全球制造网络，外部学习的焦点是吸收新鲜的外部知识来冲击、更新已经较为厚实的知识基础，以便随时转换技术轨道。对于较为幼稚的全球制造网络，外部学习的焦点则是吸收先进知识来充实、提升原本比较薄弱的知识基础，以增加产品的技术附加值。从全球制造网络外部学习的途径来看，包括全球制造网络企业加入跨国公司的分包网络，购买世界范围内产品领先者的技术许可、和有竞争力的知识组织建立学习联盟或合资企业、与外部的大学和实验室建立产学研联合体、从外部高校获取对全球制造网络人力资源培训方面的支持、向外部招募人才、定期参加产品展销会和研讨会、在知识密集区建立机构等。当然，外部环境向全球制造网络核心网络的知识输入也可能通过支持网络的中间传递实现，这种学习渠道基本与第二种模式相似，只不过因为空间距离和间接性的原因，学习互动不像第二层次那样频繁。

综上分析，基于三种形式的全球制造网络学习模式（实际上又可分为全球制造网络内部学习和外部学习两大类），为全球制造网络学习提供了比较完整的学习渠道。正是这些不同渠道间的互动，为整个全球制造网络学习机制提供了完整的画面，并通过这些不同形式学习的相互补充和衔接，构筑了全球制造网络学习体系，形成了全球制造网络实现持续竞争优势的重要途径（见图5-4），也为全球制造网络建立和完善全球制造网络学习机制提供了思路。

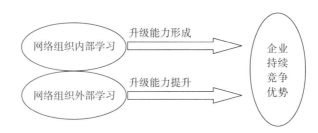

**图 5 - 4　全球制造网络内部学习、外部学习与升级能力、持续竞争优势的关系**

资料来源：作者自制。

## 四、全球制造网络学习能力的动态模型构建

前文分析了全球制造网络学习模式，可以看出：全球制造网络学习是一个复杂的系统学习模式。为了把全球制造网络学习的复杂系统关系更为突出地表现出来，本部分将就全球制造网络学习能力进行模型构建。

（一）全球制造网络学习的影响因素

在构建全球制造网络学习能力模型前，我们需要将影响全球制造网络学习的几个变量进行分析。

1. 知识资源

有关知识资源的研究我们在本章第一节已经论述，可以说，知识是全球制造网络学习能力的基础，全球制造网络学习说到底学的就是知识技能。知识资源通常被分为显性知识和隐性知识。显性知识和隐性知识在全球制造网络中都存在。就全球制造网络学习能力而言，知识存量越多，全球制造网络学习能力就越强。

2. 社会资本

美国芝加哥大学的社会学家科尔曼（Coleman）教授于 1988 年提出了"社会资本"（Social Capital）概念，意指在一个社会群体中行动者之间的某种社会关系。社会资本的构成三要素：一是行动者之间的义务、预期与信赖；二是群体中的信息渠道；三是惩罚的规范与效果。良好的社会资本能促进社会群体中行动者的某些行动（Coleman，1988）。全球制造网络中的行动者因地域的接近、交往的频繁、亲友的情缘等因素很容易形成与积累良好的社会资本。Nahapiet 和 Ghoshal（1998）认为社会资本是根植于关系网络的现实和潜在的资源总和。当组织间具有强社会联结、信任关系和具有相同价值和规范时，组织间的知识转移会更有效率。科古特、赞德（Kogut，Zander，1992）认为社会资本创造一系列高端的组织原则，其作为一种机制把知识转换为大众可以使用的普通语言。科斯托娃（Kostova，1999）认为企业内部充足的社会资本有利于知识的生产和转移。库尔特·安南（Kurt Annen，2001）将社会资本定义为："社会网络中基于合作的参与者的声誉。参与者是个人或者组织（家庭、企业、国家等）。社会网络是参与者间信息或商品的交换模式和参与者的集合。"他进一步认为："基于无限次重复博弈，网络中合作的自我执行机制存在限制社会网络的包容性，而网络包容性决定市场的范围。排外的社会资本（Exclusive Social Capital）是在复杂性约束增加的条件下，社会网络通过减小网络包容性而产生的社会资本。在复杂的交换集合中，排外的社会资本的资本价值低。相容的社会资本（Inclusive Social Capital）是在复杂性约束增加的条件下，社会网络通过增加网络包容性而产生的社会资本。通过提高网络的交流能力，复杂性约束增加的条件下仍然可以增加网络包容性，从而提高社会资本价值。"Chung Ming Lau 等认为社会资本可以克服由于组织根植性所带来的知识在企业内和企业间获取和传播的障碍，社会资本可以减少制度的距离和克服组织文化所带来的障碍。在社会资本和吸收能力的共同作用下，知识获取和转移会更有效率。总之，社会资本提高全球制造网络知识增量的递增速度，从而提高全球制造网络能力。全球制造网络内诚信和合作的"互识社会"的逐步形成、社会资本的与日俱增，对于降低交易费用、提高合作效率、促进全球制造网络学习、获取竞争优势等都具有很大的促进作用。

3. 全球制造网络的关联度

马歇尔早在1920年的《经济学原理》一书中，就强调大量专业化中小企业地域集中和发展的重要性。在全球制造网络内部，大量专业化企业集聚在一地，使区域实现了规模生产。相应地，全球制造网络创造了一个较大的市场需求空间，对分工更细、专业化更强的产品和服务的潜在需求量也相应增加。关联分为贸易关联和非贸易关联。贸易关联代表投入产出关系中的水平关联和垂直关联；而非贸易关联指非正式知识和信息交流。基于核心能力的专业化分工合作是全球制造网络的主要特征。分工合作不仅满足了市场个性化和多样化的需求，而且企业可以根据生产的需要，通过建立网络关系进行交易，利用空间接近大大降低了每次交易的费用，节省了企业搜索市场信息的时间和费用，有效地降低了交易成本。这种网络结构形成外部范围经济，克服了单个大企业等级制组织的弊病。可见，基于外部规模经济与范围经济的全球制造网络中分工合作的深化，提高了企业间的相互依赖性，降低了交易成本，形成了企业间的关联。所以，关联是衡量全球制造网络中分工合作的重要指标，而专业化分工合作则促进知识的生产、获取和利用。关联反映全球制造网络中企业专业化分工与合作的程度，企业专业化分工与合作是全球制造网络知识的源泉，因此全球制造网络的关联程度影响着全球制造网络的学习能力。

知识资源、社会资本和关联度是影响全球制造网络学习能力的重要因素，显性知识和具有合作倾向的隐性知识越丰厚，社会资本越大，全球制造网络关联度越强，那么全球制造网络学习能力越高。高的全球制造网络学习能力使得全球制造网络能够不断提升升级能力，在动态环境下不断提升异质性的能力，从而具有获得持续竞争优势的动态能力。所以说，全球制造网络学习是全球制造网络获取持续竞争优势的桥梁，而知识资源、社会资本和全球制造网络关联度则是全球制造网络动态能力的基石。知识资源、社会资本和关联度之间的关系如图 5 - 5 所示。

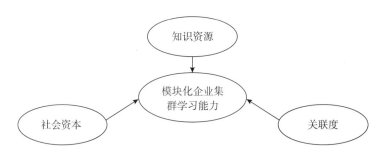

**图 5 - 5　全球制造网络学习能力的三维因素**

资料来源：作者自制。

(二) 模型建立的基础

本研究将建立在科恩、利文索尔（Cohen, Levinthal, 1990）的吸收能力函数基础上。科恩、利文索尔认为，吸收能力是认识新的、外部信息的价值，并通过吸收将其应用到商业中去的能力。吸收能力是过去和现在在研究开发上投资的函数，该能力有利于内部的学习过程。研究开发不但创造新知识，而且强化企业的吸收能力。在其模型中，科学技术知识流增加企业的知识存量和提高企业收益，知识流的两大来源是内部研究开发和外部溢出。知识流公式为

$$Z_i = M_i + \gamma_i(\theta \sum_{j \neq i} M_j + T), 0 \leqslant \theta \leqslant 1; 0 \leqslant \gamma_i \leqslant 1 \qquad (5-7)$$

式中：$M_i$ 是企业在研究开发上的投资；$\theta \sum_{j \neq i} M_j$ 是同行业或相同技术领域的其他企业在研究开发上的投资；$\theta$ 是产业间的知识溢出程度；$T$ 是产业的公共知识水平（公共研究机构和大学知识）；$(\theta \sum_{j \neq i} M_j + T)$ 是企业可以利用外部知识资源的总量；$\gamma_i$ 是企业吸收能力，它是吸收能力模型的关键变量。他们认为 $\gamma_i$ 依赖两个参数 $M_i$（内部的研究开发，即内部的知识存量），$M_i$ 是以递减的速度增加企业的吸收能力。❶

库斯马诺（Cusmano，2000）在科恩、利文索尔的吸收能力研究的基础上，进一步提出相关研究能力。企业相关研究能力假设企业互动学习的效率依赖三个因素：企业知识基础性质和水平、企业间的认知距离和特定技术领域的知识特征。相关研究能力是对知识流的评价、处理和利用的能力。相关研究能力提出技术关联和多样化问题权衡问题。企业间的技术关联有助于企业间合作，技术多样化提高知识存量，但是其对知识生产的解释仍然局限在研究开发互动上。其研究建立在演化经济学的理论假设上，认为经济代理人（企业）是异质的，技术互动是知识和创新的重要来源。企业的异质在于企业具有互补资源和能力。

由于企业间合作研究开发已经成为企业的重要行为，在科恩、利文索尔的知识来源——内部研究开发和溢出的基础上，库斯马诺提出合作研究也是企业知识的重要来源。用数学公式表示为

$$Z_{it} = R_{it} + r_i(\theta \sum_{j \neq i} R_{jt} + T_t) + \sum_s a_{ijs} CR_{ist} \qquad (5-8)$$

---

❶ COHEN W M, LEVINTHAL D A. Absorptive capability: a new perspective on learning and innovation [J]. Administrative Science Quarterly, 1990 (35): 128.

式中：$Z_{it}$ 表示在某个时间企业知识量；$R_{it}$ 是 $i$ 企业内部的研究开发；$(\theta \sum_{j \neq i} R_{jt} + T_t)$ 是溢出；$r_i$ 是上面所提出的吸收能力；$T_t$ 表示在某个时间产业的公共知识水平；$CR_{ist}$ 是 $i$ 企业在 $s$ 技术领域的投资；$a_{ijs}$ 是合作伙伴 $j$ 企业在 $s$ 技术领域转移有价值知识给 $i$ 企业的程度（有价值知识指可以很快转变为升级能力的知识）。所以，企业不但应该具有科恩、利文索尔的吸收能力，同时还应该具有整合能力。吸收能力的对象是外部存在的有价值知识，而整合能力的对象是合作伙伴的分散知识，创造新知识。相对于吸收能力，整合能力对于企业知识的创造更为重要，因为外部知识可以简单吸收的比例并不大，更多地还是需要整合。所以，库斯马诺提出基于吸收能力和整合能力的相关研究能力，并且认为技术领域的特征决定吸收能力和整合能力在相关研究能力中的相对作用。简单而言，吸收能力适合于编码知识；而整合能力适合于隐性知识。事实上，技术的利用是有成本的，吸收能力和相关研究能力从相反的方向研究企业搭便车是需要成本的。❶

(三) 全球制造网络学习能力模型的构建

我们在 Cusmano 模型的基础上，将提出全球制造网络学习能力模型。

知识资源是全球制造网络学习能力的基础，知识资源包括显性知识和隐性知识，二者共同决定企业内部的学习能力和升级能力，我们用 $\sum R_{it}$ 表示企业内部的学习能力。

$$\sum R_{it} = \pi(T_{it}) \sum \nu(P_{it}) \qquad (5-9)$$

式中：$\nu(P_{it})$ 代表显性知识，$\pi(T_{it})$ 代表隐性知识。显性知识存量越多，企业学习能力就越强，而具有合作倾向的隐性知识从各方面与显性知识相结合促进企业学习能力的提高。

全球制造网络内部相对于全球制造网络外部的竞争优势在很大程度上依赖于全球制造网络内部企业之间知识资源的共享，全球制造网络内部的企业之间交往密切，在一定程度上能够互相吸收其他企业的隐性知识，并且能够整合多个企业的显性知识，以促进创新。一般说来，全球制造网络内部社会资本越

---

❶ LUCIA CUSMANO. Technology policy and cooperative R&D：the role of relational research apacity [R]．DRUID Working Paper No. 00 - 3, 2000：68 - 70.

高，其交易成本就越低，全球制造网络的正外部性就越大，吸收能力和整合能力就越强；而全球制造网络的关联度越高，分工合作程度越深，范围经济就越强，其合作效率就越高。我们将全球制造网络的吸收能力表示为 $\kappa(\zeta,\beta)$，整合能力表示为 $\lambda(\zeta,\beta)$。其中，$\zeta$ 为社会资本指数，$\beta$ 为关联度指数。

由于全球制造网络知识的扩散，隐性知识的传播带来的学习能力的提高可以表示为

$$\chi = \sum \sigma_{ji}[\pi(T_{it}),\zeta]\kappa_i(\zeta,\beta)\pi(T_{jt}) \qquad (5-10)$$

式中：$\sigma_{ji}$ 为 $j$ 企业的隐性知识溢出到 $i$ 企业的程度。实际上，隐性知识溢出的程度 $\sigma_{ji}$ 也受 $\pi(T_{it})$ 和 $\zeta$ 的影响，隐性知识和社会资本具有合作和学习倾向，则 $\sigma_{ji}$ 就大。

显性知识的整合带来的学习能力的提高可以表示为

$$\omega = \sum \delta_{ji}[\pi(T_{it}),\zeta]\lambda_i(\zeta,\beta)V(P_{jt}) \qquad (5-11)$$

式中：$\delta_{ji}$ 为 $j$ 企业的显性知识溢出到 $i$ 企业的程度，它也是隐性知识和社会资本的函数，隐性知识和社会资本具有合作和学习倾向，则 $\delta_{ji}$ 就大。

此外，全球制造网络学习能力不仅仅是在全球制造网络内部获得，全球制造网络也将通过桥梁式的企业或人物从全球制造网络外部获得知识，从而提高其学习能力。全球制造网络究竟在多大程度上向外界学习，依赖于全球制造网络的隐性知识和社会资本。如果全球制造网络的隐性知识和社会资本是基于信任的和开放的，则全球制造网络可能从外部获得更多的学习能力。我们将全球制造网络外部学习能力表示为

$$\psi = \sum \varphi(\pi,\zeta) \qquad (5-12)$$

式中：$\pi$ 为该全球制造网络主流的隐性知识，$\zeta$ 为社会资本。隐性知识和社会资本具有合作和学习倾向，则全球制造网络的外部学习能力就强。

这样，全球制造网络学习能力就可以表示为

$$S_{it} = \sum [\nu(P_{it}) + \pi(T_{it})] + \sum \sigma_{ji}[\pi(T_{it}),\zeta]\kappa_i(\zeta,\beta)\pi(T_{jt})$$
$$+ \sum \delta_{ji}[\pi(T_{it}),\zeta]\lambda_i(\zeta,\beta)V(P_{jt}) + \sum \varphi(\pi,\zeta)$$

$$(5-13)$$

## 五、组织学习与全球制造网络升级能力的实现

Todtling 和 Kaufmann 在对区域创新系统研究时，曾得出结论："知识的溢出构成了全球制造网络升级能力的本质特征。"这一点我们在前文分析知识流动与全球制造网络升级能力的关系中已经论证。而知识溢出通过全球制造网络各行为主体的互动学习来实现，正是由于正式或非正式互动学习的存在，导致了全球制造网络内部各成员研究开发活动所产生的知识技能以及外部吸收的知识技能得以在全球制造网络内顺畅地流动，从而促进了全球制造网络成员升级能力的提高。因此，全球制造网络学习是全球制造网络升级能力实现的一条重要途径。

在全球制造网络系统中，全球制造网络学习本身就是一个子系统，它几乎囊括了全球制造网络中所有重要的因素，如人、组织、决策、沟通、技术等。通过周密筹划的正式组织学习过程和更多存在的无意识的非正式学习，全球制造网络各行为主体不仅可以提高内部资源、知识的利用率，不断创造出新知识技能，提高升级能力，而且可以从学习中得到学习，不断提高自身适应环境的能力，弥补缺陷与不足。在后福特制时代，任何组织的成长过程都是一个持续的学习过程，组织每一项进步都是通过学习实现的。开发一种新产品，引进一项新技术、新方法，或者改造企业的组织结构、推行新的管理制度，都需要企业更新原有知识，吸收或创造出新知识，而知识的吸收创造是靠学习来完成的。可以预见，未来真正有生命力的组织是那些善于学习的组织。从这一点上来说，全球制造网络学习促进了全球制造网络组织的生存与发展。

从全球制造网络创新角度来看，技术的创新与发展使得全球制造网络企业的生产成本下降，从而使得全球制造网络具有成本上的竞争优势。而这一成本下降的竞争优势根本上是由全球制造网络学习来实现的。图5-6中的学习曲线描绘的是全球制造网络中企业累积产出与企业单位产出所需投入数量之间的一般关系。可以看出随着企业生产数量的增加，单位产出的成本是不断下降的，并且在累积产量达到一定数量后会日趋平稳。这种单位产出成本的下降并不是规模经济所带来的，因为全球制造网络企业多数是中小企业，那么这种成本的下降是在生产规模不变，随着总产量的增加而带来的。随着产量的增长，学习导致生产成本的下降主要来源于四个方面：①工人生产的熟练程度提高

了；②经营者学会了更加有效的生产组织方法；③技术人员对机器等生产工具进行了某些有效的改进；④原材料供应商可能学会了如何处理企业所需的材料，并且将此优势以较低的材料成本的方式传递给该企业。由此可以看出学习之所以导致生产成本的下降，最根本的原因在于生产者的生产技能和管理能力在生产过程中得到了提高；另外，这些生产技能和管理能力又根植于这些参与具体生产过程的众多个体之中。

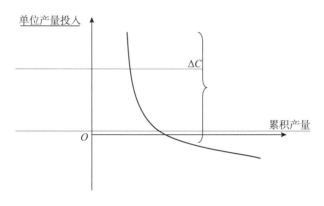

图 5 - 6　学习曲线

　　另外，全球制造网络内部发达的网络关系不但可以使这些新的生产技能和管理经验通过人员的流动扩散到全球制造网络内的其他企业中，而且可以使这些新的生产技能和管理经验在全球制造网络内部人员频繁的交流中迅速扩散到全球制造网络中的所有相关行为主体中去。由此可以看出，全球制造网络内部的学习效应，对全球制造网络组织的壮大以及整体升级能力的提高具有明显的作用。这主要体现在两个方面：一方面降低了企业的创业门槛，具体来讲主要是为全球制造网络内新企业的衍生和发展提供了技术、资本、劳动力、企业家能力和市场拓展等完善的便利条件；另一方面处于学习曲线底部的生产技能和管理经验在全球制造网络内迅速扩散也大大降低了开办新企业的创业风险，特别是使大多数全球制造网络内企业规避了创新和磨合风险 $\Delta C$。全球制造网络学习效用所带来的对创办新企业所需资本的极大节省和稳定的成熟生产技能及管理经验的扩散机制不但对缓解全球制造网络区域发展初期资本、技术和企业家才能等要素十分稀缺的状况具有十分重要的作用，而且在现实中也使得全球制造网络区域起到了新企业孵化器的作用，对促进企业的衍生和增加集聚内资本的积累、技术的创新等都具有关键性的作用。由此可以看出，正是全球制造网络学习效用的存在，才从根本上解决了制约产业发展的知识累积因素和最大限度地降低了投资以及创新风险。而全球制造网络内新企业的衍生无疑对全球制造网络整体升级能力的提升起到了积极的作用。因为新企业往往是创新活力和动力十分充足的企业，要在市场上站稳脚跟并获得发展的赶超愿望十分强烈，因此会积极参与创新活动，多方提升升级能力，这最终将提升全球制造网络整体升级能力。

从上面的分析我们可以看到，全球制造网络学习是全球制造网络升级能力乃至竞争优势提升的重要发展途径，影响全球制造网络整体升级能力提高的因素（如全球制造网络企业的衍生和成长、创业和创新风险的降低以及全球制造网络内外知识的吸收、扩散、整合与创新）都是通过全球制造网络学习来实现的。全球制造网络正是基于学习能力而实现的升级能力，进而表现出竞争优势的。

# 第四节　协作竞争与全球制造网络升级能力

前文我们分析了全球制造网络学习是提升全球制造网络升级能力及竞争优势的重要途径，而全球制造网络学习机制作为一种实现全球制造网络竞争能力的途径要真正运转起来，还需要借助一定的动力机制，这种机制就是全球制造网络中各行为主体之间的协作竞争关系。模块化体系结构创新其本质上是在原有的规则、界面成为整个体系发展瓶颈时，通过模块企业的协同来实现规则的演化。一方面新的规则带来巨大的利益，另一方面在知识共享过程中，原来模块隐性化的一些技术秘密不成为秘密，这将削弱部分成员的谈判优势。联盟的成员也会担心平台的领导者，会利用新界面对其他成员进行价格掠夺或者专利敲诈。因此实现结构创新的协同需要建立协作竞争机制，否则结构性创新难以发生。

## 一、协作竞争与全球制造网络升级能力的实现

协作是指事物或系统在联系和发展过程中其内部各要素之间的有机结合、

协作、配合的一致性或和谐性。竞争是指两个或两个以上的事物或系统彼此妨碍或制约，以及为了各自的利益相互对立、相互排斥或相互争夺。协作竞争是指协作与竞争矛盾的双方相互引导、相互转化、相互联系、相互依赖的对立统一过程，竞争导致协作，协作引导竞争。在后福特制时代日益激烈和复杂的竞争环境中，企业通过一定程度的合作和资源共享来寻求竞争优势已成为一种趋势，而竞争与协作相统一的协作竞争是知识经济时代的竞争观念创新。全球制造网络中企业之间的关系表现为协作竞争关系，协作竞争是全球制造网络中企业升级能力的一种重要实现形式。

（一）竞争关系与全球制造网络的升级能力

全球制造网络是一个有机的系统网络，网络中各个单位作为在市场中自主行为的主体，为在市场中取得优势，必然存在竞争关系，并且大量企业在地域上的邻近更是加剧了它们的竞争。同时全球制造网络区域内企业与区域外企业的竞争也十分激烈。竞争则给群内企业带来压力和动力，促进全球制造网络内企业不断地进行创新寻求优势，以适应复杂的市场变化。正如波特所说的："合适的竞争对手能够有助于企业增加持久的竞争优势以及改善所处产业的结构。"❶ 因此，群内企业的竞争关系实际上可作为一种动力机制，能增强企业的升级能力和整个全球制造网络的竞争优势。

进一步而言，全球制造网络中的企业创新行为实际上就是一种为了赢得市场，并获得生存和发展的竞争行为，我们可将其称为创新性竞争。企业的发展关键在于创新，谁能够在技术创新方面取得成功，谁就能获得竞争优势。

一方面，全球制造网络创新性竞争的性质有助于知识创造过程的实现。全球制造网络中的创新是众多中小企业通过知识的不断差异化及其重新组合完成的。因此，全球制造网络中的竞争本质可用创新性竞争来表示。知识的创造包括知识的差异化（增量创新）和知识的重新组合（存量创新）两种形式。产业集聚首先促进和加速了知识的差异化过程，因为，产业集聚所带来的人才的高度流动性、各种生产要素和服务的可获得性为通过创建新企业实现知识的差异化提供了便利。而在传统生产方式下，以这种方式进行增量创新几乎是不可能的。美国统计学家艾克斯和奥德莱斯克（Acs，Audretsch，1990）在对美国

---

❶　PORTER M E. Competition advantadge ［M］. New York：Free Press，1985：58.

小企业行政管理数据库所提供的创新数据进行全面分析后发现，美国小企业的平均创新率高于大企业。与增量知识创新相比，全球制造网络的创新性竞争更重要的内容是知识的重新组合或存量创新。差异化知识的交流和互动是知识重组的前提。在传统生产方式下，公司及其各部门之间严格的界限成为知识交流的障碍，而中小企业之间频繁的知识交流和互动是全球制造网络的重要特征。在产业集聚活动中，实现知识存量创新的重要形式是在同一知识创新点上若干中小企业的竞争。知识创新本身是一种探索性的活动，存在很大的不确定性。若干企业在同一创新点上的竞争创造了多种选择余地的价值。这种竞争形式通过产生更多的选择余地为新的主导设计的产生提供了更大的空间，同时也为知识的重组提供了更多的机会。因为新的"主导设计"既可能来自某一最优选择，也可能来自对多个选择的综合。竞争为新的"主导设计"的诞生提供了一个有效的激励和选择机制。首先，在许多场合，同一创新点上的相互竞争的企业的资本往往是由同一个或相关的风险投资机构提供的，而这些风险投资者本身就是该技术领域的专家或企业的经营者。在创新活动的不同环节，他们都可以给创新企业提供指导，并对创新成果做出准确的判断和选择。其次，在全球制造网络中，其他中介机构（如专业技术协会、律师和其他学术机构）可以为创新企业及其成果的价值评定和交易提供帮助和服务。最后，在相对狭窄的空间范围内，处于集聚活动中的创新企业之间的信息和知识交流是频繁的。因此，在全球制造网络中的创新性竞争为全球制造网络知识的传播、应用和扩散提供了一个重要途径，进而提升了全球制造网络的升级能力。

另一方面，产品差异化竞争刺激创新。波特认为"产品差异化是竞争的一个重要手段"，"竞争对手可以成为企业产品的价值信号"。❶ 群内企业集聚在一起，通过相互比较容易形成对某种产品或技术的衡量标准。对群内优秀企业而言，如果没有其他竞争对手，买方可能难以看到该企业的价值优势，因此可能对价格和服务更为敏感和挑剔，结果买方可能在价格、服务和产品质量上拼命讨价还价。当存在许多相互关联的竞争者的情况下，竞争对手的产品成为衡量相对性能的参照，使得优秀企业可以更具说服力地证明其优势性，更有积极性地去提升自身产品与竞争企业产品的差异度，降低差异化的成本，增加产

---

❶ PORTER M E. Competition advantadge ［M］. New York：Free Press, 1985：67.

品销售。劣势企业则迫于外在压力，为提高自身的差异化能力，只能不断创造出适应市场口味的新产品，以赢得市场，获得生存。可见，差异化竞争刺激了群内各式企业通过增强并提高产品升级能力来改善全球制造网络内的产品质量和整体盈利能力，提升全球制造网络的竞争优势。

（二）协作关系与全球制造网络升级能力

现代创新通常不是单个企业的活动，创新需要一个积极的寻找过程去开发新的知识和技术资源，并将其应用于产品和生产工艺中。在这一过程中，企业更加依赖于其他企业的互补性知识和技能，从互补能力和不同企业组合中获得协同作用，以及对环境变化进行应对的必要性，都促使企业在竞争中求合作，推动了全球制造网络合作关系的发展。因此，全球制造网络中企业的创新行为又是一种协作行为，我们可以将其称作协作性创新。由于创新的高投入和市场的不确定性带来单个企业技术创新活动的高风险，再加上许多企业（特别是中小企业）普遍存在创新资源不足的问题，因此单个企业难以进行有效地技术创新。而全球制造网络中的企业可以利用地理位置上的邻近和产业的关联，通过资源共享、优势互补、共同投入、风险共担实现合作创新，既可以克服资源不足的困难，又可以分散风险，提高升级能力和创新效率，使竞争双方实现双赢。

首先，基于企业间技术合作与战略联盟的合作关系有助于提高全球制造网络的升级能力。企业是创新的主体，企业间的技术合作和技术战略联盟能够获得技术创新资源，取得规模经济的效益。企业与其上游和下游的企业甚至竞争对手在生产、销售、产品开发、售后服务等方面进行合作与交流，虽然出发点是纯经济联系，但通过合作共同解决技术难题、研制新产品，有助于提高企业的创新绩效。地理上的集中本身有助于在产品制造者、供给者与顾客之间产生一种更为自由的信息传播，相当数量的创新正是由于正确了解顾客的需要，以及发现供给上的特殊问题而产生的结果。也就是说，精明的客户市场"窗口"的性质对创新是有利的。同时在战略联盟中，某些处于群内核心地位的企业通过与区外进行知识信息技术的交流，吸收了外部创新能量，并会很快地将这些能量扩散到全球制造网络内部的其他企业，从而提高其他企业的升级能力。

其次，基于资源共享上的协作有助于全球制造网络企业降低创新风险，扩大创新资源的占有。由于地理的邻近，群内企业间可以共享资源（包括有形资源和无形资源）。对有限资源的共享主要是对现代化的基础设施、便利的交通通信工具以及配套的生产服务设施等的共享，这为企业间降低创新成本，进行正式与非正式的交流提供了必要条件。对无形资源（如知识、信息、技术和品牌形象等）的共享则是全球制造网络保持创新和竞争活力的源泉。资源的共享源于企业与企业间、企业与各种科研院校、行业协会及其他服务和中介机构间的横向网络关系以及产业链上下游的供应商和客户及用户之间纵向的生产交易网络关系。这种基于资源共享上的协作关系使群内企业不仅可以利用自身直接占有的资源，而且也可以间接地利用更多的非自有资源，这在一定意义上降低了创新的风险，克服了企业创新资源不足的障碍。

最后，全球制造网络内企业的协作关系有助于克服过度竞争造成的创新障碍。全球制造网络内的竞争关系为全球制造网络创新提供了压力和动力，但只有全球制造网络内企业存在良性竞争的条件下，全球制造网络的升级能力才会得到实现，整体竞争优势才会得以提升，而过度竞争则会产生负面影响。过度竞争在以中小企业为主的全球制造网络的发展中十分容易出现，这是因为中小企业全球制造网络中的众多企业在某一特定地域空间上高度集中，生存空间相对狭小，而且这些中小企业处于高度的专业化分工状态，一旦出现全行业的衰退或是缺乏市场规范，企业就会发生困难，经营者就易采取各种非良性的竞争方式（如低价倾销、偷工减料、制假售假等行为）。如果企业把主要精力放在不良竞争上，这种行为会在全球制造网络内迅速扩散，企业间正常信任关系的破坏必然会影响其创新努力，进而影响整个全球制造网络的发展。因此，为防止过度竞争、保持全球制造网络良性发展，必要的规制和持续的产业升级是必要的。而必要规制的一种就是由群内行为主体共同协作来制定行业规范以约束群内的不正当竞争行为，并且为了避免过度竞争所造成的两败俱伤的恶果，全球制造网络内的企业个体开始逐步有意识地加强与供应商、转包商和采购商以及与其他企业和公共科研机构的合作。此外，还通过参与行业协会等中介机构组织，加强与其他企业的多边合作，促进整个全球制造网络的信息和知识共享，不断开发新产品、新工艺，从而有助于推动全球制造网络产品的整体升级，进而带动整个全球制造网络的产业升级。

从上面的分析我们可以得出结论，竞争关系为全球制造网络升级能力和竞争优势的提升提供了动力机制，协作关系则为全球制造网络升级能力和竞争优势的提升提供了现实可能性。全球制造网络的良性竞争并不会削弱企业间的协作，相反会促使企业间的进一步协作，特别是有益于企业之间的长期协作。为了竞争必须合作，这是后福特制时代竞争的特点，正如美国学者乔尔·布里克和戴维·厄恩斯特所说："完全损人利己的竞争时代已经结束，驱动一公司与同行业其他公司竞争，驱动供应商、经销商之间在业务各方面不断竞争的传统力量，已不可能确保赢家在达尔文式游戏中拥有最低成本、最佳产品或服务以及最高利润。实际上，结果恰恰相反，为了竞争必须协作，以此取代损人利己的行为。"❶ 全球制造网络在实践中与其他组织相区别的一个重要特点就在于竞争和协作关系的有机整合，全球制造网络的升级能力在协作竞争的博弈中得以实现。

## 二、全球制造网络创新行为竞合博弈分析

全球制造网络中有许多同类企业和关联企业，协作竞争关系可以发生在两个企业之间，也可以发生在多个企业之间，还可能是企业与大学或科研机构之间。为了研究问题的方便，我们将之简化为两个企业间的关系进行分析。因为企业的协作竞争关系是市场经济中最常见的关系，所以具有代表性，并且全球制造网络的其他组织大多也具备行为主体的特征。

（一）全球制造网络中企业协作竞争博弈的基本性质

在全球制造网络创新过程中，企业协作竞争是一个动态过程，也是一个不断选择的过程，而这些过程存在两种基本状态：合作与背叛。于是，这种协作竞争博弈具有如下性质。

（1）企业行为的不确定性。两个企业可能信任对方，采取合作行为；也可能因为自私而采取背叛行为。

（2）个体理性。即企业的行为出发点是以最少的投入带来最大的利益，其博弈过程采取利益占优。当合作有利时，它会选择合作行为；当背叛能带来更多好处时，它就会选择背叛，而这一结果将给合作方带来一定的损失与风险。

（3）非零和博弈。协同竞争博弈是一种"非零和博弈"，协同竞争博弈可

❶　WEIJLAND H. Microenterprise clusters in rural Indonesia: industrial seedbed and policy target [J]. World Development, 1999, 27（9）: 1515-1530.

以实现双赢。

（4）重复博弈。全球制造网络中企业之间的创新行为通常是合作的，而且往往是多次重复的，是一种伙伴关系，双方的博弈行为不会改变其博弈的结构，彼此都可以看到对方过去的行为。

（二）一个简单博弈模型的构建

为了建构模型和简化计算的需要，我们做如下假设：

（1）设 A、B 两个企业合作进行技术创新，每一次合作的总投入为 $T$（包括人力、物力、财力及技术资源等要素的投入，用货币进行折算）。其中，A 企业投入所占的份额为 $a$，B 企业投入所占的份额为 $b$，$a + b = 1$。

（2）如果企业互相信任，则企业采取合作行为，企业合作创新的收益 $c$ 按投入比例分配，其收益 $c$ 的大小与创新的合作效应系数 $k$（$k > 1$）正相关；A 和 B 企业都不互相信任，双方都采取背叛行为，则认为没有任何合作，创新也就不可能产生什么成果，不会产生任何收益，此时双方的支付都为 0；A 企业合作，B 企业自私，可以认为 A 企业的投入完全被自私方 B 企业获得，并导致今后的不再合作。反之则反是。

（3）设 A 企业采取合作行为的概率为 $p$，相应地采取自私行为的概率为 $1 - p$；B 企业采取合作行为的概率为 $q$，相应地采取自私行为的概率为 $1 - q$。

（4）设 A、B 企业之间的合作是受到一种正向激励，用 $\mu$（$\mu > 0$）来表示，也称作正向激励因子。合作的次数越多，合作越默契，这种现象可称为理性递增。合作所受到的激励具有累积性，存在一种经过时间传导的正向共同运动，每一次合作的成功都会在原来的基础上受到一次正的激励 $\mu$，$\mu$ 越大，合作创新效果越好，收益越大。

根据以上假设，可以构造 A、B 企业在第 $n$ 次合作创新时的支付矩阵，如表 5 - 5 所示。

表 5 - 5　支付矩阵

| 状态（概率） | | B 企业决策 | |
|---|---|---|---|
| | | 合作（$q$） | 背叛（$1 - q$） |
| A 企业决策 | 合作（$p$） | $G_{1A}, G_{1B}$ | $G_{2A}, G_{2B}$ |
| | 背叛（$1 - p$） | $G_{3A}, G_{3B}$ | $G_{4A}, G_{4B}$ |

下面进一步考察表 5 - 5 中 A 企业的行为与支付（在相同策略环境中，对局 B 企业的理性选择方式与 A 相同，因而就不在此重复讨论）。

第一种情况：当 A 企业与 B 企业均合作时，A 企业的支付矩阵（或称效用）为 A 企业按投入比例所得到的收入份额，用前 $n-1$ 次合作所带来的正向激励效应与上一次之差额的和，而第一次合作并未在过去行为中产生合作效应，因此为 $pqaT$。

$$G_{1A} = pqak \ (1+\mu) \ n-1T - pqak \ (1+\mu) \ n-2T + pqak \ (1+\mu) \ n$$
$$-2T - pqak \ (1+\mu) \ n-3T + \cdots + pqak \ (1+\mu) \ T - pqaT$$

整理得

$$G_{1A} = pqak \ (1+\mu) \ n - 1T - pqaT$$

也即

$$G_{1A} = pqaT \ [k \ (1+\mu) \ n - 1] \qquad (5-14)$$

第二种情况：当 A 企业合作、B 企业自私时，A 企业的支付矩阵为

$$G_{2A} = 0 \qquad (5-15)$$

第三种情况：当 A 企业自私、B 企业合作时，A 企业的支付矩阵为 B 企业投入的损失：

$$G_{3A} = q \ (1-p) \ bT \qquad (5-16)$$

第四种情况：当 A、B 企业均自私时，A 企业的支付为

$$G_{4A} = 0 \qquad (5-17)$$

由此，我们可将表 5 - 5 所示的支付矩阵简化为表 5 - 6 所示的支付矩阵。

表 5 - 6　简化后的支付矩阵

| 状态（概率） | | B 企业决策 | |
|---|---|---|---|
| | | 合作（$q$） | 背叛（$1-q$） |
| A 企业决策 | 合作（$p$） | $G_{1A}$，$G_{1B}$ | 0，$G_{2B}$ |
| | 背叛（$1-p$） | $G_{3A}$，0 | 0，0 |

（三）基于简单博弈模型的合作创新条件分析

从 A 企业的角度考察支付函数，此时 A 企业对自己的行为具有完全信息，而对 B 企业不具有完全信息。A 企业是选择合作还是背叛，关键在于它对选择

合作时（$p=1$）的期望支付与选择背叛时（$p=0$）的期望支付之差 $\Delta G_A$ 的大小。

$$\Delta G_A = \sum_{i=1}^{4} G_{iA}(p=1) - \sum_{i=1}^{4} G_{iA}(p=0) \qquad (5-18)$$

将式（5-14）~式（5-17）代入式（5-18），得

$$\Delta G_A = qT[ak(1+\mu)^{n-1} - 1] \qquad (5-19)$$

A 企业选择合作的条件是 $\Delta G_A \geq 0$，根据公式（5-19），得

$$qT[ak(1+\mu)^{n-1} - 1] \geq 0$$

又由于 $1 \geq q \geq 0$，$T \geq 0$，则

$$[ak(1+\mu)^{n-1} - 1] \geq 0$$

得

$$a \geq \frac{1}{k(1+\mu)^{n-1}} \qquad (5-20)$$

式（5-20）表明：

第一，当 $n$、$\mu$ 一定时，如果 $k$ 较大，$a$ 可以相对较小；如果 $k$ 较小，则 $a$ 可相对较大。由此，可引出第一个合作条件：当创新的合作效应较大，即预期的合作创新收益较大时，A 企业即使在创新过程中主动性（指该企业所占投入比例的大小和按比例分配所得到的相应创新收益比例的大小）较小，也愿意采取合作行为；当创新合作效应较小，即预期的合作创新收益较小时，A 企业只有在创新过程中主动性较大时才愿意采取合作行为。

第二，当 $k$ 一定时，如果 $n$、$\mu$ 较大，$a$ 可以相对较小；如果 $n$、$\mu$ 较小，则要求 $a$ 相对较大。由此，引出第二个合作条件：当合作次数较多，建立了一种信任关系以后，在过去合作中产生了较大正向激励，A 企业即使在创新过程中主动性较小，也愿意采取合作创新行为；当合作次数较少，一种信任关系没有建立以前，在过去合作中正向激励较小时，A 企业只有在创新过程中主动性较大时才愿意采取合作行为。

第三，从理论上来讲，博弈中的对局 B 企业的博弈行为与对局 A 企业的博弈行为在相同的策略环境中的理性选择方式相同。因此，其推导方式与 A 企业相同，可以得出 B 企业选择合作的条件是

$$b \geqslant \frac{1}{k\ (1+\mu)^{n-1}} \tag{5-21}$$

综合来看，两对局企业 A 与 B 同时愿意合作的条件应该是

$$\begin{cases} a \geqslant \dfrac{1}{k\ (1+\mu)^{n-1}} \\[2mm] b \geqslant \dfrac{1}{k\ (1+\mu)^{n-1}} \\[2mm] a+b=1 \end{cases} \tag{5-22}$$

可以看出，$k$、$n$、$\mu$ 越大，$a$、$b$ 所选择范围更大，A、B 两企业合作空间就越大，又由于 $a+b=1$ 这一条件，因而只有当 $a+b=1/2$ 时，两个企业对等投入，对等承担创新风险并对等分享创新收益时，双方才最有长期或重复合作创新的愿望，合作创新行为趋于稳定。

第四，再将式（5-21）对 $q$ 求偏导数，可得

$$\frac{\partial \Delta G}{\partial q} = Tak\ (1+\mu)^{n-1} > 0 \tag{5-23}$$

式（5-23）表明，$\Delta G$ 是 $q$ 的增函数。因此，第四个合作条件是：A 企业的合作愿望随着对局 B 企业采取合作行为的概率 $q$ 增大而增大。

由上述分析可知，全球制造网络中企业的创新行为实际上是行为主体的动态策略相互作用的过程，在动态行为中，多种因素影响着升级能力的提高。

具体而言，预期的合作效应系数 $k$ 值越高，企业合作创新的愿望就越大，从而越容易通过合作来提高升级能力。这种合作效应受到合作的结构、合作的沟通与合作过程中的管理等因素影响。而全球制造网络形成的动态网络结构将全球制造网络中各行为主体有机地结合起来，通过各种正式与非正式交流加强了沟通，并且为防止有害群体利益的机会主义行为，全球制造网络各行为主体也倾向于加强管理，从而提升了全球制造网络中合作效应的系数值。这也为我们提供了发展全球制造网络的着眼点。

美国芝加哥大学的社会学家科尔曼（Coleman，1988）教授在解释社会资本时，认为信任是一种新的创造财富的社会资本，良好的信任能促进社会群体中行动者的某些行动。在全球制造网络中，行动者因地域的邻近、交往的频繁、亲友的情缘等因素很容易形成与积累良好的信任资本，这使得创新合作的次数增多。而创新合作的次数越多，企业之间也就越能互相了解、相互信任，

从而形成一种默契，减少策略的不确定性，从而建立起稳定、长期的合作伙伴关系，提升合作升级能力。

激励因子 $\mu$ 越大，全球制造网络企业越有合作的愿望，合作创新的能力就越强。而合作双方的信息交流机制的完善，合作成果的公平分配，良好的合作制度环境、法律环境和文化环境等都有利于提高 $\mu$ 值。从这一点上来看，全球制造网络创新系统提供了提高 $\mu$ 值的可能，我们对全球制造网络的培育也可以从这些方面入手。

$q$ 的大小直接关系到企业选择合作创新策略愿望的大小，而 $q$ 值直接受到潜在合作利益、产业的关联程度、资产的互补性、群内的合作文化、企业的社会诚信、信息的传递机制等因素影响，全球制造网络的系统特征具备着这些因素作用的现实性和可能性。

从上面的分析中我们可以看到，全球制造网络升级能力的提升离不开全球制造网络的协作竞争的动态过程，与知识流动、组织学习一样，协作竞争也是全球制造网络创新行为的一个重要方面，是实现升级能力的一个重要途径。并且协作竞争关系中，协作关系在全球制造网络创新中更为显著，竞争则提供了协作创新的激励，而行为主体最终选择协作创新是在不断博弈的过程中动态选择的结果。同时行为主体动态选择条件的完善也为我们后面研究全球制造网络规制问题提供了一个落脚点。

# 第六章　国际产业分工转移下中国装备制造业升级的困境

中国装备制造业在以要素比较优势动态嵌入全球制造业价值链的过程中，充分参与了世界产业垂直专业化分工，取得了一定的规模收益，推动了本土装备制造业的快速成长，并通过全球价值链的技术溢出效应实现了部分产业升级的目标。然而，全球产业链和产品内分工价值链将装备制造业生产过程划分为不同"链节"，发达国家凭借其覆盖全球的跨国公司成为"链主"和"发包者"，垄断了装备制造业全球价值链的核心环节，由此享受链条的最大收益。而中国作为劳动力资源丰裕的发展中国家，以"接包者"的代工形式切入产品内分工体系，并形成装备制造业价值链中的"受控链节"，长期从事着低端模块的装配、加工组装和简单的制造生产活动。这意味着装备制造业价值链的"链主"和"受控链节"创造的产品增值是不相等的，由此导致二者在附加利益分配中极不平等。更为重要的是，中国装备制造企业可能长期被锁定在低端链节中，而一旦产品价格暴跌、要素比较优势丧失，本土装备制造企业将陷入困境。同时，位于低端模块生产的中国装备制造企业还会因为发达国家的封锁和自身系统创新能力的缺失而导致技术创新能力低下，难以实现产业发展向高端模块迈进，从而不利于产业升级和可持续发展。因此，作为当代世界参与国际分工程度最高的发展中国家，中国装备制造业应当充分利用新一轮国际产业分工转移的历史机遇，以遵循要素比较优势演化规律、获取产品建构优势和寻求开放式自主创新道路为路径，努力突破价值链的低端锁定和创新瓶颈，实现装备制造业的产业升级。

# 第一节　产品建构陷阱

作为产业微观机理理论的代表，产品建构理论对产品内分工陷阱进行了较好的解释，其主要通过产品内部的技术构成和产品价值链上的生产者关系两个维度对产品建构展开划分及描述，并解释了企业在产品建构中的不当选择将会使企业陷入产品建构陷阱的原因。

## 一、产品建构的模式及特征

产品建构理论（Product Architecture Theory）在考察企业组织形态的演变及优化过程中以产品结构为视角，是指能够促进系统内各单元灵活变换和相互协调的设计构想（Henderson，Clark，1990）。乌尔里希等在此基础上给出了更为具体的"产品建构"定义，认为它是一种描述构成要素间相互依存关系的技术系统，这个系统包括产品各功能组件的物理分布和功能安排，以及这些组件之间的界面规则（Ulrich et al.，1995）。Henderson 和 Clark 指出建构知识是关于将零散的技术知识整合连接形成一个整体的知识，与建构知识相对应的是建构能力（Architectural Competence）（赵建华，等，2007）。在对产品建构的描述上，产品内部的技术构成是主要方面，但在产品内分工的全球价值链中，产品价值链条中不同类型的生产者关系也极为重要，因此二者共同构成了产品建构的两个维度。以下将从这两个维度展开，对产品建构的类型和建构陷阱进行分析。

从第一个维度来看，可以依据产品内部的技术构成将产品分为模块型和集成型两种类型（周勤，周绍东，2009）。所谓模块型是指将系统内部的构成要素，按照相互依存关系的强弱整理分割成各自独立的模块，并通过标准化通用界面加以连接的一种建构特征；集成型是指允许产品部件之间存在复杂的耦合关系，实现物理基础上的功能共享（Ulrich et al.，1995；宋磊，2008）。在模块型的产品建构中实现了产品功能和产品部件的一一对应关系，而在集成型产品建构中，产品功能和产品部件之间往往存在复数形式的对应关系，表现为一对多甚至是多对多的对应关系。从第二个维度来看，可以根据产品价值链上不同生产者之间的关系，将产品建构分为封闭型和开放型两种类别。封闭型产品建构与企业垂直一体化的组织形式相对应，即科斯提出的"科层治理"模式，这意味着产品生产活动及所有环节均在一个企业内部完成，几乎所有交易费用都被内部化，此时企业拥有完整的产品价值链。相比封闭型产品建构模式，开放型产品建构对应于企业垂直专业化的组织形式，即威廉姆森所提出的"市场治理"模式。这意味着在产品生产过程中，不同的工序及环节在空间上由价值链条上的多个企业共同完成，不同企业进行分工并在产品价值创造的不同工序及环节中承担相应的责任，这些企业集中于产品特定组成部分的工序活动，由此实现了时空分离的片段化生产，围绕着最终产品形成了一个专业化的分工体系。

根据产品价值链组织形式的不同对产品建构进行分类的目的是为了实现理论与现实的一致性，即产品在技术构成上表现出的模块化或集成化以及在价值链中企业分工关系上的封闭性和开放性分别属于不同的维度。由于技术模块化并不是组织模块化的充分条件，那么模块化的产品建构并不一定导致开放的产品价值链；集成化的产品建构也并不一定导致封闭的企业关系。因此，我们在这两个维度的基础上对产品建构做进一步的分类，分别形成了封闭模块型、开放模块型、封闭集成型和开放集成型四大类别（见图 6-1）。

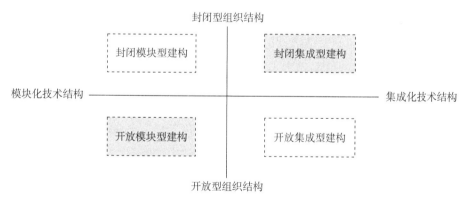

**图 6-1　基于建构的产品分类**

从现实经验的角度来看，以上四种产品建构类别均与相应的产品对应。在装备制造产品领域，工业机床是典型的封闭模块型产品，整个产品的工序及环节一般在一个企业内部完成，产品价值链被一个企业占有，在生产过程中通过标准化的界面和接口将不同的模块相互连接，产品的功能和组件一一对应。电子计算机是典型的开放模块型产品，作为一个完整的产品系统，电子计算机又可以划分为内部设备和外部设备两大子系统，在系统内部的主要模块有显示器、键盘、鼠标、主机板、内存条、硬盘、光驱、声卡和显示卡等，而每一模块又由若干的组件所构成。不同的模块和组件对应着产品的不同功能，如 CPU 从物理构成上看包括基板、核心、针脚三种组件，而这三种组件分别对应 CPU 的控制单元、逻辑单元和存储单元（白嘉，2012）。在计算机产品生产价值链中，由链条上的不同企业进行专业化分工，承担相应的模块及组件的生产以共同完成整个产品的生产过程。游戏软件、家用电器等是封闭集成型建构的代表，其产品的功能和部件呈现复数形式的对应关系，且产品价值的创造过程大多在一个企业内部完成，交易费用充分内部化。家用汽车是开放集成型建构的代表，家用汽车内部组件并非完全模块化和即插即用，但开放型的建构可以将汽车生产价值链上的多个工序和环节进行外包，如丰田汽车的"金字塔"形垂直专业化分工体系就是这种产品建构的标准形式。在此需要说明的是，每一种产品建构类型并非是绝对的，在产品内部技术构成维度上的模块化和集成化，以及在产品价值链中企业关系表现出的封闭性和开放性都是相对的。例如，家用汽车产品建构相对于电子计算机而言属于集成化产品，但相对于其他某些产品而言则是模块化产品。

## 二、两类产品建构陷阱

在以产品内分工为基础的新国际分工体系中，中国装备制造企业希望通过嵌入全球产品价值链获得价值链的知识和技术外溢，并在学习、吸收、消化、转化的过程中不断积累自身的知识水平和技术创新能力，从而实现企业的技术创新和组织创新，推动产业升级。中国装备制造企业实现产业升级的关键在于能否从价值链模块的低端向模块的高端发展，核心是自主创新能力的突破。然而，在以发达国家为"链主"的全球产品价值链中，发达国家通过垂直专业化分工将不同产品模块分散到世界各地的不同企业中，每个企业负责相应的模块生产，最终合作完成整个产品系统，而中国代工企业在参与全球价值链分工中往往陷入"低端锁定"和"创新乏力"两大陷阱。中国装备制造企业陷入"低端锁定"陷阱的原因在于，产品内分工是以产品的技术构成为基础的，

"链主"和"发包者"根据产品的技术构成将产品价值创造的各个环节分割成不同模块，不同企业根据自身的要素禀赋和比较优势承接不同模块的生产。中国企业具有的某些资源优势和劳动力比较优势成了产品价值链上的某个链节，并承担如组装、加工、简单制造等模块的生产活动，长期位于产品价值链的低端环节，极易被发达国家主导的全球价值链俘获，从而陷入低端锁定的境地。此外，中国企业还容易陷入"创新乏力"陷阱，这与中国装备制造企业在产品价值链分工中的组织形式有关。不少中国企业在进行垂直一体化生产过程中，忽视了与全球企业进行合作的机会，自身进行研发和技术创新，又往往因为知识积累的不足和创新能力的不足陷入"系统创新瓶颈"，甚至因为技术创新成果无法达到世界先进标准或是创新产品落后世界水平而陷入恶性循环。因此，中国企业在全球价值链中陷入低端锁定和创新乏力这两类产品建构陷阱是阻碍装备制造业产业升级的重要原因。

接下来，我们借鉴周勤、周绍东（2009）等的研究，通过构建产品建构函数（Product Architecture Function）对两类产品建构陷阱进行进一步描述。假设产品建构函数的形式为 $f = f(v, s)$，其中：$v$ 代表产品价值网络紧密度，$s$ 代表产品内部界面约束度，且 $0 < v < v_1, 0 < s < s_1, f(v, s) > f_1$，同时满足 $f'_v(v, s) < 0, f'_s(v, s) < 0$。

产品价值网络的紧密度 $v$ 描述了在产品价值网络中各企业之间进行合作的紧密情况，$v$ 越大则说明产品建构的开放程度越低，产品建构趋向于封闭，产品价值链条中的企业采取的是垂直一体化的科层治理结构；反之，则说明产品建构的开放程度较高，各企业以垂直专业化分工为基础，在产品价值网络中采取纵向分离和市场交易的方式进行合作。除了上述两种极端情况之外，介于科层治理和市场治理之间还存在许多混合治理形式，如战略联盟、供应链协调、产业集群等模式。这些企业合作方式存在于垂直一体化和垂直分离之间，在产品价值网络中既具有一定的开放度，同时也具有一定的封闭性。产品内部界面约束度 $s$ 描述产品本身的技术特征，$s$ 越大则说明产品各组成部分之间的关系越复杂，产品功能和部件并非存在一一对应的关系，产品的可模块化程度越低；反之则说明产品建构趋于模块化，产品组成部分之间的关系较为简单。由于 $f'_v(v, s) < 0$，说明产品建构函数是产品内部界面约束的减函数。我们可以将一个产品分为系统、模块和组件三个层次，需要注意的是，模块和组件之间

是可以互相转化的。当产品的技术性能提高，组件内部又出了新的子系统时，组件可以转化为模块；当产品的技术构成较为简单，模块也可以转化为组件。因此，可以从模块和系统层次来考察产品内部界面约束度的含义。

首先，从模块层次来看，假设某一组件与其他组件之间有 $L_t$ 个界面，那么任意一个组件在模块中的界面权重为

$$W_t = \frac{L_t}{\sum L_t} \tag{6-1}$$

当模块中存在 $n_t$ 个组件，则模块的内部界面约束度可表示为

$$S_n = \prod_I^{n_t} W_t \tag{6-2}$$

其次，从系统层次来看，如果某一模块与其他模块之间有 $L_n$ 个界面，那么任意一个模块在系统中的界面权重为

$$W_n = \frac{L_n}{\sum L_n} \tag{6-3}$$

如果系统中有 $Z_n$ 个模块，则系统的内部界面约束度可表示为

$$S_r = S_n + \prod_I^{Z_n} W_n \tag{6-4}$$

即

$$S_r = \prod_I^{n_t} W_t + \prod_I^{Z_n} W_n \tag{6-5}$$

从式（6-5）可以看出，一个产品系统内部界面的约束度是由各模块内部组件之间的界面约束度和模块之间的界面约束度组成。从模块层次来看，如果系统内模块的界面权重分布得越均匀，产品内部界面的约束度就越高。也就是说，产品内部界面约束度与系统内各模块界面权重分布的均匀程度呈正相关关系，反之则反。如果系统内模块的界面权重分布极不均匀，则表明系统内存在核心模块，核心模块在系统中的作用要显著大于其他模块，同时产品内部界面约束度较低，产品可模块化程度较高。

根据上述分析，第一类产品建构陷阱位于图6-1的第三象限中，即表现为开放模块型建构。在这种建构模式下，由于产品的技术构成具有很高的可模块化程度，因此产品价值链上的各个节点很容易被分割为不同的模块，由不同

的企业根据自身的比较优势承担相应的模块生产，处于"链主"地位的发达国家企业很容易"俘获"处于"链节"地位的中国企业。由于"链主"企业和"链节"企业在产品价值网络中采取的是开放式的合作关系，中国企业如果自愿充当低端模块供应商的角色，那么就极易出现在产品内分工体系中被低端锁定的问题，表现为当 $0 < v < v_1, 0 < s < s_1$ 时，$f(v,s) > f_1$。这种低端锁定状态主要表现为：中国装备制造"链节"企业被发达国家"链主"企业所俘获，从而被动从事主要依靠资源密集型、劳动力密集型等初级要素的低端模块生产，进行加工组装、简单制造等活动，而产品的设计、研发、销售终端、品牌等环节长期被发达国家企业占据。这种单纯的加工装配生产活动给"链节"企业带来的附加值理所当然是最低的，企业被锁定在这样一种低端状态也无法推进技术创新和组织创新，遏制了产业升级的步伐。这表明技术模块化并不能实现组织模块化，采用开放式产品价值网络治理模式会使"链节"企业落入产品价值链的低端锁定陷阱，并且一旦陷入产品内分工的低端锁定状态，很难得到突破。

第二类产品建构陷阱位于图 6-1 的第二象限中，表现为封闭集成型产品建构。在这种建构模式下，产品的技术构成表现为模块化程度很低而集成化程度很高时，产品的功能与组件之间存在复杂的耦合关系，没有标准界面和统一、明晰的界面规则，无法在技术层面对产品进行结构划分。如果企业此时采取垂直一体化的治理结构进行独立的研发和创新，不注重与产品价值链上的其他企业进行合作，就很容易出现路径依赖问题。过度独立的研发方式会使企业局限于既有的知识积累和技术水平，难以突破现有的系统认知层次和产品建构框架，难以获取关于产品新的系统知识，也难以在与价值链上的其他企业进行合作的过程中进一步提升自身的创新能力和技术标准，从而陷入系统创新瓶颈的陷阱，表现为当 $v > v_2, s > s_2$ 时，有 $f(v,s) \leq f_2$。这表明产品技术的集成化也并不能实现组织的集成化，在技术集成化前提下采用封闭式产品价值网络治理模式会使企业落入产品系统创新乏力的陷阱。如果不能实现突破，将使得企业缺乏创新的动力和潜力，无法实现产业升级的目标。

综合以上分析，对于产品价值链的低端锁定状态，"链节"企业不应当在技术模块化的产品建构下服从组织模块化的产品收益分配格局；反之，更应该增强自主创新的力度，努力培育高级生产要素并增强知识积累的水平和层次，实现从边缘模块供应商向核心模块供应商的角色转变，在产品价值链条中向高附加值环节攀升，积极主动地承担中高端模块的生产，冲破产品价值网中"链主"的俘获，从低端锁定陷阱中跳跃出来。这种变化反映在图 6－1 中为第三象限的开放模块型建构向第二象限的封闭模块型建构过渡。对于企业所处的系统创新乏力状态，"链节"企业不应当在技术集成化的产品建构环境中自我封闭，而应当与产品价值链条上的不同企业展开技术合作和战略协作，构建开放型产品建构模式。在与国际先进企业进行合作的过程中，要特别注重产品系统相关的知识吸收和积累，为产品的技术创新和更新换代做好准备。在技术集成化前提下，中国企业与产品价值网络中的其他企业展开合作能够打破企业对原有知识和技术框架的依赖，并以低成本的方式获得新的系统知识，提高技术创新的产出和效率。技术集成化并不是组织集成化的充分条件，因此，当若干链节企业在产品价值网络中展开合作时，应当充分发挥各自的比较优势快速占据产品价值链的关键节点，并持续提高关键节点的产品附加值，在开放式组织结构框架下展开有效的分工合作，克服产品系统创新的瓶颈，最终实现产品竞争优势的显著提升。这意味着技术集成化条件下开放式的产品内分工能够化解单个企业所面临的系统创新风险，这种变化反映在图 6－1 中为第一象限的封闭集成型建构向第四象限的开放集成型建构过渡。

### 三、中国装备制造企业的产品建构陷阱：案例解析

中国装备制造业在产业升级的过程中存在很多落入产品建构陷阱的案例。这些因落入产品建构陷阱而失去产业升级机会的装备制造企业，从微观上看是由于企业决策的失误，但从产业层面分析，是全球价值链分工下中国装备制造业在产业升级过程中难以逾越的发展阶段。基于此，我们在延续前文分析思路的前提下，以案例分析为出发点，探究本土装备制造企业落入产品建构陷阱的深层次原因，以期为装备制造企业突破"低端锁定"和"创新乏力"瓶颈提供启发。

（一）本土汽车制造业陷入"低端锁定"陷阱

20 世纪八九十年代以后，在消费需求和技术进步的影响下，汽车产品的建构特征开始由集成化向模块化转变，汽车产业技术上模块化的产品建构演变为产品内国际分工提供了现实条件。但在这一过程中，中国本土汽车制造业

却陷入低端锁定的困境。在中国特殊的背景和条件下，中国汽车制造产业的生产组织模式形成了以整车制造商为主导，多层零部件制造商环绕的环状结构（见图 6－2）。

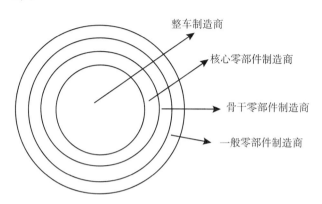

整车制造商

核心零部件制造商

骨干零部件制造商

一般零部件制造商

**图 6－2　中国汽车产业的生产组织模式**

在上述环状结构中，核心层是汽车整车制造商，其享有对零部件厂商的绝对控制权。而在中国，具有实力的整车制造商（轿车）绝大多数为外商投资企业。位于第二层的是核心零部件制造商，如动力总成模块和智能底盘模块中的关键零部件。在中国占据这一层次的通常为与整车制造商关系最密切的直属专业厂和全资子公司（唐春晖，唐要家，2010）。位于第三层的是骨干零部件供应商，一般情况下，整车制造商会在市场竞争机制下选择与两三家具有独立法人资格的供应商进行合作，通过参股、控股的方式参与这些骨干零部件供应商的管理活动，以使得供应商的生产活动服从整车制造商的整体部署。位于最外层的是一般零部件供应商（协作企业），协作企业负责整车企业的一般零部件采购与供货，形成与整车制造商之间的契约关系。整车制造商一般在每年年初与协作企业确定生产计划，协作企业按计划执行生产，在这些协作企业中，以本土一般零部件生产商为主，在空间分布上围绕整车企业展开，服从于整车制造商的生产管理与安排。从汽车产品内分工的角度来看，中国汽车制造产业在环状组织结构网络中大多承担的是车身、刹车鼓、车轮垫圈、轴承、挡风玻璃、汽车油箱等第四层的低附加值零部件产品生产，而具有高附加值的发动机、底盘、变速器等位于第二层的高端核心零部件产业则被外资企业控制。因此，在开放式垂直专业化分工条件下，中国本土汽车制造厂商长期充当发达国家企业的低端模块供应商，很难参与汽车高端模块的生产，得到的产品附加价值甚少，被锁定在产品内分工体系的低端，陷入产品构建的"低端锁定"陷阱。

中国本土汽车产业落入产品内分工"低端锁定"陷阱的原因主要有以下三点。

首先，发达国家对中国本土汽车企业的控制和封锁。在中国汽车企业充分参与国际产品内分工链条的过程中，外资整车制造商既希望充分利用中国劳动力低成本优势为其价值网络创造更高的产品附加利益，同时外资企业又必须对中国企业进行控制和封锁，防止中国企业进入骨干或核心模块，遏制中国企业快速攀升的势头。因此，外资企业采取的主导战略就是垄断市场和掌控行业核心技术，在掌控了高端模块的前提下，外资企业通过与本土企业进行股权合作，打破本土企业之间原有的分工合作机制，从而瓦解了中国汽车产业的组织体制，并强化了不同跨国公司主导的分割式汽车产业生产组织体制。外资企业将本土企业长期锁定在价值链的低端环节，并给予低端环节生产活动一定的支持，目的是进一步锁定中国企业的地位。当本土企业想要谋求更高层次的模块价值升级和重构产品价值网络时，就会与外资企业发生利益冲突，在此情形下，外资整车制造企业利用价值链高端垄断势力来限制、排挤甚至封杀本土汽车企业的发展，导致中国企业无法实现内源性产业升级。这也是为什么在大量外商投资企业进入中国整车市场的情况下，却没能带动中国本土汽车整车产品国际竞争力的提升和零部件产业的升级发展，相反却使中国本土汽车企业陷入"低端锁定"陷阱的根本原因（唐春晖，唐要家，2010）。

其次，中国本土汽车制造厂商自主开发与创新能力薄弱。国内汽车制造行业起步较晚，它们基本使用国外 20 世纪 80 年代中期的技术水平，虽然经过十余年的发展已有所改观，但仍与国外的先进技术相差很远。与此不同的是，外资整车制造企业技术资源丰裕，在新产品的开发上也具有较强的先发优势。而本土汽车企业基本上只能按整车厂提供的样机从总体上进行仿制，征得整车厂同意可以对局部稍作改进，一般不能搞自主创新、自行设计，很难有自主开发的机会。因此，中国的汽车企业在技术创新、市场准入等方面受到制约，很难形成自主知识产权。缺乏技术支持的中国企业也就很难成为整车制造商的高端模块供应商，而只能长期从事低端模块的生产活动。

最后，中国汽车零部件生产企业规模小、专业化程度低。目前，中国有几万家汽车零部件企业，但达到经济规模要求的很少，大型企业比例不到1%，大中型企业比例不到15%，零部件企业总体上"弱、小、散"的局面没有得到根本改观。地方、部门、企业自成体系，急功近利，不能从战略角度进行审慎投资，故雷同化严重，很难进入利润丰厚的高端市场。由于力量分散，所以整体优势难以体现出来，多数企业难以进入整车配套市场，而只能成为单一零部件供应商。

　　从产品内部界面约束度进行分析，在汽车生产系统中核心模块相对其他模块变得越来越重要时，说明各模块在系统中的权重分配是不均匀的，此时系统的界面约束度就越低，产品的可模块化程度就越高。这意味着当产品的主要部件都需要与核心部件相联系时，非核心部件之间的联系和界面规则就相对比较简单，产品就容易形成模块化建构。核心模块在产品建构中占据了最多的价值，整个系统创新的方向和路径必然由核心模块进行驱动，核心模块凭着其高度垄断势力成了产品价值链的"链主"，支配着价值链上的各个"链节"为其展开生产和服务。在汽车产业模块中，发动机、底盘、变速器等核心模块技术显然被外资企业所控制，技术水平相对落后的本土汽车企业极易被锁定在产品内分工体系的低端（见图6-3）。自主品牌汽车制造企业在向价值链两端攀升的过程中，原有的关键模块技术提供方出于各种考虑都会停止技术供给（如三菱公司对现代发动机技术的中断）或拒绝技术的适应性改进（如福特对奇瑞的发动机改进要求的拒绝），关键模块高昂的技术使用费也使自主品牌汽车制造企业难以负担（如丰田对吉利的发动机供给提价），因而自主品牌汽车企

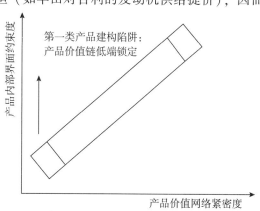

图6-3　本土汽车企业面临的产品建构陷阱

业升级将会遇到外资企业的强烈打压与排挤甚至封杀。从本质上来说，外资企业既希望利用本土企业的低成本优势来获取尽可能多的产品内分工利益，又要提防本土企业发展向核心模块的攀升能力，成为其既得利益的竞争对手。为了保护其核心利益不受损害，在模块化产品建构中，外资企业往往还采取局部垄断控制核心部件，造成本土配套模块企业和下游组装商之间的激烈竞争，从而坐收渔翁之利。

（二）本土手机产业陷入"系统创新乏力"陷阱

我国手机产业自1998年开始兴起，到目前为止主要历经了三个阶段：国产品牌机、"山寨"机和智能机。2003年，我国国产手机市场占有份额达到一个小高峰，超过外国品牌达到55%，其中波导、东信、夏新、TCL、科健等品牌进入销量前十名之列。但很快随着跨国手机公司对多个核心技术模块进行集成后，原有核心模块相对显性的接口、界面知识以及联系规则也一并内化为新集成模块内的知识，更多的显性知识实现内隐化，手机芯片这一关键部件的集成度越来越高。这意味着手机产品的部件和功能之间的对应关系变得更为复杂，不统一的接口界面标准极大地提高了产品内部界面的约束程度。在产品建构发生剧烈变化的时期，本土手机企业在产业竞争中败下阵来。国产品牌机时代宣告终结，低成本的原始"山寨"手机已被市场淘汰，而高成本的智能"山寨"手机又无利可图，其创新能力更是乏善可陈。原因何在？

第一，本土手机企业不能及时适应产品价值网络开放程度的变化，故步自封地热衷于外围架构创新上，缺乏利用全球资源和技术革新加快产品升级的战略眼光，丧失了手机市场需求急剧膨胀的大好时机，从而被市场竞争所淘汰。外围技术模块含有的内隐性知识较少，外围模块化创新对产业主流产品的差异化与功能提升作用有限。在国产品牌机阶段，本土手机厂商热衷于外观、颜色甚至配饰的设计，"外观导向"的创新格局难以树立高技术壁垒，潜在进入者大量涌入，恶性竞争严重，最终连最基本的产品质量都无法保证，更不要说技术改进了。例如，Wavecom的集成方案将TCL等手机厂商和设计公司限制于"外观导向"的工业设计以及工艺创新，而中国台湾联发科技（MTK）推出"交钥匙"方案之后，品牌机时代的中电赛龙、德信无线等大型手机设计公司反而纷纷倒闭或转产，取而代之的则是仅从事手机外形设计和"抄板"等业务的小型设计公司，而且制造环节的创新也变为小作坊的"搭积木"活动。

进入"山寨"机阶段，国产手机创新更多为通过外围技术模块及其组合来模仿市场上流行的品牌机的功能与外形，尽管"山寨"机的技术水平和复杂度总体上比以前的国产品牌机高，但通过渐进革新来进行芯片创新的可能性更小。总之，国产手机企业并没有及时调整在核心技术与研发上的产品价值网络，依然走的是外围创新的路子，这加速了其陷入产品建构陷阱的速度。

第二，本土企业没有意识到生产集成化产品前期需要巨大的研发投入，这实际上就是认识和掌握集成化产品系统规则所必须付出的成本。任何产品在开发前都需要一个完整的产品架构信息结构，而这个信息结构就是鲍德温、克拉克（Baldwin，Clark，2000）所说的"看得见的共同设计规则"，用于指导产品各部件的独立开发活动。因此，充分熟知产品信息事实上对集成系统商提出了极高的要求，在对产品建构进行认知的过程中需要耗费大量的成本。如2005年，中国台湾的芯片厂商MTK推出了集成多媒体娱乐功能的手机芯片平台和"交钥匙"方案，简化下游厂商的开发工作，迎合了中国市场对低价多媒体手机的需求，山寨产业由此兴旺。但MTK在手机芯片的设计与创新过程中投资是巨大的，不论是设计研发还是产品创新都耗费了大量成本。相比MTK的技术创新投资，国产手机厂商却只是跟随MTK的技术进行外围模块的创新，不敢进行跨越性和前瞻性的研发投资，随之就形成了MTK产品价值链的下游环节，无法实现技术突破，也使得低成本"山寨"手机在本土市场上风起云涌。

第三，模块化变革引发的产业创新风险。模块化创新有时会由于解构已建立的组合原理和技术部件的需要，而出现模块化、模块化集成以及模块化重构的往复。核心模块集成、核心架构重构等产业技术模块化变革对于作为主导者的跨国公司而言，是长期的技术与能力积累而发生的质变，然而对于我国产业则是突发性的被动变革，会对我国产业刚刚积累的产业技术创新优势进行破坏。例如，模块化变革引发的产业创新链的大范围调整，会造成很高的创新沉没成本：国产品牌机时代的手机设计公司在底层指令交换、调频等应用软件开发上已具有一定的能力，然而MTK"交钥匙"方案迫使这些设计公司纷纷倒闭或转产；智能机涵盖了手机、网络、计算机等相关技术模块，但并没有更多地整合"山寨"机的配套创新链，使得原先产业的大量创新投入沉没。

第四，本土手机企业经过多年的发展和市场检验，在手机芯片的研发和创新上也具备了一定的实力，但对于智能手机核心模块的建设，与国际一流的三星、苹果等厂商相比，仍有很大的提升空间。本土手机企业尚未完全改变传统闭门造车的经营老路，仍主攻手机的外围模块与架构，未主动寻求与世界知名手机厂商的合作，失去了开发拥有自主知识产权和差异化新产品的机遇，从而陷入了第二类产品建构陷阱（见图 6 - 4）。相反，中国台湾的 HTC、韩国的三星、美国的苹果等企业较好地借助本地在传统手机芯片制造方面的巨大优势，成功地实现智能手机这一集成化产品的系统创新和核心技术突破。

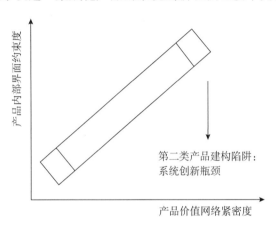

图 6 - 4　本土手机企业面临的产品建构陷阱

　　尽管不少本土手机企业在产品集成化浪潮中败下阵来，但并不乏本土企业摆脱外资控制，从第二类产品建构陷阱中成功突围的案例。如新兴的国产智能手机代表——小米手机，采取了开放型自主创新的模式，小米研发团队注重手机核心芯片和产品的研发，使得小米手机配置与高端国外机可以相提并论。同时小米在产品研发与更新中，以开放式的姿态主动参与产业链和价值网络的分工并占据有利节点，借鉴国外 Android 系统、iOS 系统手机的核心技术，开发出米聊、小米盒子等一系列智能手机配套产品，并及时更新手机核心系统，满足了小米发烧友的全面需求。小米的成功不但与产品研发、创新紧密相关，更重要的是将自身主攻点定位于独特的营销模式、商业模式与竞争战略上。在营销模式上，小米手机除了运营商的定制机外，只通过电子商务平台销售，最大限度地省去中间环节。通过互联网直销、市场营销采取按效果付费模式，这样的运营成本相比传统品牌大大降低，最终实现终端销售价格的降低。在商业模式上，小米也可以和传统手机厂商一样靠硬件盈利，但小米却把价格压到最低、配置做到最高。大部分手机厂商没有经营用户的认识，特别是国产品牌，只知道单纯地卖手机，却没看到手机作为移动终端背后的庞大市场。在竞争战略上，小米在不靠硬件赚钱的模式上发展手机品牌，软硬件一体化，定位于中档机市场，价格向下看、配置向高端机上靠齐，甚至领先。这个产品空间以及利润空间的考虑，其他厂商不太好进入。另外，手机与移动互联网混合的模式也使得小米没有竞争对手。因此，小米公司在手机产品集成化趋势越来越高的情形下，以开放的姿态主动参与价值网络合作，吸收借鉴国际有益经验，努力提升整体创新能力和水平，突破了产品建构陷阱，打开了一条独特的国产手机生存、发展之路。

## 第二节　低端锁定与创新瓶颈

延续前文产品建构陷阱的分析思路，本节对我国装备制造业处于发达国家跨国公司主导的全球价值网络的低端锁定地位以及陷入开放式自主创新瓶颈从而抑制产业升级进行分析。近年来，中国装备制造业在国际产品内分工中的地位有所提升，但主要的竞争优势依然集中在资源禀赋及劳动力低成本优势上，在参与发达国家主导的装备制造业全球价值链中从事低端模块的生产活动，很难实现向高端、核心模块的跃进，被发达国家俘获在价值网络的低端。与此同时，中国装备制造业在发达国家技术封锁的困境下，突破创新成为一种艰难选择。中国装备制造业在自主研发创新中时常陷入路径依赖，对新知识、新技术的吸收能力不足，对新产品系统的了解知之甚少，从而使得创新活动遭遇瓶颈。在低端锁定及创新乏力的状态下，中国装备制造业要想谋求产业升级仍需不懈努力。

### 一、中国装备制造业在全球价值网络中被"低端锁定"

以价值链解构和重整为特征的制造业全球制造网络的构建，为厂商进一步寻求比较优势和在不同价值环节获取更大的经济收益成为可能。产品内国际分工的新模式，推动了发达国家将产品生命周期的前后两个阶段逐步向中国等发展中国家转移。在产品生命周期的较前阶段，除了将关键核心技术和环节严格保留之外，发达国家会将易于进行标准化生产、规模经济效益显著或是对工资成本敏感的生产制造环节尽快向发展中国家转移；在产品生命周期的较后阶段，发达国家会将标准化产品生产"整体"转移至其他国家，由此推动了新一轮大范围的装备制造业全球转移与分工。随着全球价值网络分工的发展和深化，我国各地承接了大批国际装备制造公司的直接投资、产业转移和外包订单，中国装备制造业基于自身比较优势长期从事劳动密集型、低附加值、以加工组装为主的简单生产制造活动。正是在这样的价值链模块化分工模式下，中国装备制造业得到了快速发展，但本土装备制造企业作为这类低端生产活动的代工者切入产品内国际分工体系，显然无法获得与高附加值环节活动对等的收益（唐海燕，张会清，2009）。这意味着在全球价值网络中，生产分散化并没有实现收益分散化，相反带来了收益集中化，而我国本土企业在价值网上被"低端锁定"导致无法获得较高的产品附加收益。全球价值网络的这一特点决定了中国装备制造企业在面临经济危机时需要承受较大的风险，一旦世界需求萎缩，产品价格下跌，要素的比较优势丧失，企业就会面临严重困境，不仅无法形成持久竞争优势，还会阻碍产业升级的步伐。

（一）显性比较优势下中国装备制造业在价值网络中的位势

我们可以采用巴拉萨（Balassa，1965）提出的显性比较优势（RCA）指数来衡量一国特定产业主要产品的国际竞争力。RCA 指数的含义是某国某种产品的出口占本国总出口的比重与世界该种产品的出口占全世界总出口的比重的比。RCA 指数在一定程度上反映了一国某类产业在国际上的比较优势，由此可以推断该类产业的国际竞争力。在判定某类产业主要产品的国际竞争力程度时，一般采用日本贸易振兴协会（JETRO）设定的划分标准：当 RCA 值大于 2.5，则表示该国该产品具有极强的竞争优势；RCA 值介于 1.25 ~ 2.5，表示该产品具有较强的竞争优势；若 RCA 值介于 0.8 ~ 1.25，则表明该国该产品国际竞争力一般，且处于不稳定状态；若 RCA 指数值小于 0.8，则表明该国该产品的国际竞争力较弱。图 6 - 5 显示了中国及世界装备制造业强国的 RCA 指数及变化趋势：在 1999 年之前，我国装备制造业 RCA 指数一直低于 0.8，表明装备制造业产品完全不具备国际竞争力。2000 年，我国装备制造业 RCA 指数首次突破 0.8，并在 2000—2004 年位于 0.8 ~ 1.25，说明在此期间，我国装备制造业国际竞争力有所提升，但仍不稳定。2005 年之后，RCA 指数超过 1.25，并在此后一直保持上升态势，说明我国装备制造业已经具有了较强的比较优势。另外，我国装备制造业国际竞争力与世界强国相比差距仍然较大，特别是与美国、日本的差距明显。在 2010 年之后，美国、日本等制造业强国在经济危机之后大力重振实体经济，由此推动了高端装备制造业的新一轮快速发展。中国装备制造业虽然逐步缩小了与世界先进国家的差距，也实现了一部分的产业升级，但这是否意味着中国装备制造业摆脱了全球价值网络的"低端锁定"地位呢？

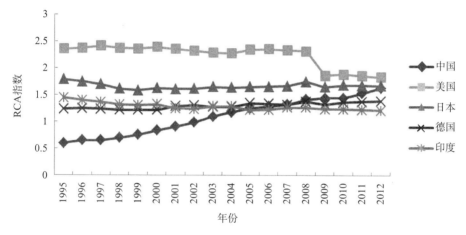

**图 6 - 5　我国与世界装备制造业强国的 RCA 指数比较**

资料来源：作者根据 UN Comtrade Database 数据，通过 RCA 指数公式计算得来。

基于 RCA 指数考察中国装备制造业的国际竞争力时只考虑到了出口因素却未涉及进口因素，而要全面分析一国参与产品内国际分工的状况就必须综合考虑出口和进口情况。首先，我们按照联合国 BEC 分类标准把产品分为四大类：初级产品、中间投入品、最终产品和其他产品。依照这种计算方法，我们分别测算了 1997 年、2007 年、2011 年的中国各类商品进出口比重（见表 6 - 1），借此来分析中国制造业在国际分工中的地位。从表 6 - 1 可以看出，测算的三个年份中，中国进口中间产品的比例分别为 62.3%、56.1%、45.7%，出口最终产品的比例分别为 61.4%、59.5%、57.5%，这说明中国的贸易结构呈现明显的进口中间投入品、出口最终产品的特征，反映了中国在全球装备制造业价值分工体系中主要从事以劳动密集型为主的加工组装环节。

表6-1 我国不同产品进出口比率

单位：%

| 类　别 | 出口比率 | | | 进口比率 | | |
|---|---|---|---|---|---|---|
| | 1997 年 | 2007 年 | 2011 年 | 1997 年 | 2007 年 | 2011 年 |
| 初级产品 | 5.1 | 0.9 | 0.9 | 10.6 | 19.5 | 28.4 |
| 中间产品 | 32.3 | 39.6 | 40.3 | 62.3 | 56.1 | 45.7 |
| 半制成品 | 24.3 | 23.0 | 23.0 | 44.1 | 28.9 | 22.8 |
| 零配件 | 8.0 | 16.6 | 17.7 | 18.2 | 27.2 | 22.9 |
| 最终产品 | 61.4 | 59.5 | 57.5 | 23.4 | 24.4 | 21.2 |
| 资本品 | 12.5 | 32.2 | 29.1 | 19.0 | 6.7 | 15.0 |
| 消费品 | 48.9 | 27.3 | 28.4 | 4.4 | 17.7 | 6.2 |

注：类别依据 SITC 标准。

（二）净贸易指数衡量下中国装备制造业在国际产品分工中的位势

进一步地，我们采用净贸易（NET）指数来分析中国装备制造业的国际竞争力。NET 指数的取值范围介于 -1 至 1，当 NET 取值为 1 时，表明该国该产品在国际市场上具有绝对竞争优势；当 NET 取值为 -1 时，表明该国该产品在国际市场上处于绝对竞争劣势。随着产品内国际分工的深入发展，一国的比较优势越来越多地体现在全球价值链某一特定环节的优势，而非传统的最终产品优势（孙军，梁东黎，2010）。图6-6 显示了中国在国际分工的各个阶段所具有的比较优势，我们看到在反映装备制造业竞争优势的资本品 NET 指数上，中国的竞争力未突破0.5，比较优势不明显，而作为中间产品的半成品和零部件 NET 指数长期低迷并在负值区间徘徊。这表明中国在半成品、零部件等中间产品设计制造方面的比较优势较弱，国际竞争力不强，处于相对劣势地位，这与我国装备制造业进口的大部分是高附加值产品，而出口的却多是低附加值产品的现实相符。中国在国际产品内分工中的优势主要体现在最终产品即消费品阶段，这与跨国公司将最终的加工组装生产阶段——标准化生产"整体性"转移至中国相符。中国装备制造业依然是依赖于劳动力比较优势嵌入全球价值网络的分工体系中，从事加工组装等低端模块的生产制造活动，且生产过程中需要大量进口中间产品，生产最终产品所需的重要零部件严重依赖进口。

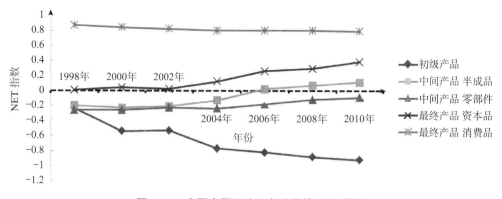

图 6 - 6　中国在国际分工各阶段的 NET 指数

资料来源：UN Comtrade Database.

从国际比较来看，图 6 - 7 显示，在产品内国际分工体系中处于第一梯队的是日本和德国，表现为这两个国家在半成品、零部件、资本品阶段的 NET 指数较高，而这几个环节正代表了发达国家在技术和资本密集型产品生产中的巨大优势，这些环节能够获得价值网络的最大收益。以韩国为代表的后发国家处于国际分工体系的第二梯队，其比较优势体现在零部件、资本品和消费品阶段，但半成品阶段的优势与发达国家相比还存在差距。马来西亚、中国、墨西哥等发展中国家则位于国际分工网络的第三梯队，马来西亚的竞争力体现在半成品、资本品和消费品阶段，零部件的比较优势较弱；中国的比较优势主要集中在消费品阶段，同时在资本品方面也具有一定的比较优势；墨西哥的国际竞争优势则只在以劳动密集型生产为特征的消费品阶段。NET 指数反映出一国在国际分工体系中和全球价值网络中的核心竞争力主要表现为零部件阶段的比较优势，特别是产品核心零部件的生产，因为核心零部件承载了产品大部分核心技术。例如，中国已是铸锻件生产大国，但火电、水电及核电装备的大型及关键铸锻件仍依赖进口；装备中技术含量高的产品配套还要依靠国外，如航空发动机、船舶、飞机的导航仪器仪表、信号系统、精密高档轴承、变频器、数控刀、量具、高速列车的刹车系统等；在重大装备领域，特别是高新技术装备、精微加工设备（如半导体加工设备）等核心配套及零部件几乎全部依靠进口。

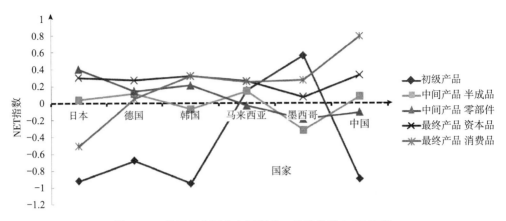

图 6 - 7　世界部分国家在国际分工各阶段的 NET 指数

资料来源：UN Comtrade Database.

具体到产业层面，我们将装备制造业产品分为资本品、中间品和消费品三大类进行考察。综合分析图 6 - 8、图 6 - 9：1995—2012 年，装备制造业各行业资本品的进出口总额总体上都保持较快增长。从出口来看，通信设备行业的资本品出口额最大，2012 年其资本品出口额为 2910.22 亿美元，占整个制造业资本品出口的 50.14%，其次为仪器仪表行业、交通运输设备制造业，2012年，这两个行业的资本品出口额分别为 675.77 亿美元、667.63 亿美元；从进口来看，1995—2012 年，装备制造主要行业进口额都呈现绝对数量的增长趋势，但就占资本品进口额的比重而言，具有一定程度的减少，特别表现在专用

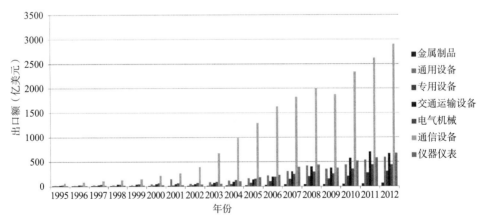

图 6 - 8　中国装备制造业分行业资本品出口额

资料来源：UN Comtrade Database.

设备、通用设备等行业，反映出我国装备制造业的技术和创新能力有所增强，对进口的依赖度有所降低。电气机械、通信设备等行业资本品进口占比先上升后下降，说明这些行业关键设备和技术从依赖进口到逐步形成自主创新体系需要一定的时间周期。图 6-10 显示了装备制造各行业的 NET 指数变化趋势，由此反映装备制造业在资本品阶段的国际竞争力。总体来看，我国装备制造业的国际竞争力仍然较弱，只有金属制品、通信设备等 NET 指数在 0.4 以上徘徊，电气机械、交通运输设备行业 NET 指数近年来有所上升，但仍然较小，而通用设备、专用设备的 NET 指数长期为负，再次说明我国装备制造业在资本品阶段国际竞争力还有很大的提升空间。

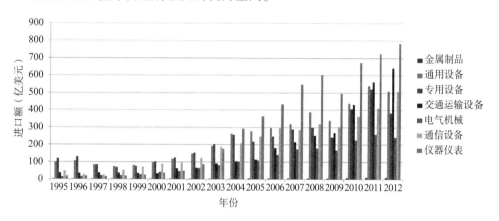

**图 6-9　中国装备制造业分行业资本品进口额**

资料来源：UN Comtrade Database.

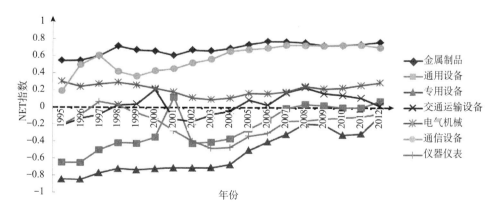

**图 6-10　中国装备制造业分行业资本品 NET 指数**

资料来源：UN Comtrade Database.

　　中间品阶段的产品贸易是产业内国际分工下装备制造业比较优势的集中体现。图6-11、图6-12显示，1994—2012年，中国装备制造业中间品进出口总额总体上保持了增长态势。Matsunaga（2006）的研究认为，外资的流入往往伴随着该国中间产品出口的增加。近年来，中国FDI的大量流入在一定程度上解释了中国装备制造业中间产品出口快速增长的原因。2012年，电气机械行业的中间品进出口额占制造业中间品总进出口额的比重是最大的，其进口和出口额分别为2781.79亿美元、1813.05亿美元，而其他行业中间品进出口额占比都较小，且比重较为平均。图6-13为装备制造业各行业中间品阶段的NET指数，我们可以明显看到，在以零部件环节为代表的中间品阶段中，中国

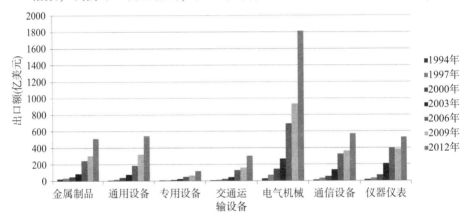

**图6-11　中国装备制造业分行业中间品出口额**

资料来源：UN Comtrade Database.

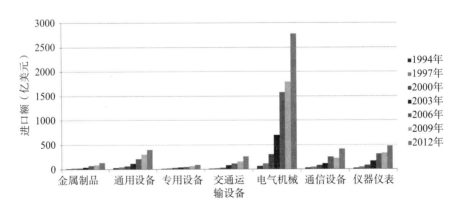

**图6-12　中国装备制造业分行业中间品进口额**

资料来源：UN Comtrade Database.

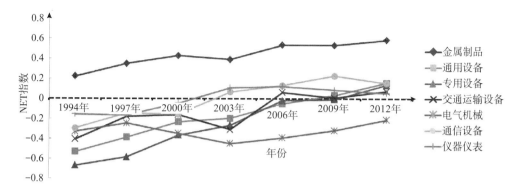

**图 6 – 13　中国装备制造业分行业中间品 NET 指数**

资料来源：UN Comtrade Database.

装备制造业几乎所有行业 NET 指数均在 0 以下，这说明绝大多数装备制造业部门所需的零部件依赖进口，电气机械、专用设备、仪器仪表等高技术产业的这一情况更为严重，再次说明了中国装备制造业整体在零部件环节缺乏竞争力，比较优势较弱，在国际产业分工链条中处于低端地位。尽管近年来本土装备制造业在中间品环节的 NET 指数有所提升，但主要依靠的是半成品阶段拉动，就核心零部件的生产而言，中国装备制造业依然被锁定在全球价值网络的低端，难以突破。

例如，在我国装备制造业的数控机床领域，在与国外厂商的竞争中，中国企业处于劣势的一个重要原因是尚未掌握核心技术和配套产品技术，这是我国数控机床产品发展的瓶颈。以数控机床的核心配套部件数控系统为例，国产中档数控系统的国内市场占有率约为 20%，而高档数控系统则 98% 以上需要进口。再以某立式加工中心需求客户要求生产企业的部件清单为例：原装进口日本发那科的数控系统、驱动及伺服电机；日本 NSK 的主轴轴承和滚珠丝杠；德国曼内斯曼力士乐的直线导轨；中国台湾谭兴公司的数控回转工作台，中国台湾首轮公司的刀库；日本山武株式会社的行程开关；瑞士科瑞丽华的接近开关；德国西门子的交流接触器。由此可见国内外配套零部件产品技术差距。在全球机床生产企业前 20 位中，我国仅沈阳机床和大连机床进入排名，其余都被日本、德国及美国等机床强国占据。

图 6 – 14 反映了中国装备制造业的比较优势主要集中在消费品阶段。

1996—2012 年，装备制造业消费品阶段的 NET 指数在 0.8 之上，充分说明中国制造业处于全球价值链分工的底端，劳动力资源的比较优势加速了劳动密集型产品的生产和出口，而这些劳动密集型产品大多属于消费品。综合以上分析可以得出，中国装备制造业的国际竞争力仍主要体现为劳动密集型，高技术产业的比较优势较弱；就产品内国际分工各阶段来看，中国装备制造业的比较优势主要集中在附加值较低的消费品阶段，而在附加值较高的零部件阶段是缺乏比较优势的，导致相当一部分装备制造业部门生产活动所需的零部件严重依赖进口，直接影响了中国装备制造业参与国际分工的最终收益。

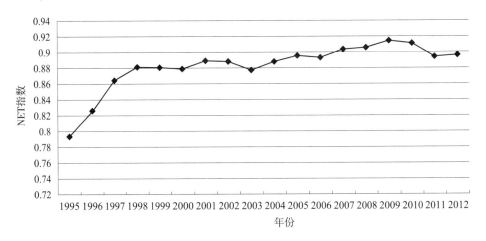

**图 6 – 14　中国装备制造业分行业消费品 NET 指数**

资料来源：UN Comtrade Database.

此外，根据联合国工业发展组织的分类标准，国际贸易中的工业制成品按照产品技术含量可以分为资源型产品、低技术产品、中等技术产品和高技术产品。图 6 – 15 列出了中国不同技术含量产品在国际分工各阶段的 NET 指数，可以看出中国在不同技术含量产品国际分工的不同阶段的比较优势具有显著差异：在不同的技术层级下，中国在消费品阶段的比较优势明显，而在资本品阶段只有低技术产品具有较强的竞争力。在半成品阶段只有低技术产品具有一定竞争力，在零部件阶段资源型产品和低技术产品具有比较优势，而中等技术和高技术产品的 NET 指数都为负值。由此可见，在资本密集和技术密集的装备制造业发展方面，中国的国际竞争力还远远不足。因此，从技术层级上看，中国装备制造业在全球价值网络的高附加值环节体现的比较优势主要集中在资源型产品和低技术产品上，这表明中国仅在低技术产品领域处于全球价值网络的主导地位，而核心技术能力的缺失导致大多数中国本土企业在中高技术产品领域处于全球价值网络和国际分工体系的从属地位。

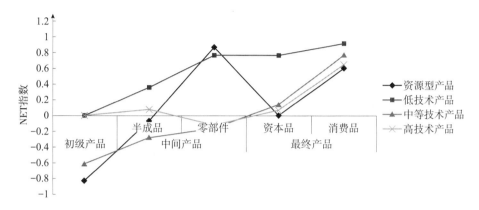

**图 6 – 15　中国不同技术含量产品在国际分工各阶段的 NET 指数**

资料来源：UN Comtrade Database.

例如，装备制造业的电子信息产品往往具有中等或高技术的特征，是全球化程度最强的产业之一。在全球化背景下，电子信息产业价值网络的不同环节在不同区域共同发展，但这些区域在电子信息产业模块化发展中所处的地位并不相同：美国及部分欧洲国家处于产业模块的高端，它们拥有品牌，负责标准制定、产品研发以及系统集成，控制着核心产品和新产品的生产；日本是世界电子信息产业的第二发展大国，更是世界生产消费类电子产品的霸主，在微电子、光电子产品以及计算机技术方面仅次于美国，并具备较强的研发能力，尤其拥有精湛的生产工艺；韩国、新加坡以及中国台湾地区处于产业模块的中端，经过积累已具备较好的生产技术，正发展成为集成电路等部分关键元器件的生产基地，并生产部分高端产品和新产品；而具有劳动力比较优势的发展中国家和地区则处于产业模块的低端，主要从事一般元器件的生产以及整机的加工和组装。不难看出，中国电子信息产业目前最大的问题就是，在整个产业链模块化分工中局限在加工组装这一模块中；产业发展在关键技术、专利和标准方面受制于美、日、欧盟等发达国家和地区的大企业，对全球 IT 产业巨头的依赖程度非常高。

综上所述，中国装备制造业在全球价值网络中被低端锁定并非偶然，全球

价值链的本质是产品价值链的分解与不同国家或地区基于自身的比较优势参与
国际分工的一种结合。在新国际分工体系下，发达国家凭借着先发优势及知
识和技术积累效应，主宰了大部分装备制造业知识和技术密集环节的生产活
动，控制着产品价值链的高附加值环节，而把低附加值的生产环节转移到中
国，交给中国本土的装备制造企业来完成。如图 6 - 16 所示，发达国家跨国
企业根据产品技术特征将特定产品价值链分解为若干环节，并按照比较优势
原则，研发设计、品牌营销等这些最高端的价值创造活动通常由最发达国家
控制，核心零部件生产、渠道分销等中高端环节通常由少数发达国家和新兴
工业国家承担，一般零部件生产、加工组装等低端环节则由发展中国家（如
中国）来完成。因此，不同国家或地区按照比较优势沿着产品价值链的
"微笑曲线"形成了梯度型的价值链体系，由于中国装备制造企业是凭借着
资源以及劳动力比较优势嵌入全球价值链体系之中，承担着附加值较低模块
和环节的生产任务，因此，在全球价值链条中极易被发达国家所俘获，并锁
定在低端状态。

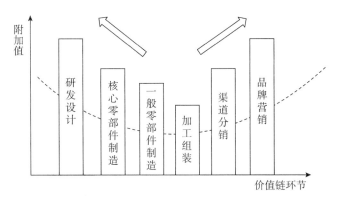

图 6 - 16　产品价值链环节的"微笑曲线"

## 二、中国装备制造业开放式自主创新瓶颈

美国学者切萨布鲁夫（Chesbrough，2003）最早提出了开放式创新的概
念，开放式自主创新是相对于封闭式自主创新的转变，在前文的分析中可得
出：当产品建构呈现出集成化或产品建构由模块化重新向集成化转变时，跨国
公司对中国装备制造企业的价值升级路径进行封锁是其最佳选择。而如果本土

的装备制造企业不能采取开放式的自主创新路径、增强与外企的合作、注重自身研发实力的提升，则难以实现突破"低端锁定"的目标（卢福财，胡平波，2008），同时也会陷入"创新乏力"陷阱。我国装备制造企业最初关起门来独立搞研发，现在已经逐渐从原来的封闭式创新向开放式创新转变，尽管装备制造业开放式自主创新水平依然较低，但也不乏一些成功案例，如辽宁机床与西门子的深度合作、吉利汽车收购沃尔沃100%的股权等。因此，随着经济全球化的纵深发展和产品内国际分工的不断演进，作为创新主体的本土装备制造企业不能单纯依靠内部资源来开展研发活动，为了获取更多的外部创新资源，摆脱对传统知识和技术的依赖，防范可能发生的系统创新风险，装备制造企业必须将内外两种创新资源加以有效整合，才能满足产业升级的客观需要。在经济全球化的大背景下，要想与有实力的大公司竞争，仅靠装备制造企业自身的能力是远远不够的，还需要在全球化的背景下向全球企业寻求合作，可以是企业联盟或者战略集群等形式，以此来提高装备制造业的竞争实力。本部分延续前文的分析思路，对中国装备制造业陷入开放式自主创新瓶颈从而抑制产业升级进行分析。

（一）中国装备制造业自主创新基本面分析

装备制造业是我国国民经济的重要支柱产业，具有产业关联度高、吸纳就业能力强、技术资金密集的特点，是各行业技术进步、产业升级的重要保障，我国建设创新型国家的核心内容之一就是推动装备制造业创新能力的提升。作为制造业大国，装备制造业的创新升级对我国经济持续、健康、快速发展起到关键作用，也要求我国由以低成本、大规模、低附加值、低创新水平为特点的装备制造模式转变为创新型装备制造业模式，特别是应该逐渐转变为具有自主创新能力的制造业模式。2006年，我国颁发了《国务院关于加快振兴装备制造业的若干意见》，装备制造业部分子行业发展取得了明显成效。2009年，我国制定了《装备制造业调整和振兴规划》，强调必须要提高装备制造业的创新能力，推动产业创新升级。2012年，我国又颁布了《高端装备制造业"十二五"发展规划》，提出建立完整的高端装备制造产业体系，掌握高端装备制造业的关键核心技术，提升产业竞争力，推动装备制造业产业升级。装备制造业历经"十一五"发展步入"十二五"时期，虽然取得了长足的发展，但在全球价值链条中仍然处于低端环节，创新能力较弱，呈现出明显的大而不强的特点。特别是在国际经济危机期间，我国装备制造业的创新瓶颈问题更为突出，对产业竞争力和产业升级都形成了制约。因此，建设和完善装备制造业创新体系迫在眉睫。

图6-17是我们根据 DEA - Malmquist 指数法估算的中国装备制造业的创新效率，从中可以看出我国装备制造业创新效率整体上呈现稳中上升的态势，说明我国装备制造业开始更多地依靠技术创新与效率提升来增强产业竞争力。但装备制造业创新效率增长速度仍然较为缓慢，这主要是由于我国装备制造业的自主创新能力较弱所致。就分行业的情况来看，通用设备、电气机械、交通运输设备等行业创新效率增长速度较快，同时仪器仪表、专用设备等行业也具有较大的增长潜力。但装备制造业各行业整体创新效率水平仍然偏低，甚至部分年份出现创新效率倒退现象，说明我国装备制造业"一次创新"能力仍然不足，缺乏前进动力，竞争水平仍有待提升，我国还未完成从装备制造大国向装备制造强国的转变。

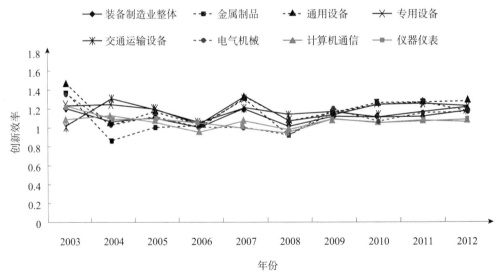

**图6-17 中国装备制造业创新效率变化趋势**

（二）中国装备制造业开放式自主创新分析

近年来，开放式自主创新成为产业创新升级与管理领域的研究热点。装备制造业开放式自主创新指的是装备制造企业应当在充分参与国际产品价值链分工的过程中，采取垂直专业化组织模式，吸收外部的知识与创新成果，借鉴国外先进的技术和管理经验，并结合内部资源与市场途径，通过不断加大企业研发投入和引进技术消化吸收投入以提升自主创新能力和水平，打破路径依赖，促进新知识的积累和新技术的发展，从而突破系统创新瓶颈，推进产业升级。开放式自主创新要求我国的装备制造企业充分利用全球价值链分工和发达国家向我国产业转移的机遇，通过外部和内部知识及技术的整合，大幅度提高设计理论和制造技术的自主创新能力，使自主开发的技术和产品所占比重逐步增加，把制造科技进步的基点转到增强自主集成创新能力上。开放式创新具有边界可渗透性、网络动态性和知识共享性三个显著特点，强调打破企业边界，建立产品价值链的创新网络，充分整合和利用企业内外创新资源，以市场化的利益取向开展技术创新，最终提高企业的核心竞争能力（牟绍波，等，2013）。开放式创新与封闭式创新相比，存在明显区别（见表6－2）。

表6－2　开放式创新与封闭式创新的特征比较

| 特　征 | 封闭式创新 | 开放式创新 |
| --- | --- | --- |
| 创新来源 | 内部研发 | 内部研发和外部创新资源并重 |
| 外部技术环境 | 知识贫乏 | 知识丰富 |
| 与其他企业的关系 | 竞争 | 分工协作 |
| 组织边界 | 完全封闭 | 边界可渗透，动态开放 |
| 创新组织方式 | 纵向一体化、内部严格控制 | 垂直非一体化、动态合作 |

资料来源：陈钰芬，陈劲（2009）。

在全球产品价值链分工不断深化的环境下，企业封闭式的创新不仅不能适应新知识和新技术的要求，而且会使企业陷入路径依赖，局限于原有的知识技术框架，从而使创新能力和创新产出保持在较低水平，无法适应价值链分工中高技术环节的需求，陷入创新瓶颈，遏制产业升级。例如，早期世界上主要的计算机制造商只有 IBM、DEC、HP 和 Sperry Univac，这几个公司都采用封闭式系统运作，独立开发和生产产品，在垂直一体化组织模式下，各个公司自行生产计算机的全部组件，并且不同公司的产品组件是互不兼容的。这种非开放式的垂直一体化组织模式使得各个公司的技术创新效率较低，产品更新换代的速度较慢，同时当客户选择了某一家公司的产品后，就相当于被这家公司锁定，产品及其组件的更新、维护、置换等后续购买和服务就只能选择这家公司。随着 PC 的普及，苹果公司开始将其 PC 产品引入市场。为了适应市场竞争，IBM

及时转变了其原有的垂直一体化的生产组织模式和封闭式创新的老路，充分参与全球垂直专业化产品分工。IBM 几乎将其全部关键组件外包，如使用当时微软的操作系统 PC – DOS 以及英特尔公司的 8088 微处理器。这样一来，IBM 产品的更新速度和创新能力得到大大提升。IBM 还向众多的硬件、软件开发商及组装商开放了其产品架构，直至 IBM 的产品架构成为 PC 的行业标准。这充分说明了开放式自主创新能够让企业摆脱"创新瓶颈"陷阱，促进知识和技术的传播，提升产品的竞争力。开放式自主创新模式如图 6 – 18 所示。

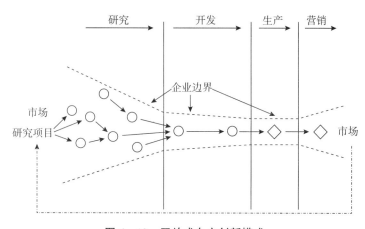

**图 6 – 18　开放式自主创新模式**

资料来源：亨利·切萨布鲁夫（2005），白嘉（2012）。

为了更加全面反映我国装备制造业开放式自主创新的情况，我们选取相关开放性技术创新指标来探讨我国装备制造业自主创新的开放性及合作性，并总结出以下特点。

（1）我国装备制造业开放式创新的研发投入与产出水平较低。我们选取装备制造业各子行业专利有效率、引进技术经费投入比率、消化吸收经费投入比率、购买国内技术经费投入比率和技术改造经费投入比率这五项指标来衡量我国装备制造业开放式创新情况。从图 6 – 19 可以看出，就整体而言，装备制造业各行业的开放式创新水平均不同程度地低于全国平均标准，这说明作为我国经济发展中坚力量的装备制造业并没有在垂直专业化分工体系中培养起较强的开放式创新水平。从各行业来看，五项开放式创新指标均低于全国平均水平的有：金属制品业、专用设备制造业、电气机械及器材制造业。这说明这三个行业的产业组织形态更加趋向于垂直一体化分工，不注重对国外知识和技术的学习与积累，较易产生路径依赖问题和创新乏力瓶颈。其他子行业开放式创新指标与全国水平相比：在通用设备制造业中，除引进技术经费投入比率和消化吸收经费投入比率微高于全国平均水平外，其他三项开放式创新指标均低于全国平均水平；在交通运输设备制造业中，除引进技术经费投入比率高于全国平均水平，其他四项开放式创新指标均低于全国平均水平；通信设备、计算机及其他电子设备制造业中，除了专利有效率高于全国平均水平，其他四项开放式创新指标均低于全国平均水平；在仪器仪表及文化、办公用机械制造业中，除引进技术经费投入比率高于全国平均水平，其他四项开放式创新指标均低于全国平均水平。这说明这些行业注重某些环节的创新投入，但并没有完全实现开放式自主创新的模式，特别是在引进技术经费投入比率、消化吸收经费投入比率这两个与开放式创新密切相关的指标上水平较低，体现出我国装备制造业对国外先进知识、技术、经验吸取还不足，而比率最高的主要为技术改造经费的投入，反映了我国装备制造业仍然存在单纯的模仿式创新，而没有将内外资源进行有效整合，形成自主创新的能力。因此，在开放式创新的投入和产出均不足的情况下，装备制造业遭遇创新乏力困境不言而喻。

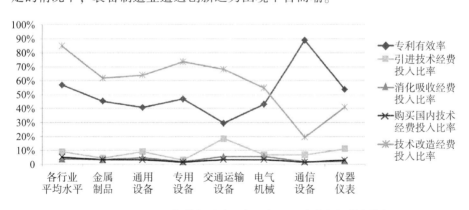

图 6 – 19　2010 年装备制造业各子行业开放式创新基本指标

资料来源：《中国科技统计年鉴》《中国高技术产业统计年鉴》。

（2）我国装备制造业开放式创新程度不高且未形成产学研有效互动机制。图 6 – 20 显示，在 R&D 项目经费外部支出与 R&D 项目经费内部支出上，我国装备制造业 R&D 项目经费内部投入要明显多于 R&D 项目经费外部投资，这说明我国装备制造业更加注重封闭式创新而非开放式创新。装备制造业各行业主要将创新经费用于企业内部的研发上，这容易形成对已有知识和技术的依赖，也无法吸收多方面的创新资源、准确把握市场需求，容易造成创新乏力并形成低水平循环。基于此，我国装备制造业在国际分工中一旦被发达国家俘获在价值链的低端环节，将很难通过知识认知的飞跃和技术创新的攀升突破低端陷阱。在 R&D 项目经费外部投资中，各子行业对研究机构和高校的投入占比均低于 50% 的水平（见图 6－21），说明装备制造企业尚未建立起与研究机构、高校之间有效的合作机制。众所周知，研究机构和高校是知识创新和理论创新的前沿阵地，增强与科研院所的合作能为装备制造企业快速掌握系统知识，提高创新实践水平奠定重要的基础，从而在全球价值网络中突破创新瓶颈。而就目前来看，我国装备制造业还没有充分发挥科研机构在开放式创新中的重要力量，也凸显了装备制造业创新的开放性不足问题。

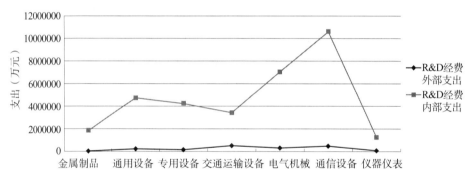

图 6－20 2012 年装备制造业内部及外部支出情况

资料来源：《中国科技统计年鉴》。

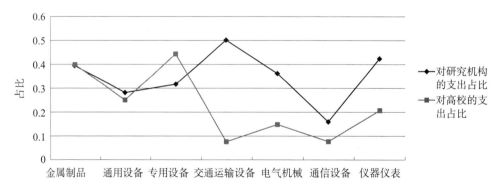

图 6－21 2012 年装备制造业外部支出分配

（3）我国装备制造业开放式创新网络不完善，企业协作程度不高。装备制造业在开放式自主创新过程中不仅需要建立起由产品价值链上不同企业组成的合作网络，也需要建立由企业、用户、供应商、政府、金融机构、研究机构、咨询机构等多主体参与的全方位创新网络，以便能够获取与创新产品有关的技术和市场信息，这是非常重要的。强大的外部知识和技术获取能够缩短产品的研发和推广周期，通过对企业内部技术存量和外部获取的知识的有机整合，在形成自身核心能力的基础上形成集成优势，有利于提升自身的竞争力。以产品研发的信息化市场发展为例，新产品的研发创新需要信息化市场的强大支撑，信息化市场是装备制造业创新网络建设的重要一环。如图 6 – 22 所示，2015 年中国产品研发信息化市场将达到 186 亿元规模，其中装备制造业产品研发信息化市场所占的比例将提高到 71%。由此可见，装备制造业创新网络的建设需要进行创新资源的投资，虽然中国装备制造业信息化市场投入比例在不断上升，但与世界标准相比还较为不足。由于我国经历了长期的计划经济体制，装备制造业中大多为国有或国有控股企业，因此这些企业在产业链上参与垂直专业化分工和协作的程度不高。同时，由于我国在研发、销售、金融等生产性服务业的发展上较为落后，不能为装备制造企业提供有力的支持，在这样一种发展状态下，企业创新网络不能有效搭建，外部的知识和技术援助又不足，配套服务也不能满足企业需要，企业创新的成本和难度大大增加。由于开放式创新对装备制造企业的生存发展至关重要，迫于产业竞争压力，大多数企业选择封闭式研发或是单纯引进模仿国外技术，由此遭遇创新瓶颈。

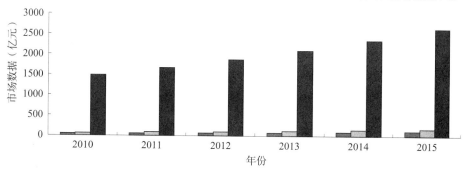

**图 6 – 22　产品研发信息化市场数据**

资料来源：根据《工业企业科技活动统计资料》计算。

综合以上分析，中国装备制造业在开放式自主创新过程中容易陷入创新乏力瓶颈并非偶然，而创新能力的不足和创新产出的低下是遏制装备制造业产业升级的重要原因。开放式自主创新需要我国的装备制造企业在全面参与产品价值链国际分工的基础上，增强与价值链上企业之间的合作，提高对外部知识和技术的获取能力，增进对产品系统的了解，并内化为自身的创新要素。知识、技术本身具有外部性、扩散性的特点，装备制造业更是知识外部性、技术扩散性很强的行业。如果每个企业仅在内部封闭独立地搞研发，可能会提高单个企业的生产率，但是这其中的研发周期会很长、投入的经费会很多，还会产生对原有知识和技术架构的依赖，不利于企业的发展，只有通过技术的转移、扩散才能在产业内产生更大的效益，带动整个装备制造业的升级。总体来看，我国装备制造业尚未构建起开放式自主创新的网络，一方面不能很好地参与垂直专业化分工，并努力从价值链高附加值环节获取创新资源的溢出成果；另一方面也不能有效地搭建创新资源网络，由此造成装备制造企业局限于原有对产品系统的了解，始终无法构建新的产品创新系统，从而被发达国家企业所俘获。随着技术创新的全球化趋势，我国装备制造企业在应对国外几十年甚至上百年的制造企业时会有很大的压力，往往导致装备制造企业采取封闭式的创新模式，闭门造车，忽视主动寻求新的创新源来弥补自身的不足。当前，中国装备制造企业与跨国的大型公司进行合作或与跨国的大型公司共同设立联合研发机构尚不成熟。这也是在全球价值网络治理下，中国装备制造企业被跨国公司进行价值封锁，无法沿着价值创新链上升，进而阻碍产业升级的重要原因。

# 第三节　中国装备制造业产业升级困境的博弈分析及实证检验——基于全球垂直专业化分工的视角

## 一、中国装备制造业产业升级困境的博弈分析

如前文分析，当前由发达国家主导的全球价值链不仅搭载了全球知识与价值分工体系，也决定了垂直专业化分工生产方式下的利益分配格局。在全球价

值链中，发达国家装备制造企业凭借对核心环节的掌控和延伸获取了价值网络上最大的经济租金，而中国装备制造企业由于知识积累不足、创新能力薄弱、技术水平落后等原因被俘获在价值链的低端节点，从事低附加值的生产活动，只能获得小份额的经济租金。这种基于垂直专业化的分工模式表面上是利益分配的不平等，实际上是不同国家企业发展层次的差距，即发达国家装备制造企业掌握的是创新的知识和关键的技术，控制的是高端模块的生产活动，企业处于领先的位势，而中国装备制造企业承担的是附加值低的简单生产活动，企业被锁定在价值链低端且很难突破。这一格局极大地限制了本土企业产业升级的步伐，也就是说，本土装备制造企业要想跨越当前的发展阶段，跃升至高端节点，实现产业升级，困难重重。

为了进一步分析垂直专业化分工体系下中国装备制造业产业升级困境的形成原因，我们借鉴卢福财和胡平波（2008）的博弈模型来分析发达国家与中国装备制造企业在价值分工网络中的关系状态以及二者所做出的最佳策略和选择方案。

（一）博弈模型基本假设

（1）首先假定在一个垂直专业化分工链条中只有两个装备制造企业，一个是发达国家企业 A，另一个是中国企业 B。两个企业之间是分工协作关系，但二者的核心能力有本质差距，A 是价值链条中的"链主"，B 则位于价值链的低端节点上。

（2）两个企业在价值链条中展开博弈，A 企业有两种选择策略——封锁与不封锁，封锁即利用其价值链"链主"的垄断地位阻止 B 企业向价值链高端节点攀升，遏制 B 企业进行产业升级；B 企业也有两种选择策略——突破与不突破，突破即提升自我的核心能力甚至是采取破坏式创新摆脱被价值链低端锁定的状态，实现向价值链高端节点的跃进，由此突破产业升级的困境。

（3）如果 A 企业选择对 B 企业实施封锁策略，那么需要付出一定的成本 $c_1$，并进一步假设封锁成本是企业能力差距的函数，$d_1$、$d_2$ 分别为 A、B 两个企业的能力水平，二者之间的能力差距为 $\Delta d = d_1 - d_2$，且设定 $c_1'(\Delta d) < 0$。这意味着如果两个企业之间的能力差距越大，则封锁的成本越低。与封锁成本相对应的是封锁收益 $r$，$r$ 可以理解为 B 企业被低端锁定后转移到 A 企业的收益，且有 $r = r(\Delta d)$，并有 $r'(\Delta d) > 0$，即能力差距越大，A 企业的封锁收益越高。设 $\Delta d > 0$ 时，$r - c_1 > 0$，即两个企业存在能力差距时，A 企业可通过封锁获得封锁利润。对于 B 企业来说，可以采取突破策略，当 B 企业采取突破策略时，A 企业的封锁就有可能失败，其失败概率为 $p$，设 $p = p(\Delta d)$，有 $p'(\Delta d) < 0$，$p''(\Delta d) > 0$。也就是说，两个企业的能力差距越大，A 企业封锁失败的概率就越小，且概率呈边际递增的下降趋势，而对于 B 而言，当其与 A 的能力差距越大时，突破成功的概率就越小，且概率呈边际递增的下降趋势。当 A 企业封锁失败，就会产生收益损失 $b$，$b$ 则转移为 B 企业的收益。如果 A 企业不采取封锁行为，就不存在 $c_1$ 和 $r$。

(4) 如果 B 企业要采取突破策略，也需要付出一定的成本 $c_2$，并有 $c_2 = c_2(\Delta d)$，设有 $c_2'(\Delta d) > 0$，$c_2''(\Delta d) > 0$，即意味着两个企业的能力差距越大，B 企业突破的成本越大，且突破成本呈边际递增的上升趋势。对于 B 企业而言，突破成功的概率就是 A 企业封锁失败的概率 $p$，B 企业突破成功可获得收益 $b$。如果 A 企业不采取封锁的行为，那么 B 企业突破成功的概率就很大，假设为 $p_0$，且 $p_0 > p$，而如果 B 企业不突破，那么突破成功的概率自然就为 0。

(二) 博弈过程

在以上基本假定之下，A 企业与 B 企业的策略选择共有四种，即 (封锁，突破)，(封锁，不突破)，(不封锁，突破)，(不封锁，不突破)。这四种不同的策略选择分别对应的 A 企业的期望收益和 B 企业的期望收益为 $e_1$ 和 $e_2$。

(1) 当策略组合为 (封锁，突破) 时，

$e_1$ (封锁/突破) $= (r - c_1)(1 - p) + (r - c_1 - b)p = r - c_1 - bp$

$e_2$ (突破/封锁) $= (-r - c_2)(1 - p) + (-r - c_2 + b)p = -r - c_2 + bp$

(2) 当策略组合为 (封锁，不突破) 时，

$e_1$ (封锁/不突破) $= r - c_1$

$e_2$ (不突破/封锁) $= -r$

(3) 当策略组合为 (不封锁，突破) 时，

$e_1$ (不封锁/突破) $= -bp_0$

$e_2$ (突破/不封锁) $= bp_0 - c_2$

(4) 当策略组合为 (不封锁，不突破) 时，

$e_1$ (不封锁/不突破) $= e_2$ (不突破/不封锁) $= 0$

将四种策略组合下两个企业的期望收益归纳整理，结果如表 6 - 3 所示。

表 6 - 3　A 企业和 B 企业在不同策略组合下的期望收益

| A 企业 | B 企业 | |
|---|---|---|
| | 突破 | 不突破 |
| 封锁 | $( r - c_1 - bp , - r - c_2 + bp )$ | $( r - c_1 , - r )$ |
| 不封锁 | $( - bp_0 , bp_0 - c_2 )$ | $(0, 0)$ |

对于 A 企业而言，如果以忽视 B 企业的策略选择为前提，则 A 企业采取封锁策略的条件为

$$\begin{cases} r - c_1 - bp > - bp_0 \\ r - c_1 > 0 \end{cases} \quad (6-6)$$

由于 A 企业与 B 企业之间存在显著的能力差距，即 $\Delta d > 0$，从而有 $r - c_1 > 0$。设 $f(\Delta d) = r - c_1$，即

$$f(\Delta d) = r(\Delta d) - c_1(\Delta d) \quad (6-7)$$

则有

$$f'(\Delta d) > 0 \quad (6-8)$$

式（6-6）和式（6-7）反映出如果企业 A 与企业 B 的能力差距 $\Delta d$ 越大，那么企业 A 对企业 B 进行封锁的净收益 $r - c_1$ 就越大。因此，不论企业 B 采取什么样的策略选择，二者之间存在的巨大能力差距都会使得企业 A 具有强烈的封锁动机以获取高附加收益。在垂直专业化分工模式下，发达国家跨国公司封锁的成本体现为维持价值链"链主"地位而制定的产业、产品标准所付出的代价，封锁收益实则为发达国家企业向中国企业收取的垄断费用，具体包括品牌、专利、技术等核心能力载体。对于发达国家企业而言，其不仅是产品价值链分工的创建者和维护者，同时也是行业和产品标准的制定者，正是通过这些标准俘获中国企业被动接受他们的生产和分工模式，从而能够获取巨额的封锁利润。因此，发达国家企业对中国企业进行封锁是一种常态，最大限度地锁定中国企业帮助他们从事低端模块的生产活动，遏制中国企业获取核心竞争力要素，这也就解释了中国企业产业升级困难重重的原因。

对于 B 企业而言，采取突破策略的条件是

$$\begin{cases} - r - c_2 + bp > - r \\ bp_0 - c_2 > 0 \end{cases} \quad (6-9)$$

由于 $bp_0 - c_2 > 0$ ，设 $g(\Delta d) = bp_0 - c_2$ ，即

$$g(\Delta d) = bp_0(\Delta d) - c_2(\Delta d) \qquad (6-10)$$

则有

$$g'(\Delta d) < 0 \qquad (6-11)$$

式（6-9）、式（6-10）体现了当 A 企业与 B 企业能力差距 $\Delta d$ 越大时，B 企业突破成功的概率将越小，突破成功而获得的收益 $bp_0 - c_2$ 就越低，特别是当两个企业的能力差距悬殊时，B 企业几乎无法仅凭自身能力实现低端锁定状态的突破。但要注意的是，一般而言 B 企业的突破成本 $c_2$ 是巨大的，这个成本足以让 B 企业培育起自身的核心竞争力，在知识积累和技术创新的基础上实现后来居上，并与 A 企业的先发优势形成均衡态势。

（三）博弈模型总结

综合以上分析，我们可以看出，如果 A 企业与 B 企业能力差距较小，那么二者博弈选择的纳什均衡为（封锁，突破）；如果 A 企业与 B 企业能力差距较大，那么二者博弈选择的纳什均衡为（封锁，不突破）。从现实来看，中国本土企业与发达国家装备制造企业相比，二者之间的能力差距是悬殊的，因此在大多数情况下，跨国公司会对中国企业进行封锁，而中国企业也不会突破低端状态。只有在少数情况下，本土一些能力突出的装备制造企业能够勇于突破，实现对世界先进企业的追赶，能够在垂直专业化分工链条中沿着价值链高端环节逐渐攀升。需要注意的是，发达国家跨国公司与中国本土装备制造企业的博弈均衡（封锁，不突破）是一种常态。不论中国企业是否采取突破策略，发达国家企业都会对中国企业采取封锁行为，这符合发达国家企业的最优选择。装备制造跨国企业以价值网络上的网络租金最大化和收益份额最大化为目标，凭借着企业的先发优势和强大的研发、设计、品牌、营销等核心能力维持在全球价值链上的主宰地位，并遏制中国企业向价值链高端环节攀升，阻碍中国企业的升级步伐。中国装备制造企业凭借资源和劳动力优势扮演发达国家代工者的角色，因而极易被锁定在以劳动密集型生产为特征的价值链低端环节。由于中国企业突破的成本很高，因此大多数企业宁愿按照现有的分工模式维持企业运转，从而一再失去产业升级的机会。对于中国本土装备制造企业来说，要想突破垂直专业化分工下的产业升级困境，则既要注重自身核心能力特别是自主创新能力的培育和提升，也要在与发达国家企业合作的过程中注重知识的

吸收和积累，并内化为自身的竞争要素，通过利用发达国家装备制造企业的知识和技术外溢效应，实现知识吸收能力与创新能力的对接，逐步缩小与发达国家企业之间的能力差距。这不仅是中国装备制造企业成长的路径选择，也是中国装备制造业产业升级的微观路径选择。

## 二、中国装备制造业产业升级困境的实证检验：垂直专业化分工的视角

随着产品内国际分工的深化发展和全球价值链的快速扩张，垂直专业化分工体系对全球范围内的生产和贸易发展产生了重要影响。正如前文分析的那样，中国装备制造企业在全球产业链中凭借着资源优势和劳动力优势承担着低技术含量、低附加值环节的生产活动，从国外进口具有高技术含量的技术密集型中间品，导致本土企业的比较优势停留在简单零部件生产和加工组装环节，从而被锁定在价值链的低端环节，产业升级面临困境和考验。然而，充分参与全球垂直专业化分工是否削弱了中国在全球分工中的地位？是否是中国被锁定在价值链低端的重要原因？这一问题的讨论对于当下正处于转型时期的中国而言具有重要意义。格里芬（Gereffi，1999），格罗斯曼、埃尔普曼（Groossman，Helpman，2002），林毅夫（2002），雅布尔（Jabbour，2005）等学者认为，发展中国家可以通过价值链分工中的"干中学"和"技术扩散效应"实现产业升级。胡昭玲（2007）、文东伟和冼国明（2009）等学者认为国际垂直专业化分工能够提升中国产业国际竞争力。然而也有学者持有相反结论，Schmiz 和 Knorringa（2000）则认为参与价值链分工的发展中国家很难升级到设计、营销、品牌等附加值更高的环节。张小蒂等（2006）计算了不同行业的垂直专业化指数，并分析了垂直专业化分工对我国不同产业国际竞争力的影响，研究发现：垂直专业化分工提升了中国技术和资本密集型产业的国际竞争力，而对劳动密集型产业国际竞争力的提高没有产生明显的促进作用。张杰等（2007）的研究更是指出，垂直专业化的分工体系并没有实现我国产业创新能力的提升和产业升级，相反这种分工把中国带入了发达国家"结构封锁型"价值链的陷阱之中。王贺光（2012）利用胡梅尔（Hummel）的方法测算了中国工业分行业的垂直专业化指数和工业总体净附加值，研究表明：垂直专业化分工将中国产业锁定在垂直分工体系的底端，中国产业在价值链条中所获得的

附加收益是非常少的。基于前文对中国装备制造业产业升级困境的探讨，我们在吸收国内外学者研究成果的基础上，对中国装备制造业产业升级困境进行检验，从垂直专业化分工的视角出发，探究垂直专业化分工将对中国装备制造业产业升级产生什么影响，以及中国装备制造业参与全球产品内分工是否会被俘获在价值链的低端从而遏制产业升级，以期为前文的理论分析提供一定的经验证据。

（一）中国装备制造业垂直专业化分工指数测算

为了分析中国装备制造业在国际垂直专业化分工中的参与程度及其变化情况，本书借鉴胡梅尔（Hummel，2001）提出的垂直专业化指数来进行衡量。其计算公式为

$$VSS = \frac{1}{X} = \sum_{j=1}^{n} \left(\frac{M_{ij}}{Y_i}\right) X_i = \mu A^M (I - A^D)^{-1} X^V / X \qquad (6-12)$$

式中：VSS 表示垂直专业化指数；X 为出口总量；$M_{ij}$ 代表 i 行业进口的 j 行业提供的中间产品；$Y_i$ 代表 i 行业的产出；$\mu$ 代表 $1 \times n$ 向量，$A^M$ 是 $n \times n$ 进口投入系数矩阵，即反映对进口中间产品依存程度的系数矩阵，$a_{ij}$ 表示 1 单位 i 行业 j 的产品生产需要多少来自行业 i 的进口投入；$X^V$ 是 $1 \times n$ 出口向量；$I$ 是 $n \times n$ 单位矩阵；$A^D$ 为 $n \times n$ 国内消耗系数矩阵，$(I - A^D)^{-1}$ 是里昂惕夫逆矩阵，可将其视为一个无穷几何级数，表示进口的中间品作为初始投入在国内各部门或各生产阶段循环使用的结果。

由于联合国《标准国际贸易分类》（SITC）、《中国投入产出表》《中国统计年鉴》对中国装备制造业的分类标准存在差异，因此需要将分类标准进行统一。首先，根据《标准国际贸易分类（修订三）》（SITC Rev. 3）中的分类标准，将 SITC Rev. 3 中的贸易商品分别对应到《中国投入产出表》中的各部门，形成 SITC Rev. 3 与我国装备制造业行业的对应关系；其次，将对应及合并后的 1997 年、2002 年、2007 年《中国投入产出表》数据与《中国统计年鉴》上的两位数装备制造业行业进行对应，形成最终的金属制品业，机械工业，交通运输设备制造业，电气机械及器材制造业，电子及通信设备制造业，仪器仪表及文化、办公用机械制造业六个装备制造业子行业。由于中国基准的投入产出表五年编制一次，中国投入数据只有基准年份，因此需要对空缺年份的投入产出表中间投入数据进行推算。本书借鉴威克斯蒂德等（Wixted et al.，2006）的分析思路，并参照程盈莹（2014）的方法，假设 1997 年、2002 年、

2007 年的《中国投入产出表》中间投入流量数据不变，由此，1998—2001 年的 $A$ 矩阵用 1997 年的中间投入流量矩阵代替；2003—2006 年的 $A$ 矩阵用 2002 年的中间投入流量矩阵代替；2008—2011 年的 $A$ 矩阵用 2007 年的中间投入流量矩阵代替。$A$ 矩阵的计算方法为：$A^M = \varphi A$，$\varphi$ 为进口／（总产出 ＋ 进口 － 出口）。其中，装备制造业进出口数据来自 UN Comtrade Database，其余计算垂直专业化指标的数据来自历年的《中国投入产出表》《中国统计年鉴》。

图 6–23 是根据计算出的中国装备制造业各行业垂直专业化指数绘制出的趋势图，图中显示 1997—2011 年，我国装备制造业总体上垂直专业化水平在不断提高，这意味着中国装备制造业融入全球垂直专业化分工体系的程度在不断加深，中国装备制造业已经成为生产全球化中的一个重要环节。就分行业来看，仪器仪表及文化、办公用机械制造，电子及通信设备制造，电气机械及器材制造行业的垂直专业化程度最高，金属制品业、交通运输设备制造业、机械工业的垂直专业化程度相对较低。可以看到，垂直专业化水平高的行业以资本和技术密集型为主，说明我国装备制造业参与国际垂直专业化程度较高的行业多属于资本和技术密集型。这一方面是由于资本技术密集型产品生产过程中零部件及中间产品较多，生产链条较长且易于分割为独立的生产模块，产品生产的各阶段具备空间上分散化生产的技术可行性，可以通过垂直 FDI 或国际外包进行专业化生产；另一方面也恰恰是以发达国家为主导的全球产品价值链分工特征的反映，发达国家主导了装备制造产品的关键技术环节，中国企业承担装备制造产品的加工组装环节，外资企业再通过中国的加工环节进行转口，从而构建起产品全球价值网络。

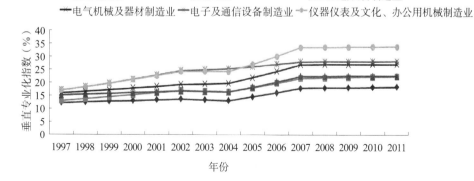

图 6–23　中国装备制造业垂直专业化指数

（二）垂直专业化与中国装备制造业产业升级检验：贸易净附加值角度

为了检验国际垂直专业化分工是否对中国装备制造业升级产生影响，我们构建 VAR 模型研究垂直专业化分工是否会带来产业升级效应。垂直专业化分工用前文计算出的垂直专业化指数 $VSS$ 来表示，产业升级的衡量用贸易净附加值比重 $VA_{it}$ 表示，由于净附加值比重体现的是进口中间产品在我国经过循环加工后形成的附加值占出口额的比重，可以反映出产业的效率和获利能力，因此可以将其视为体现装备制造业产业升级的代理指标。同时，中国装备制造业在全球价值链中主要承担加工组装和简单制造的生产环节，能够获得的产品附加价值是很少的，采用净附加值比重也能较好地体现中国在全球产品内分工中的地位。首先，借鉴陈宏易（2002）、刘磊（2014）的方法，利用投入产出表推导出净附加值（ $VS^{VA}$ ），见式（6 – 13）；然后，计算净附加值比重 $VA$ ，$i$ 行业的净附加值比重是 $i$ 行业净附加值与 $i$ 行业出口额的比重，见式（6 – 14）。

$$VS^{VA} = \mu A^M (I - A^D)^{-1} X^V - \mu A^M X^V = \mu A^M \left[ (I - A^D)^{-1} - 1 \right] X^V \qquad (6-13)$$

$$VA_i = VS_i^{VA}/X_i \qquad (6-14)$$

在对各变量进行平稳性检验的基础上，根据 AIC 和 Schwarz 信息准则，经过多次尝试，将变量的滞后期数确定为二阶，由此建立的装备制造业整体及其子行业 VAR 模型估计结果如式（6 – 15）至式（6 – 21）所示，方程依次为装备制造业整体、金属制品、机械工业、交通运输设备、电气机械、通信设备、仪器仪表行业的估计结果。

$$\begin{pmatrix} VA_{it} \\ VSS_{it} \end{pmatrix} = \begin{pmatrix} 0.245 \\ 2.268 \end{pmatrix} + \begin{pmatrix} 1.401 & -0.333 \\ -0.001 & 1.010 \end{pmatrix} \begin{pmatrix} VA_{it-1} \\ VSS_{it-1} \end{pmatrix} + \begin{pmatrix} -0.432 & 0.336 \\ 0.017 & -0.120 \end{pmatrix}$$

$$\begin{pmatrix} VA_{it-2} \\ VSS_{it-2} \end{pmatrix} + \begin{pmatrix} \varepsilon_{1it} \\ \varepsilon_{2it} \end{pmatrix}, \overline{R}_{VA}^2 = 0.968, \overline{R}_{VSS}^2 = 0.788 \qquad (6-15)$$

$$\begin{pmatrix} VA_{it} \\ VSS_{it} \end{pmatrix} = \begin{pmatrix} 11.514 \\ 13.243 \end{pmatrix} + \begin{pmatrix} 1.087 & -0.949 \\ -0.026 & 1.341 \end{pmatrix} \begin{pmatrix} VA_{it-1} \\ VSS_{it-1} \end{pmatrix} + \begin{pmatrix} -0.572 & 0.461 \\ 0.030 & -0.429 \end{pmatrix}$$

$$\begin{pmatrix} VA_{it-2} \\ VSS_{it-2} \end{pmatrix} + \begin{pmatrix} \varepsilon_{1it} \\ \varepsilon_{2it} \end{pmatrix}, \overline{R}_{VA}^2 = 0.692, \overline{R}_{VSS}^2 = 0.921 \qquad (6-16)$$

$$\begin{pmatrix} VA_{it} \\ VSS_{it} \end{pmatrix} = \begin{pmatrix} 21.673 \\ 5.564 \end{pmatrix} + \begin{pmatrix} 0.966 & -0.013 \\ -0.490 & 1.311 \end{pmatrix} \begin{pmatrix} VA_{it-1} \\ VSS_{it-1} \end{pmatrix} + \begin{pmatrix} -0.518 & -0.084 \\ -0.234 & -0.507 \end{pmatrix}$$

$$\binom{VA_{it-2}}{VSS_{it-2}} + \binom{\varepsilon_{1it}}{\varepsilon_{2it}}, \overline{R}_{VA}^2 = 0.873, \overline{R}_{VSS}^2 = 0.935 \qquad (6-17)$$

$$\binom{VA_{it}}{VSS_{it}} = \binom{23.535}{2.664} + \begin{pmatrix} 0.658 & -0.017 \\ -0.227 & 1.478 \end{pmatrix}\binom{VA_{it-1}}{VSS_{it-1}} + \begin{pmatrix} -0.525 & -0.018 \\ 0.108 & -0.562 \end{pmatrix}$$

$$\binom{VA_{it-2}}{VSS_{it-2}} + \binom{\varepsilon_{1it}}{\varepsilon_{2it}}, \overline{R}_{VA}^2 = 0.656, \overline{R}_{VSS}^2 = 0.911 \qquad (6-18)$$

$$\binom{VA_{it}}{VSS_{it}} = \binom{9.605}{-2.880} + \begin{pmatrix} 1.115 & -0.005 \\ -0.506 & 1.035 \end{pmatrix}\binom{VA_{it-1}}{VSS_{it-1}} + \begin{pmatrix} -0.447 & 0.230 \\ 0.411 & -0.094 \end{pmatrix}$$

$$\binom{VA_{it-2}}{VSS_{it-2}} + \binom{\varepsilon_{1it}}{\varepsilon_{2it}}, \overline{R}_{VA}^2 = 0.679, \overline{R}_{VSS}^2 = 0.968 \qquad (6-19)$$

$$\binom{VA_{it}}{VSS_{it}} = \binom{7.106}{-9.695} + \begin{pmatrix} 0.811 & -0.106 \\ -0.216 & 0.665 \end{pmatrix}\binom{VA_{it-1}}{VSS_{it-1}} + \begin{pmatrix} -0.623 & 0.756 \\ 0.131 & 0.235 \end{pmatrix}$$

$$\binom{VA_{it-2}}{VSS_{it-2}} + \binom{\varepsilon_{1it}}{\varepsilon_{2it}}, \overline{R}_{VA}^2 = 0.897, \overline{R}_{VSS}^2 = 0.984 \qquad (6-20)$$

$$\binom{VA_{it}}{VSS_{it}} = \binom{30.356}{-40.060} + \begin{pmatrix} 0.774 & 0.832 \\ -0.281 & 1.293 \end{pmatrix}\binom{VA_{it-1}}{VSS_{it-1}} + \begin{pmatrix} -0.404 & 0.052 \\ -0.009 & 0.038 \end{pmatrix}$$

$$\binom{VA_{it-2}}{VSS_{it-2}} + \binom{\varepsilon_{1it}}{\varepsilon_{2it}}, \overline{R}_{VA}^2 = 0.911, \overline{R}_{VSS}^2 = 0.964 \qquad (6-21)$$

可以看出，VAR 模型估计的各个方程的拟合程度都较好，说明建立的
VAR 模型具有较好的拟合程度，是一个平稳的系统。同时经过检验，模型的
残差序列不具有同期和滞后期数的序列相关性，具有良好的统计性质，因此可
以对模型进行脉冲响应分析，以进一步分析垂直专业化对产业升级的动态冲击
（见图 6 - 24、图 6 - 25）。

从图 6 - 24 可以看出，就整体而言，装备制造业垂直专业化分工对以净附
加值比重为代表的产业升级的冲击是负面的。这意味着装备制造业参与垂直专
业化分工的程度越高，净附加值率越低，参与垂直专业化分工导致装备制造业
获利能力的下降，对装备制造业的产业内升级没有明显的促进作用。这印证了
前文的分析，我国装备制造业在全球分工体系中被锁定在全球价值链的低端环
节，主要的生产活动依然停留在劳动密集型的加工组装和简单制造环节，而这

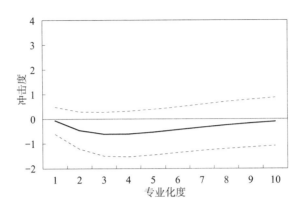

**图 6-24 装备制造业垂直专业化对产业升级冲击**

些生产环节在资本技术密集型的装备制造产业链条中属于非战略性环节，其获取的产品附加值相对较低。从产业升级的角度来看，我国装备制造业被俘获在发达国家主导的全球价值链中，在垂直专业化分工中处于不利位势，产业素质和效率不升反降，产业内升级态势并不明显。但随着时间的推移，在稳定的VAR系统中，虽然垂直专业化的负向效应一直存在，但垂直专业化指数从第四期起对产业升级的负向冲击在逐渐减弱，这在一定程度上也说明了中国装备制造业在参与全球分工中的地位逐步得到改善。中国装备制造企业通过与跨国公司的合作，接受发达国家的技术指导或培训，在"干中学"效应的带动下，本土装备制造企业对全球价值链的分工规则有了更深层次的了解，在充分参与产品内分工的过程中，一定程度地提高了知识积累和创新的水平，降低了垂直专业化的负向影响。在发达国家的俘获型价值链框架下，发达国家出于市场利益的考虑，会对中国企业的产品生产工艺和流程进行规范性指导，这就为我国的代工企业快速实现工艺升级和产品升级提供了一条有效路径。当然，对于跨国公司来说，中国代工企业的工艺升级和产品升级对提升产品质量、降低生产成本、加快产品换代升级以及提高生产效率都具有直接效应，这些都有利于发包企业强化其市场势力。因此就整体而言，垂直专业化分工依然将中国装备制造业锁定在低附加值环节，产业升级的带动效应负向显著，但在逐步得到缓解。

图 6-25 在全行业的基础上对装备制造业各个子行业参与全球垂直专业化分工能否实现产业升级进行了检验，图中显示金属制品业、机械工业、交通运

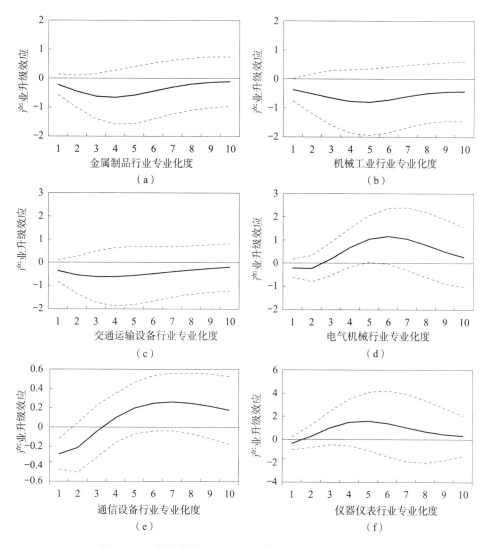

图6-25　装备制造业子行业垂直专业化对产业升级冲击

输设备这三个行业垂直专业化分工的产业升级效应都为负。这说明我国装备制造业在这三个行业的产品内分工体系中明显处于低附加值环节，还没有在全球价值链上实现与发达国家对称的收益。发达国家通过将附加值高的环节控制在手中，并根据成本最小化原则将这些行业的加工组装等环节放在中国进行。比起发达国家的先发优势，中国企业在产品分工中不断通过学习新的知识和技术，努力摆脱低端模块生产者的角色。从长远来看，这三个行业的负向冲击将会得到缓解，但要想实现产业内源式升级并非朝夕可待。电气机械、通信设备、仪器仪表这三个行业脉冲图像较为类似，都反映出垂直专业化分工开始阶段给产业升级带来了正面冲击。但到第五期左右，这种正向冲击作用开始不断衰退。究其原因在于，这三个行业在国际垂直专业化分工中，我国装备制造业为了符合发达国家产品价值链参数，需要进口大量的中间产品，使得一些高技术含量的中间产品流入国内，推动我国装备制造业一部分产业升级得以实现。在开始阶段，先进的知识技术、人力资本随着产品内分工流入本土装备制造企业，高端生产要素的不断进入可以显著且快速地推动装备制造业发展，进而实现一部分工艺升级和产品升级。但随着时间推移，一方面，这些生产要素的边际报酬在不断衰退；另一方面，发达国家始终会控制产品生产的核心环节，中国装备制造企业所能获得的知识、技术外溢效应越来越小，而一旦遵循路径依赖，不主动谋求新的开放式创新，产业升级的动力就会消失殆尽，此时中国又将被俘获在产品价值链的低端。这也就解释了为什么在这些装备制造行业中，垂直专业化分工的产业升级效应在逐步消失。

（三）垂直专业化与中国装备制造业产业升级检验结果总结

通过对中国装备制造业国际垂直专业化分工的产业升级效应进行实证检验，可以看出：就总体而言，装备制造业垂直专业化分工并没有实现中国企业产业升级的目标，相反还会使装备制造业陷入发达国家的俘获型产品价值链条中，从而遏制产业升级的步伐。但与此同时，中国装备制造业能够在垂直专业化分工的基础上，通过发达国家企业的知识、技术外溢效应获得一定的成长。如果中国企业能够将这些创新要素内化为企业竞争优势，就有可能减小垂直专业化分工带来的不利影响。就行业层面来说，金属制品、机械工业、交通运输设备行业垂直专业化分工所带来的负面影响一直存在，但有不断减小的趋势，电气机械、通信设备、仪器仪表行业垂直专业化实现了企业一部分的产业升级，但这种促进作用正在逐步消失。因此，在垂直专业化分工链条中，中国企业陷入产业升级困境是一种常态，这种常态是基于发达国家和中国在价值链不同环节上所具有的不同竞争优势而决定的，中国装备制造企业要想突破产业升级的困境，既需要不断提升自主创新和研发实力，提高核心竞争力，也需要在垂直专业化国际分工中充分吸收外部有益资源并加以优化整合。

# 第七章　国际产业分工转移下中国装备制造业升级案例研究

为了深入分析国际产业分工转移下中国装备制造业升级问题，本章将以中国汽车产业和华为公司为例进行案例分析。

## 第一节　中国汽车产业升级的路径分析

### 一、国际汽车产业价值链分工的形成与特点

20 世纪初叶，以福特公司为代表的高度集中一体化生产方式曾经是汽车行业的主导生产模式，当时的汽车生产方式具有产品生产过程在空间分布上高度集中的特点。经济学家克鲁格曼曾为此点评说：福特 Rouge 工厂在一端吃进焦炭和矿石，在另一端吐出客座轿车。然而，伴随着世界经济全球化的迅猛发展，这一分工模式发生了深刻变化。20 世纪中期，汽车生产过程包含的不同工序和区段逐步被拆散，并分布到国内不同区域，整个汽车价值链的不同环节分布于相互协作的不同厂商；由于顺应了全球化生产的趋势，积极采用价值链分工的日本汽车业得以迅猛发展，由此而产生的示范效应使得这一分工方式迅速在美欧汽车厂商中普及。到 20 世纪 80 年代早期，伴随"世界汽车"战略（World Car Strategy）的实施，美国和日本汽车业都开始了大规模的国际化生产过程，汽车价值链的各个增值环节被分散在不同国家和区域，汽车产品的物质组成也呈现为高度的国际化，从而使汽车产品价值链区域分工成为当今世界汽车产业生产的主导模式。

由于汽车产业是典型的资本、技术密集型产业，整车组装与零部件生产制造环节仍至关重要且日趋复杂。同时，汽车制造商之间在全球范围内也发生了广泛的兼并重组，形成了目前普遍认同的"6+4"以及美国德尔福、日本电装、德国博世等少数跨国汽车巨头领导的国际价值链分工格局，并呈现出以下四个主要特点。

第一，汽车产业价值链分工体系具有明显的层次性结构特点，其中品牌制造商在整个价值链分工中处于核心地位，并通过合同、分销、品牌等手段对整个价值链进行控制。在整个价值链中，汽车品牌制造商通常专业化于最终组装环节，还参与发动机等核心零部件和子系统组件制造。而其他非核心的零部件和子系统组件的生产则分散在众多的联系厂商，各个联系厂商专注于价值链环节的特定职能，在价值链分工中处于从属地位。

第二，研发环节仍是汽车产品价值链的战略环节。汽车市场竞争实质上是现代科技的较量，是技术创新的竞争。世界各大汽车领导公司无不是通过不断加大对研究开发的投入，增强自身的技术创新能力，围绕安全、环保、节能等重点领域，采用新能源、新材料、新工艺开发研制新车型，占领技术制高点，提高对关键核心技术的垄断程度，以获取高额利润。

第三，发展中国家进入汽车价值链分工，扩大了核心厂商的控制范围，为分工模式带来新的特点。20世纪70年代后，伴随着世界经济全球化的发展，众多的发展中国家凭借着自身的劳动力成本、原材料价格等比较优势，逐渐获得汽车业中的大型跨国公司的青睐，包括中国在内的许多发展中国家因此得以进入汽车产业的价值链分工。

第四，国际汽车竞争将由制造领域向服务领域加速延伸。世界经济全球化趋势日益加深，促进了以市场营销全球化、售后服务全球化和服务贸易全球化为核心内容的汽车服务业的全球化进程的发展，加快了全球汽车竞争由制造领域向服务领域的延伸。当前，许多汽车制造巨头的经营盈利不是来自汽车制造，而是依靠相关汽车服务来创造。据统计，在发展成熟的国际市场上，汽车销售利润一般占总利润的20%，汽车零部件的供应利润也只占20%，而汽车服务占到全部利润的50%~60%。在现代汽车产业链条中，汽车只不过是待售出的一系列服务，是服务带动汽车产品的生产和销售。反过来，以服务为主导的方式也是现代汽车企业的主要盈利模式之一。

## 二、中国汽车产业存在的主要问题

中国汽车产业经过半个多世纪的努力取得了显著成绩，自 20 世纪 90 年代进入快速发展阶段，2005 年取代德国成为世界第三大汽车生产国、第二大汽车消费国。但中国汽车产业大而不强的特征仍然很明显。

（一）核心技术空心化

国内汽车制造行业起步较晚，以汽车电器行业为例，大约起源于 20 世纪 80 年代末期或 90 年代初期。它们基本使用国外 80 年代中期的技术水平，经过十余年的发展虽已有所改观，但仍与国外的先进技术相差很远。中国汽车生产企业在发动机、变速箱、车身、汽车电子及整车设计等核心技术的掌握和开发方面与世界先进水平有着明显的代差。无论是零部件生产，还是合资的整车企业，核心技术和工艺均掌握在跨国公司手中，"技术空心化"现象日益严重。跨国公司通过控制核心技术来控制中国市场，它们对中国汽车产业发展采取的是遏制战略。以零部件为例，发动机管理系统、动力匹配系统、安全控制系统、自动变速器等核心技术和核心零部件全被跨国公司垄断，80% 以上的零部件市场被独资和具有外资背景的合资企业控制，表 7 - 1 说明国内大量的零部件企业仍处于散、弱、低的状态，难以和国内整车生产企业形成系统固定的产品衔接关系。相对于本国民族汽车制造企业而言，合资企业有连图纸带关键件一同拿来的优势，其技术资源就相对丰富，新产品的开发也具有较强的先发优势。而本国的民族企业基本上只能按整车厂提供样机总体上进行仿制，征得整车厂同意局部可以稍作改进，一般不能搞自主创新、自行设计，很难有自主开发的机会。按样机试制出来的产品还需要拿到国外原配套厂进行反复试验认可，因此，技术创新、市场准入受到制约，很难形成自主的知识产权。国内外的实践表明，专利申请量的多少是衡量汽车产业科技进步水平的重要标志。据统计，在国家知识产权局公布的中国专利中，专利数量居前十名的汽车企业中有七家是跨国公司。其中，本田（3145 项，包括摩托车专利）、丰田（1311 项）、日产（714 项）分别占据前三位。在三项专利上，国外主要汽车企业在我国申请的专利基本都是以发明专利为主（约占总数的 72%），而上海汽车申请的发明专利比例较低（约占总数的 18%），专利申请以实用新型和外观设计专利为主，核心技术的拥有量较低。

表 7 – 1  中国汽车制造企业技术能力比较

| 汽车企业 | 代表车型 | 整车开发技术 | 关键模块技术 |
|---|---|---|---|
| 奇瑞 | 东方之子、QQ、瑞虎 | 1. 继续采用模仿跟进战略；<br>2. 与意大利 BERTONE、PNIFARNA 合作开发 | 1. 三菱发动机动力系统、福特发动机动力系统、宝马 – 克莱斯勒发动机系统；<br>2. 与奥地利 AVL 发动机公司合作研发 ACYTECO 系列 18 款发动机 |
| 吉利 | 豪情、美日、华普、美人豹、优力歌、自由舰 | 1. 与德国吕克中克、意大利汽车集团公司、韩国大宇国际 CES 公司合作车型开发；<br>2. 同国内科研院所合作：长春机械部九院、武汉理工大学、江苏理工大学 | 自主研发自动变速箱，479Q 和 VVT 发动机 |
| 长安 | CV9、CV8、CV6 | 与意大利 DEA 公司、德国 EDAG 公司合作开发 | 与德国 FEV 发动机技术公司合作研发 2.0L 发动机 |
| 华晨 | 骏捷、M2、阁瑞斯 | 与意大利乔治亚罗公司合作开发 | 与德国 FEV 发动机技术公司合作研发涡轮增压汽油发动机——4G22 型发动机 |
| 哈飞 | 赛马、民意、百利 | 1. 引进日本三菱技术合作开发车型；<br>2. 与意大利宾尼法瑞那、英国莲花公司合作开发新车型；<br>3. 与国内设计公司、上海同济大学同捷公司合作 | 继续采用东安生产的三菱发动机动力系统，同时提出自己的系统设计方案 |

资料来源：作者整理。

（二）产业空壳化

目前，世界上几乎所有的汽车跨国集团公司都在中国找到了一个或多个合资合作伙伴，带来了 70 余个品牌，建立了自己的生产销售据点，占据了 70% 以上的市场。虽然合资企业的中外双方股份比例各是 50%，中国汽车同样在汽车价值链各环节面临着被大众、通用等跨国汽车巨头的多方操控，根本无法体现另外 50% 的中方控制权，或者更准确地说是中方成了被动的"价格接收者"而对汽车产品价值链条的控制力十分薄弱。现实证明，我们从合资中可以学到现代汽车生产方式，但难以真正得到和掌握核心技术。相反，跨国公司控制和垄断核心技术，使我们的汽车企业对跨国公司形成技术依赖而难以实现技术积累和技术创新。它们通过控制核心技术控制了中国市场和销售。因此，如果继续一味地、长期地依靠合资，恐将进一步加深我国对国外核心技术的依赖程度，加大自主研发和掌握核心技术、工艺的难度。表7-2说明上汽集团在汽车产品价值链各环节与外方的主要合资情况。

表7-2　上汽集团在汽车产品价值链各环节与外方的主要合资情况

| 环节 | 合资公司名称 | 外方企业 |
|---|---|---|
| 研发环节 | 1. 泛亚汽车技术中心有限公司 | 美国通用汽车公司 |
| | 2. 天纳克研发中心 | 美国天纳克公司 |
| 整车环节 | 1. 上海大众 | 德国大众 |
| | 2. 上海通用 | 美国通用汽车公司 |
| 零部件环节 | 1. 上海纳铁福传动轴有限公司 | 德国 GKN 公司 |
| | 2. 上海三电贝洱汽车空调有限公司 | 日本三电株式会社、德国贝洱有限公司 |
| | 3. 联合汽车电子有限公司 | 德国罗伯特博世 |
| | 4. 延锋伟世通汽车饰件系统有限公司 | 美国伟世通 |
| | 5. 上海小系车灯有限公司 | 日本小系制作所、丰田通商株式会社 |
| | 6. 上海采埃孚转向机有限公司 | 德国采埃孚 |
| | 7. 上海法雷奥 | 法国法雷奥集团 |
| | 8. 上海萨克斯动力总成部件系统有限公司 | 德国采埃孚萨克斯 |
| 市场环节 | 1. 上海大众汽车销售公司 | 德国大众 |
| | 2. 上海安吉天地汽车物流公司 | 荷兰邮政集团（TPG） |
| | 3. 上海安吉黄帽子汽车用品有限公司 | 日本 "Yellow Hat" |
| | 4. 上汽通用汽车金融有限责任公司 | 通用汽车金融服务公司 |

（三）产业集中度低

至 2011 年年底，全国汽车企业共有 168 家，其中具有整车生产资质的企业（集团）70 家，零产销和年产销不足千辆的"壳公司"企业（集团）占了所有整车企业（集团）的一半还多。据工信部统计，2012 年中国仅有上汽（446.14 万辆）、东风（307.85 万辆）、一汽（264.59 万辆）、长安（195.64 万辆）、北汽（169.11 万辆）五家汽车生产企业（集团）产销规模超过百万辆，产业集中度占全国汽车销售总量的 71.7%，而且绝大多数是合资品牌汽车，远不及欧、美、日 90% 以上的产业集中度，没有一家汽车企业产销能够进入全球前十名。

就零部件行业来看，目前中国有几万家汽车零部件企业，但达到经济规模要求的很少，大型企业比例不到1%，大中型企业比例不到15%，零部件企业总体上"弱、小、散"的局面没有得到根本改善。地方、部门、企业自成体系、急功近利，不能从战略角度进行审慎投资，故雷同化严重，这样就很难进入利润丰厚的高端市场。由于力量分散，整体优势难以体现，多数企业未进入整车配套市场，而只是单一的社会维修服务配件供应商。

（四）自主品牌境况堪忧

近十年来，奇瑞、吉利、比亚迪等一批自主品牌汽车得到了长足发展。一批性价比较高的产品已经进入国际市场。但总体看，自主品牌汽车的发展仍不容乐观，困难重重。一是与整体中国汽车业一样缺少自主的核心技术，技术工艺水平、品牌影响力以及市场竞争力与世界先进水平相比还存在明显差距；二是合资、进口品牌车企依仗技术、资金、品牌等优势挤占原本自主品牌汽车占优势的中低端市场，其生存空间被压缩，生存环境恶化；三是国家导向政策与庞大的政府消费群体错位，也对自主品牌产品产生负面影响。目前我国政策明确要求政府公务用车应选择自主品牌汽车产品。但一些政府消费群体尤其是地方政府在国家公务用车采购政策上并未真正落到实处，政府的示范、带头作用没有充分发挥。除此以外，一些地方政府出台的各种限制政策如"摇号""车牌拍卖"等使得购车难度和成本加大，从而导致品牌影响力本就较弱的自主品牌在这些地区乏人问津。

随着初创期整车开发技术的初步形成，目前中国企业具备了独立进行整车生产的基础，企业进入早期成长阶段。此阶段，企业往往采取模仿跟进的战略在低端市场进行扩张。而基于模仿的车型改进开发需要企业提升整车开发技术，必然要求系统知识的进一步成长。此外，企业的市场扩张触动了跨国汽车公司的利益，而发动机等关键模块技术往往掌握在跨国汽车公司手中，出于竞争等因素的考虑，中国企业必须在关键模块知识上实现自主。

## 三、产业分工转移下中国汽车产业升级战略

21世纪的世界生产体系已经进入一个以产品价值增值环节国际分工为基础的全球化生产阶段，同时也为越来越多的国家和地区提供了参与全球化分享

国际价值链分工利益的机遇。在全球化的背景下，一国或地区的产业发展战略能否充分利用本地的比较优势将决定其长期绩效。目前中国汽车产业仍处在早期成长阶段，产业组织结构以整零关系为主要特征，在技术水平和配套能力上都难以望跨国公司项背。我们必须充分利用模块化带给汽车产业的便利条件，积极向发达国家学习，不断提高我国零部件企业和整车企业的规模实力、提升我国零部件企业和整车企业的技术创新水平。为此，需要在以下几个方面重点关注。

（一）积极推动汽车企业升级

（1）中国汽车产业正处在早期成长阶段，在持续的技术学习和整车开发实践深化系统知识的同时需要形成某些关键模块的技术能力，实现系统知识的创造性模仿和关键模块知识的复制模仿，以尽快提高中国汽车产业竞争力。

（2）加速零部件企业之间的合并，促进产业结构优化，培育和扶植一批有竞争力的零部件企业集团，要注重培养系统供应商，为系统供应商的发展创造条件。此外，国家通过产业政策和财政税收政策，培育和扶植有竞争优势的市场领先者，使它们迅速成长起来。并以这些企业为核心，以资产为纽带，通过改组、兼并、参股、租赁、股份制等产权组织方式汰劣存优，组建真正意义上的"巨人"集团，实现优势互补、强强联合。

（3）加强与国际整车市场和零部件市场的接轨，稳定整零关系。世界汽车市场上，无论是整车还是零部件都逐渐呈现寡头垄断的市场格局，由于模块化的作用，零部件的数目会逐渐变少，所以世界汽车整车与零部件供应商也呈现出垄断局面，其数量也会逐渐集中在少数生产厂家手中。整车与零部件企业之间形成既竞争又合作的战略联盟已成为共识。以"最佳采购原则"为基础的全球采购正在成为整车企业普遍采用的经营策略，国内有实力的零部件厂商应积极进入国际市场。

（4）鼓励和推动本土大型汽车企业在某些核心价值模块上加大研发力度，争取在若干核心技术和产品中拥有自主知识产权，向价值链的高端环节延伸。因此，中国今后要获取若干核心模块的关键技术，在产业发展中获得主动性，可以通过设立政府性的研发基金以及给予政策导向与扶植，集中开发关键的价值模块，并与全球制造网络对接，在做专做精的基础上做强做大，实质性地提升中国制造业的技术创新水平。

（二）通过海外投资和国际并购，构建本土企业主导的全球制造网络

（1）长期以来，在汽车产业的国际分工中，中国的产业竞争优势主要是低成本的制造优势。但是，由于中国制造业发展面临日益不利的资源约束、出口市场约束和人民币升值的压力，中国本土汽车制造企业的海外并购已经成为必然。海外投资和国际并购是本土汽车企业实现全球化布局和构建本土企业主导的全球制造网络的重要途径，是摆脱技术约束、市场约束和降低贸易风险的重要措施。在海外投资和国际并购过程中整合国际技术知识资源，实现对跨国公司核心技术封锁的突破，从而摆脱跨国公司在国内市场竞争的技术锁定，这是应对跨国公司产品价值链环节锁定的"逆向重构"战略，进而实现产业制造网络和产品生产网络的全球化布局。在 2009 年，中国汽车行业出现了明显的国际并购潮，但是，中国本土企业要通过海外并购实现产业技术升级和国际竞争力的提升，一方面，需要通过企业内部整合迅速融合海外优质的知识资产并实现新的技术创新和管理创新；另一方面，为了实现本土制造业的制造优势和海外并购资产的知识优势的结合，必须在全球范围内重构汽车零部件生产分工组织体系，围绕海外并购的中国核心汽车整车企业，实现汽车零部件生产企业的集群式"走出去"战略，将本土企业的配件制造网络覆盖全球。由于中国企业海外投资和国际并购的融资能力和经验不足，国家可以提供信息、风险等方面的服务，并通过政策性金融机构为企业海外并购提供担保和融资，实行海外投资亏损提留、所得税减免等国际上常用的鼓励措施来加以扶持。

（2）发挥主导整车企业的领导作用，形成全球化制造网络的治理机制和风险控制体制。中国汽车产业制造网络的重构必须注重发挥主导整车企业的核心作用。全球制造网络下的汽车产业组织往往是以少数几家大企业为核心，其余的企业充当不同地位分包商的组织结构。因此，通过汽车产业重组构建主导整车企业为核心的生产组织结构是提高产业效率和国际竞争力的重要措施，这不仅包括通过跨地区、跨所有制的并购重组来提高汽车产业集中度，而且更需要在重组中构建以主导整车企业为核心的生产组织体系。主导企业不再是一个简单的整车组装中心，而是一个技术知识的创新中心、资本运营中心、品牌运营管理的组织中心、网络运行的治理中心和国际经营风险控制中心。目前，中国主导整车企业应重点发挥知识创新、知识整合、知识扩散和品牌管理的无形

资产运营中心，为全球制造网络的技术创新、质量控制和全球化营销提供核心的动力支持和管理制度保障。为了更有效地实现全球布局和降低风险，在全球制造和运营网络构建过程中，中国汽车产业的主导厂商还应组建战略联盟，合作开发全球知识资源和国际市场，以分散风险。

（3）放松进入限制，扶持民营优势企业的发展。中国汽车产业政策的重点应为进一步放开汽车行业的进入管制，鼓励本土整车制造企业进入市场。目前中国政府对汽车制造业仍然存在比较高的进入管制壁垒，在跨国公司已经基本进入中国汽车市场的情况下，大量本土企业，尤其是民营企业由于过高的进入壁垒无法进入市场，不利于有效重构中国汽车产业组织结构。由于本土民营汽车企业的制度优势和市场化生产组织体制，只有更多本土整车企业加入，才能打破外资股权和国有资本结合的封闭产品供应体系，形成更有效的市场化组织分工体制，给本土零部件供应商打开成长的通道。政府应当在严格执行行业进入的技术标准、环境保护标准的同时，适当降低进入门槛，提高行政审批效率，并深化投融资体制改革，使外商投资企业、国有控股企业、民营企业在市场环境中处于平等的地位，并在民营企业国际化发展过程中给予更多的扶持，提高其国际资源整合能力和国际经营风险控制能力，促进中国本土汽车制造业向国际化发展。

## 四、研究结论

对以"世界工厂"著称的中国制造业而言，模块化的分工生产体系既是机遇，更是挑战。发达国家已经掌握了模块化的先机，其在制造业上的控制力越来越强，有人形象地将美国比喻为世界工厂的董事会，将中国比喻成世界工厂的生产车间。如果我们不抓住模块化的有利时机，不充分利用模块化带给中国制造业的便利条件，不积极向发达国家学习，提高中国制造业规模实力和技术创新水平，中国制造业可能会陷入不可持续的发展轨迹当中，价格竞争将成为中国制造业最主要的竞争工具。从未来的竞争路径来看，装备制造企业层级的向上突围是基本方向，由零部件生产企业和加工组装企业向关键零部件生产企业突围，核心企业应向先导技术开发企业和拥有技术创新能力的零部件企业突围，并应积极参与国际制造业相关技术标准的制定，为中国制造业争取更大的利益。在此过程中，一个基本的战略是持续的技术学习和高强度的自主研发，因为这是制造业技术能力形成的必要条件。在具体策略方面，则是要鼓励中国制造业向着规模化、集约化方向发展，不断提高参与国际市场的能力。

# 第二节　华为公司产业升级战略

## 一、华为概况

华为成立于1988年，在发展初期（1988—1992年），主要代理国外的小型交换机；但随着国内代理企业的增多，企业利润逐年下降。而由于缺乏自主知识产权，国内通信制造企业尚无能力自主生产这些产品。华为看到了当时属于尖端技术的数字程控交换机的市场发展空间，依靠创业初期积累的资金，1991年开始将全部资金都投入到C&C08程控交换机的研发中。1994年，华为成功开发出具有自主知识产权的C&C08程控交换机，这是华为的起步产品。这次试验成功后，华为在技术研发上的投入不断加大。1998年，华为开始了通信网络的最尖端技术——第三代通信技术的研发。有赖于华为的核心技术战略，企业利润和销售收入均呈现大幅增长。2007年，华为销售收入达920.12亿元人民币，销售收入增长率高达39.67%；实现利润总额达548707万元人民币，增长率为20.61%；截至2007年年底，华为资产总额已经达到747.8225亿元人民币。根据国家工业和信息化部公布的2008年（第22届）中国电子信息百强企业，华为在营业收入排名中位列第三，在利润总额和研发投入排名中均位列第一。经过20年的发展，华为目前的主要业务已经涵盖通信网络技术与产品的研究、开发、生产与销售，专门为电信运营商提供光网络、固定网、移动网和增值业务领域的网络解决方案。

## 二、华为的核心技术战略

早在1991年华为就意识到自主研发的重要性，在认真研究了跨国公司的技术战略后发现，几乎每个跨国公司都把持着某一方面的几百项专利技术，这些专利成为市场进入的壁垒，将后来者牢牢地拒之门外。新进入者要想生产相关产品，必须向拥有专利的跨国公司支付专利许可费。而某项产品的不同技术环节往往由几家跨国公司拥有专利许可，这势必产生高昂的专利许可费；而如果将这些专利许可费计入生产成本，国内企业在产品价格上根本没有任何竞争力。在这种情况下，以代理国外小型交换机为主营业务的华为决心自主开发当时属于尖端技术的数字程控交换机。华为试图通过填补国内程控交换机市场的空白，为公司寻找到一条独特的发展道路。对于刚刚起步的华为来说，自主研发一项新技术谈何容易：首先是巨大的资金投入问题，其次是技术人员短缺问题。面对重重困难，华为并未放弃，反而更加坚定了它的核心技术战略；华为将公司的全部资金都投入到 C&C08 程控交换机的研发中；在历经四年的艰苦技术攻关后，1994 年华为成功地研发出 C&C08 程控交换机，并取得多项专利技术成果。由于拥有了自主的核心技术，华为 C&C08 程控交换机的生产成本大幅下降，价格竞争力远远高于同性能的进口产品。

在此之后，华为更加重视核心技术的研发，专利申请一直保持着年均100% 的增长速度。据国家知识产权局统计，到 2002 年年底，华为累计申请专利 2154 件，发明专利申请量居国内企业之首，申请 PCT❶ 国际专利和国外专利 198 件，是发展中国家申请 PCT 最多的公司之一；截至 2007 年年底，华为拥有专利申请量已经累计达 2 万余件，仅 2007 年华为申请专利 3878 件，其中发明专利达 2608 件。截至 2011 年年底，华为累计在全球申请专利达 47322件，授权 23522 件，其中国外专利 10978 件，在美国、欧洲等国家和地区授权专利 5415 件，PCT（专利合作条约）申请 10650 件。

通信网络的最尖端技术是第四代通信技术（LTE 技术），华为在相关核心技术的研发上同样走在了业界的前列。华为以 147 件 LTE 专利跻身全球前四，并在全球电信设备商中位居前二。华为表示将根据合理和非歧视（FRAND）原则，以开放的态度与业界分享在 LTE 专利方面的成就。ETSI IPR（European Telecommunications Standards Institute Intellectual Property Rights）每月刷新的数据显示，自 2009 年以来，华为的 LTE 专利一直在全球设备商中领先，在截至 8 月底的 1086 件全球 LTE 专利申明总数中，华为占到 12% 的份额。除了数量领先外，华为在 LTE 基本专利或潜在基本专利方面也领跑 LTE 技术。

---

❶　PCT 为 Patent Cooperation Treaty（专利合作协定）的简写。

这些基本专利或潜在基本专利涉及 LTE 物理层、空口、高层等核心技术领域，其中物理层基本专利或潜在基本专利占20%以上，涉及 OFDM、MIMO、信道编码、导频、同步、资源分配等多项关键技术；空口相关专利占 40% 以上，涉及小区重选、数据传输、MBMS 业务等关键技术和业务。

核心技术专利为华为带来了巨大的经济效益。例如，华为自主研发设计的 ASIC 芯片成本只有十几美元，而从国外进口则需要 200 美元，华为应用这项技术大大降低生产成本，从而也为其产品竞争力的提升奠定了良好的基础。正是基于领先的技术，华为的利润也实现了快速增长。2012 年，华为实现净利润 157 亿元人民币，同比增长 33%，在中国电子信息百强企业利润总额排名中位列第一。高额的利润又为华为的研发提供了重要的资金支持，研发的投入又使得华为的核心技术专利申请量不断增加，核心技术专利又使得华为的利润额保持高速增长；如此良性循环就实现了华为企业竞争力的内生性增长。

### 三、华为的研发投入与人力资本投入

华为之所以拥有大量的核心专利技术，与其高额的研发投入和人力资本投入是密不可分的。华为为了持续提升满足客户需求进行创新的能力，长期坚持投入不少于销售收入 10% 的费用用于研发。从 2001 年起，华为在技术研发方面的投入超过年均 30 亿元人民币；2005 年，华为的研发投入高达 47 亿元人民币，占上一年销售收入的 14%；2007 年，研发投入达 71.43 亿元人民币，占上一年销售收入的 10.84%；到 2012 年，研发投入已经高达 301 亿元，占销售收入的 13.7%。无论是从研发投入总额还是从所占比重来看，华为都是中国电子信息百强企业的第一名，同时也达到全球通信业企业研发投入的领先水平。

为了能够保持华为在国际通信业的技术领先地位，华为通过跨文化的团队合作，实施全球同步研发战略。除了在国内的北京、深圳、上海、南京、西安、成都设立六个研发中心外，华为还在国外设立五个研究所，分别为瑞典的斯德哥尔摩研究所、美国的达拉斯研究所、美国的硅谷研究所、印度的班加罗尔研究所、俄罗斯的莫斯科研究所。通过设立在国外的研发机构，一方面，华为可以在第一时间了解到世界通信业发展的最新技术情况；另一方面，通过全球各研发机构的团队合作，能够在最短时间内攻克技术难关。这种全球同步研

发战略的实施为华为保持核心技术的领先发挥了至关重要的作用。

除了研发经费投入外，华为在人力资本投入方面也处于世界同业领先的水平。华为员工的 48% 被投入到研发部门中，2007 年，华为员工总数为 59537人，其中 28000 多名工程师工作在公司研发体系的各个部门，研发部门是华为最大的部门之一，不仅人数众多，而且经费也最多，研发人员的薪酬待遇比其他部门要高许多。从华为员工的受教育程度来看，所有员工中超过 95% 的具有大学本科以上学历，70% 拥有硕士或硕士学位以上学历，还有数千名博士、博士后，48% 为高级研发人员。因此，华为也就成为全国学历最高的企业。此外，早在 1997 年华为就与中国科技大学联合设立博士后流动站，吸引大批博士后到华为进行科研活动，而"出站"的博士后也大多选择了继续留在华为工作，这为华为培养了一大批高级技术人才。

华为富有吸引力的薪酬待遇是积聚大批技术人才的重要原因。以一名刚毕业的大学生为例，只要经过严格的筛选后被华为录用，一年的综合收入可以高达 10 万元左右。充足的毕业生来源为华为提供了更多的选择余地，而华为的优厚薪酬待遇也吸引了国内外大批高学历人才前来加盟。华为坚持"知识资本化"的人力资本战略，为其核心技术战略提供了良好的基础。

## 四、华为的市场主导战略

如果说华为的成功源于其高额的研发投入、人力资本投入和领先的核心技术专利，那么华为的市场主导战略则是华为实现技术领先优势的基础。可以说，华为是一个由"营销团队 + 研发中心"构成的高科技公司。事实上，华为技术领先的优势也就是 21 世纪以后才逐步确立的。在 20 世纪 90 年代，华为的产品和技术根本谈不上有多么好。市场是华为一切工作的核心，研发工作是围绕市场为中心来运作的。因为，一项不适应市场需求的技术即使再先进，也不会为企业带来任何利润；只有符合市场需求才能产生经济效益。因此，华为以市场为中心的战略与其核心技术战略是相辅相成的，二者并不存在任何矛盾之处。市场营销人员深入客户中，了解客户需求并反馈给公司，这样才能使华为的研发工作有的放矢。华为新产品的立项、产品的设计思路、产品的技术标准、产品的改进和完善等都是依据市场前景和市场反馈来进行的。

此外，华为的市场主导战略也为其销售收入的高增长奠定了基础。正是基于对市场营销的重视，华为在国内通信业激烈的竞争中才能立于不败之地。在华为，除了研发人员外，所占比重最高的就是市场营销人员；与其他公司不同的是，华为的市场营销人员均是"技术＋营销"的复合型人才，即市场营销人员首先是技术人员，然后通过培训掌握相关市场营销策略。这种复合型营销人才成为华为在市场竞争中获得竞争优势的主要来源之一。正是华为强大的市场能力使得华为不断获得市场销售的突破，进而为华为积累宝贵的资金，使华为能够有能力投入更多的资源到研发部门，从而使得华为的技术和产品不断得以改进和升级，而产品中技术含量的提升反过来又促进市场销售的增加，这样就形成了一个良性循环。因此可以说，没有市场销售的成功，华为就不可能开发出具有竞争力的产品和领先的技术；反过来，没有具有竞争力的产品和领先的技术，华为也不可能确立市场领导者的地位。所以，市场主导战略和核心技术战略是华为实现其内生性增长的两个关键。

在成功确立了其核心技术的领先地位后，华为通过输出技术完成其国际化经营。创业初期，华为没有独立的研发能力，所以必须和西方巨头进行战略合作。那时，华为对外合作的主要目的是获得西方巨头的技术和核心器件。华为很早就和惠普、IBM、摩托罗拉等跨国公司建立了联合实验室。这些实验室不仅为华为引进技术和器件提供了保证，而且还促进了华为整体技术的进步。当华为独立的研发能力在某一领域成熟之后，华为与外国同行的合作就变成了"输出技术"。由此可以看出，华为所走的是一条引进技术、消化吸收、自主研发的发展之路，这与中国政府所提倡的"以市场换技术"战略有着异曲同工之妙。

### 五、华为与竞争对手的博弈

20 世纪 80 年代末 90 年代初，中国民族通信产业有四家实力较强的企业——巨龙、大唐、中兴和华为，被业界称为"巨大中华"；在经历十几年的国内外市场的考验后，今天只有"中华"——中兴和华为依然屹立不倒；而巨龙通信已经退出，大唐的经济效益也差强人意，上市公司被冠以"ST"的帽子。

在华为和中兴的互动与博弈过程中，华为一直以市场领导者的角色而领跑中国民族通信业；而中兴则采取跟进战略，一直把学习、赶超华为作为其发展的目标，虽然中兴不论在研发投入还是专利技术方面都与华为存在较大的差距，但是中兴的跟进战略使得中兴的自主研发能力得到大幅提升，整体技术水平也不断提高。当然，华为也时刻关注着中兴的发展，在市场竞争中学习中兴的长处。华为和中兴的竞争促进了双方的共同成长，在它们竞争的十几年中，我们并没有看到哪一个被彻底打败了，反而是两家公司的国内和国际竞争力不断增强。当前国内市场的格局中，中兴主要涉及 CDMA 网络及中端市场，而华为则与中国移动进行全方位的战略合作，并保持了在固定网络上的领先优势；此外，二者均投入较大的精力在移动终端上，如在智能机市场上，二者不断推出新款智能手机，为国内消费者在移动通信设备方面提供了更多的选择。在国际市场上，华为、中兴都占据了较高份额的亚非拉市场；华为在欧洲市场上取得了规模突破，成为英国电信、沃达丰、Telefonica、法国电信、德国电信和荷兰电信等运营商的战略供应商；中兴则在发达国家取得了较大的进展，规模突破指日可待。两家公司正是在激烈的市场竞争中才成长为世界主流通信设备供应商。如果国内市场由一家垄断，或者国家在某个领域只扶持一家企业，通信产业的发展并不会比扶持两家或多家表现得更好。美国的硅谷之所以出现，不是因为美国政府扶持了一家企业，而是由于整个地区普遍具有超过其他地区的竞争力。同样地，美国的麦当劳和肯德基、波音飞机和空中客车、可口可乐与百事可乐等都是相互竞争、互相促进的典型案例。

　　与华为和中兴构成明显差别的典型案例是普天公司的引进技术；普天成立于 1980 年，远远早于华为和中兴，全称为中国普天信息产业集团公司，其前身是中国邮电工业总公司。为了掌握现代通信技术，国家通过实施"以市场换技术"战略，希望通过与国际电信巨头进行合资，实现电信设备的本土化生产。国际电信巨头也承诺向中国转让生产技术，并通过 SKD/CKD 方式在中国进行生产。当时代表中国进行谈判的就是中国邮电工业总公司。通过合资方式先后引进了交换机、光网络、GSM、CDMA、3G 等技术，当然几乎无一例外的都是引进国外的生产技术，而核心技术仍掌握在外国电信巨头手中。表面上看，华为与普天都和外国跨国公司进行战略合作，但是，华为与普天的合作模式正好相反，华为是向国外电信巨头输出技术，而普天则是输入技术。自主研发是普天所欠缺的，在与外国电信巨头的合作中，普天只注重了引进技术，而在如何利用现有技术进行自主研发方面不足。正是由于缺乏核心技术，普天在国际化经营中举步维艰。

综上所述，华为的成功为我们展示了自主创新在企业升级中的重要作用；当然，华为成功的原因是多方面的，包括其先进的管理、严格的制度、有效的激励机制，等等；但是如果不是具有大量的核心技术专利，我们可能很难看到今天的华为，也就是说，核心技术仍然是华为在市场竞争中取胜的唯一法宝。以此为鉴，中国装备制造业升级也要遵循一条自主创新的内生性增长之路。

# 第八章　国际产业分工转移下中国装备制造业升级战略

技术模块化导致了产业模块化，形成了以生产非一体化和产品内国际分工为基本特征的模块化产业组织。产品内国际分工的各个阶段与不同国家生产要素的比较优势相匹配，发展中国家企业自然就成了劳动密集型生产阶段的代工者，被发达国家控制的全球价值链所俘获，长期处于价值链的低端锁定地位。这一现实给发展中国家的技术追赶和产业升级带来了巨大障碍，对中国来说，如何利用模块化的契机来提升自主技术创新能力，加快推进产业升级，提高出口产品国内技术含量，从而突破全球价值链的低端锁定状态，是当前转变经济发展方式的重大课题。

## 第一节　世界装备制造业升级的经验分析

经过近 70 年的发展，发达国家装备制造业已经形成比较完备的产业体系，中间经过数次升级转型，积累了各个行业不同的升级经验，可以为中国装备制造业转型升级提供借鉴。

### 一、重型电气装备制造业升级过程

汽轮发电机产业遵循一种单一的技术轨迹旨在最小化一种技术指标——每千瓦时发电量的成本，因此它具有高 alpha 产业的特征。

20 世纪 40 年代末之前，发电机规模增长缓慢。20 世纪 50 年代中期到 60 年代中期，工业化国家需求迅速增长使得集中生产有利于减少生产成本，而且发电机技术进步使得单机规模提升具备了技术可行性，因此需求迅速增长与技术进步相结合导致单位装机规模快速跃升和装机数量下降。单位装机规模跃升和装机数量下降使得市场份额较小的企业相对于主导企业的成本劣势更为严重，因而导致了大范围的产业整合。在美国导致了三个小型生产企业消失，在欧洲推动了英国的产业整合并且促进了德国厂商的兼并。集中度的提高归因于小型企业单位生产成本提高和难以负担 R&D 经费。

20 世纪 50 年代和 60 年代西方主要国家的重型电气装备市场均由国内企业主导。20 世纪 50 年代四个最大的国内市场包括美国、日本、英国和德国，这些国家同时也是主要的生产者，除此之外比较重要的生产者仅有法国、瑞典、瑞士。所有这些生产者基本上不进口但却分享非生产者组成的巨大世界市场，这七个主要生产国提供了非生产国 84% 的电力设备进口。20 世纪 60 年代末期，重型电气装备产业发生了重组，这一系列重组的共同线路在于每个企业都将其规模调整到与其核心业务相适合的水平。

促使英国产业走向整合的关键性并购是 1968 年英国通用电气公司与英国联合电子工业公司 AEI 和英国电气公司（English Electric）的兼并，这次兼并使得英国通用电气公司重新恢复其在汽轮发电机生产方面的主导地位。20 世纪 60 年代，德国重型电气装备产业的两个主导企业是西门子（Siemens）德国电器公司（AEG）。为了应对汽轮发电机市场需求的不断变化，它们将其汽轮发电机业务合并成一个新的共同所有的机构 Kraftwerk Union 进行联合经营，继承了 80% 以上德国汽轮发电机市场。在四个主要生产国中，唯独日本在 20 世纪 60 年代避免了重组。日本仅有三个国内企业生产透平发电机，它们均与供电公司保持持续密切关系。三个公司的长期生存在很大程度上得益于其日益增强的技术地位和由此导致的出口成功，这使得它们进入十大国际顶尖生产商行列。

美国电气产业自 20 世纪初以来就被通用电气和西屋电气所主导，除此之外只有一家公司艾利斯 – 查默斯（Allis – Chalmers）在 20 世纪 50 年代生产过透平发电机。1950 年，通用电气和西屋电气的市场份额分别为 58% 和 38%。虽然通用电气的规模相对较大，但是西屋电气的绝对规模使其能够负担重大研发项目，这意味着两个公司在技术上基本保持并行的格局。在通用电气和西屋电气竞争技术主导地位的同时，从 1946 年到 1953 年艾利斯 – 查默斯的市场份额在 2%～5% 波动，规模相对太小使其难以弥补营业间接成本，公司处在生存边缘。通用电气和西屋电气平均销售利润分别为 20% 和 16%，而艾利斯－查默斯却处于亏损状况。规模过小使得艾利斯－查默斯面临双重压力，首先它难以投入充足的 R&D 经费，1960 年至 1962 年他的研发经费在 100 万～150 万美元，而通用电气的电气研发经费在 2000 万～2100 万美元，西屋电气的研发经费在 1200 万～1500 万美元。更为严重的是由于生产规模过小导致其单位成本过高。在这种压力下，艾利斯－查默斯决定在 1962 年年底放弃生产。

单位规模大型化在 20 世纪 60 年代末期完成，20 世纪 70 年代初形成的市场结构自此之后基本保持稳定，一些规模较小的企业依赖于国内市场保护仍然维持生存。瑞士电气工程公司（Asea）是能够维持生存的中等规模企业之一，20 世纪 80 年代它在全球透平市场仅占很小的市场份额。1986 年欧共体承诺建立一个放松管制的单一的欧洲市场，这促使 Asea 总裁采取了一系列措施以便在竞争更为激烈和更加高度集中的欧洲市场抢占领先地位。第一个也是关键的措施就是收购瑞士的 BrownBoveri，其规模基本上与 Asea 相当，新组建的 Asea－BrownBoveri 又以 36 亿美元的代价继续收购了六个电力及相关产业的欧洲公司，接着又实施了包括削减管理层和实现主要产品生产线集中的合理化方案。在企业规模提升的同时，Asea－BrownBoveri 加大研发投入以加快技术进步节奏，其研发支出达到销售额的 7.8%（而产业中竞争对手为 5%），研发人员达 11000 人，几乎一半以上具有高学位，大量研发投入使得其技术进步速度与国际领先企业相当。

## 二、电子及通信设备制造业升级过程

20 世纪 70 年代之前，全球通信设备市场由许多联系微弱的子市场组成，20 世纪 70 年代放松政府采购规制与通信市场自由化相结合，随着市场开放，研发支出升级的企业具有进入国外市场的优越性，因而这种效应提高了 alpha 的值。通信设备中的第一个自动转换系统是机电式的史瑞桥系统，1892 年在美国首次安装，1913 年在英国安装。在以后的五十年中，更加先进的机电式转换系统——纵横自动交换系统逐渐取代了它。在这期间，通信设备市场是高度分割保护与缓慢的技术进步并存。20 世纪 70 年代，较大的西方国家都有一个或多个国内生产商控制国内市场，而出口主要面向那些没有国内生产商的国家。美国的通信设备供应由美国电话电报公司（AT&T）所主导，美国第二大生产商是 ITT，有两个本地企业，阿尔卡特（Alcatel）和较小的 CGCT 支配法国市场，西门子支配德国市场（而且通过其分公司控制意大利市场，直到分公司被国有化为止）。英国邮电局从 Ring Communications 购买设备，由双方协商合作进行系统开发。日本电话公司 NTT 以类似的方式与几个国内供应商合作。直到 1976 年，几乎所有供应商都能依靠国内销售收入和直接补贴进行研发投入并获得发展，爱立信由于国内市场太小而依赖出口维持生存发展。

20 世纪 70 年代，伴随着美国的市场开放趋势，几家大型通信设备供应商开始扩大投入开发新一代的数字转换设备。由于数字转换设备在所有相关特性上均优于机电系统，因而提供了取代早期系统的预期。加拿大北方通信和瑞典的爱立信在早期阶段投入巨大并且产生了足够的销售收入从而能够为其提供研发资金，北方电信由于在早期阶段升至全数字系统而在市场中占据了关键性的领先地位，但是它们的许多竞争对手却未能如此，竞争所必需的日益增加的研发投资迫使该领域的企业进行兼并重组。

第一个数字交换系统由法国生产商 Alcatel 在 1972 年引入，其后不久，爱立信引入了 AXE 系统，其开发成本大约在 5 亿美元，相当于 20 世纪 70 年代中期公司年销售收入的一半。由于阿尔卡特和爱立信的销售局限于没有国内生产商的国家，20 世纪 70 年代末期面临有限的需求，尽管如此爱立信的年销售收入仍从 20 世界 70 年代的 10 亿美元跃升至 1981 年的 25 亿美元。

第一个在销售数字转换系统方面产生重大影响的是加拿大北方电信。1975 年公司决定致力于开发完全数字系统，公司在 1975 年至 1978 年的 R&D 支出为 6600 万加元，远远超过了其国内销售收入的补偿能力，承担了相当大的风险。其每年 R&D 支出从 1971 年的 4660 万加元升至 1978 年的 1.59 亿加元，R&D 支出占销售收入的比例达 14%，领先于其他所有通信设备企业。1979 年，加拿大北方电信的第一套数字交换系统 DMS 开始生产，早期进入市场为公司带来了丰厚的利润，1979—1981 年公司 DMS 交换系统年销售收入由 4500 万美元升至 4.5 亿美元，利润率快速上升大大增加了其进一步投资的信心。

20 世纪 70 年代末期，爱立信和加拿大北方电信需要大量的出口以补偿其 R&D 支出，而美国、德国、日本较大的生产商仍然能够依赖国内市场保护支撑销售收入。20世纪80年代封闭国家市场开始瓦解，1982年美国反托拉斯当局决定分解AT&T导致美国通信设备市场被分化，从而增强了国外供应商在美国的销售机会，随后其他国家市场也逐渐开放。全球通信设备市场整合引致了20世纪80年代R&D支出急剧升级，自1984年开始的五年期间，产业中数字交换系统的R&D年支出翻番，从125亿美元增至250亿美元。由于企业需要增加现金流以支持R&D支出不断升级，价格竞争更加激烈，因而导致了大规模的兼并和重组。

在升级过程的第一轮收购中，被收购的对象是曾经作为国内市场第二供应源的较小生产商。爱立信在1987年收购了法国第二大供应商CGCT，普莱思（Plessey）收购了美国小生产商Stromberg Carlson，加拿大北方电信收购了英国的标准电话电缆公司（U. K - based STC）的电信业务，在美国AT&T与GTE在1988年签订了协定逐步接管GTE的电话总机交换业务。

第二轮收购影响到产业内某些最大的公司。美国ITT公司1977年投入了大约10亿美元研发经费开发新的数字交换系统，并且断言到1985年该系统将成为全球最畅销系统。但是由于难以达到的交付期限以及由此导致的大量问题，ITT未能实现其市场销售预期。高额的R&D支出导致到1984年其收入下降33.6%，一些股东要求解散公司，最终法国的阿尔卡特兼并了ITT的电信业务。阿尔卡特收购ITT只是产业中大企业走向联合的一系列行动之一。

升级过程的特征在于升级过程中的R&D强度和利润率，某些最大的企业以其巨大销售额为基础可能能够支撑研发经费的增长。处在第二层的企业为了与领先企业竞争而大量增加研发经费，其利润率会受到损害，因而这些企业变得越来越脆弱，从而导致退出或者更容易被吞并。数字交换系统的例子演示了升级过程中的R&D强度和利润率特征。加拿大北方电信早期进入投资巨大，但是其作为19世纪80年代初期唯一能够提供高容量大型数字交换系统的供应商获得了销售收入的快速增长，因而能够负担日益增加的R&D支出。ITT的经历表明了升级对于其他企业造成的压力，尽管其R&D支出带来了技术成功和销售增长，但其利润率恶化到必然被接管的地步。这种资本品产业低R&D支出企业不具备生存空间，唯一的选择就是并购或者退出。

在20世纪90年代初期，通信设备市场份额的新格局演化为六个公司控制全球市场，美国电话电报公司（AT&T）和阿尔卡特（Alcatel）均占有全球市场份额的 1/5，西门子（Simens）大约占 15%，加拿大北方电信（Northern Telecom）、爱立信（Ericsson）和日本电气公司（NEC）各占 10%。

# 第二节　全球制造网络下中国装备制造业升级路径

在全球价值网络模块化分工之下，中国装备制造业产业升级的路径选择主要包括三方面：一是遵循比较优势演化规律，二是获取产品建构优势，三是提升开放式自主创新水平。根据比较优势演化理论，产品的技术距离是影响产业升级的重要因素，中国装备制造业产业升级的重点应是产业内部的升级。根据产品建构理论，装备制造企业在技术模块化背景下应当增强核心竞争能力，努力实现向产品价值链高端环节跃进，突破低端锁定的困境；在技术集成化背景下应当致力于产品价值链若干节点的突破，充分参与垂直专业化分工，并在与其他企业合作的过程中保持自身的独立性，通过价值链分工化解系统创新风险。根据开放式创新理论，在经济全球化背景下，构建企业的创新网络，从外部获取关键的知识、技术并加以优化整合并再创新是装备制造业实现产业技术创新能力升级的重要方式。

## 一、遵循比较优势演化规律

全球价值链的垂直专业化分工使得产品生产在技术上被分割为相对独立的模块，并由不同国家、地域的企业承担相应的模块生产活动，最大限度地利用全球资源完成产品的生产，推动了产业内国际分工的深化。传统的比较优势理论认为，一国在国际分工中的地位取决于其最初拥有的要素禀赋，要素禀赋决定了一国在生产产品过程中投入何种要素。但是，对于那些依靠劳动力资源从事低附加值生产活动的国家如何转变为依靠资本和技术要素从事高附加值环节生产活动，即如何推动产业升级的实现，传统的比较优势理论并没有给出准确的答案。在此基础上，Hausman 和 Klinger（2006，2007）提出了比较优势演化理论（HK 模型），该模型分析了一国参与国际分工的初始状态如何影响产品结构升级。HK 模型认为，一国在出口中所表现出的产品结构变化与该国的产品空间结构密切相关，因而初始的分工状态与产品初始的空间结构相对应，产品初始的空间结构是影响产业未来发展路径的关键因素。在 HK 模型中，企业是同质的，但产品空间是异质的，因此企业从产品 $i$ 跃迁到产品 $j$ 需要付出一定的跃迁成本 $c_{ij}$，且 $c_{ij} \geq 0$。跃迁成本主要取决于产品的技术距离，此外还取决于要素获取的难易度、产品所处的分工阶段和价值链环节、产品空间密集度、制度等多种因素。如果产品 $i$ 跃迁到产品 $j$ 的收益为 $p_{ij}$，产品 $i$ 到产品 $j$ 的技术距离为 $s_{ij}$，且 $s_{ij} \geq 0$，则有

$$p_{ij} = hs_{ij} \qquad (8-1)$$

式中，$h$ 为收益系数。如果 $i = j$，则 $s_{ij} = 0$，$c_{ij} = 0$，从而 $p_{ij} = 0$。产品技术距离越大，跃迁成本越高，跃迁收益也就越高。根据经验，跃迁成本与产品技术距离 $s_{ij}$ 的平方正相关，即

$$c_{ij} = \frac{1}{2}ks_{ij}^2 \qquad (8-2)$$

式中，$k$ 为成本系数。如果企业要进行产品升级，从产品 $i$ 跃迁到产品 $j$，那么其激励机制应该是利润最大化，即

$$\max \prod = hs_{ij} - \frac{1}{2}ks_{ij}^2 \qquad (8-3)$$

可知，企业从产品 $i$ 跃迁到产品 $j$ 的最佳距离为

$$s_{ij}^* = 2\frac{h}{k} \qquad (8-4)$$

我们可以利用上述模型探讨中国装备制造业的升级路径，即一国装备制造业产业升级的方向和路径取决于产业空间结构中的技术距离，而要想得到产品跃进的最佳距离，则需要测算出产品跃进的成本及收益系数。中国装备制造业之所以难以实现对发达国家的技术赶超，面临产业升级的巨大障碍，究其原因在于中国和发达国家在产品初始分工状态中的地位具有显著差异。对中国装备制造业而言，大多数企业承担的是加工组装、简单制造等低附加值、低技术含量的产品生产过程，位于产品空间的边缘位置；而对于发达国家来说，其占据产品空间中心位置的原因在于主导着装备制造业产品生产过程中复杂的、高技术含量、高附加值的生产环节。显然，对中国来说，从产品空间的边缘到产品空间的中心，这一产品技术距离是巨大的，虽然这种跃迁会带来很高的收益，但需要付出的成本也是巨大的。因此，大多数发展中国家包括中国在内的装备制造企业每一次进行产品的跃迁，最佳距离不宜太大，选择"小步快跑"的

方式加快产品升级换代是符合客观条件的理性选择。

　　HK 模型由于假定企业之间不存在显著的能力差异，即企业是同质的，那么产业升级的路径选择是一种线性的方式。如果装备制造业遵循"工艺升级—产品升级—功能升级—链条升级"的升级路径，这就是一种线性演化过程，工艺升级、产品升级和功能升级属于产业内升级，链条升级属于产业间升级，如图 8 – 1 所示。在图 8 – 1 中，圆圈代表装备制造企业，箭头和线段代表产品的技术距离，在这种情形下，企业只有一条选择产品升级的路径，而一旦有难以跨越的技术距离，企业就会陷入困境。事实上，装备制造企业之间的能力差异和相互影响是显著的，这种差异和相互影响能够为装备制造业产业升级提供多样化的路径选择。在现实中，装备制造企业总会寻求自身能够跨越的技术距离，并考虑产业后续的升级潜力，企业之间的合作也能够成为跨越技术距离的一种方式。图 8 – 2 展示了一种非线性的产业升级演化路径：从 A 出发，面临 B 和 C 两种升级选择，B 有 E 和 F 两种升级选择，C 只有 D 一种升级选择，D 有 G、H、I 三种升级选择，可以用产业度来表示产业升级的机会（张其仔，2008）。例如，在图 8 – 1 中，各产业节点的产业度均为 1，而在图 8 – 2 中，A 的产业度为 2，D 的产业度为 3。装备制造企业在选择产业升级模式时，不仅会考虑技术距离，还会考虑产业发展空间。例如，尽管 C 的产业度为 1，但 D 的产业度为 3，这种模式相比 B 的产业度为 2，但升级到 E 或 F 后的产业度为 0 来得更具有后续升级空间。因此，装备制造企业完全有可能选择 A—C—D 的

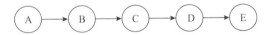

图 8 – 1　基于 HK 模型的产业升级路径（线性）

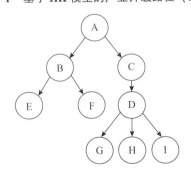

图 8 – 2　基于 HK 模型的产业升级路径（非线性）

升级路径。尽管 A—C—D 的技术距离大于 A—B 的技术距离，会产生更高的跃迁成本，但 A—C—D 的升级路径面临着更多产业升级的机会，因为降低了企业的资源和能力被套牢的风险，也包含了更多的预期收益。因此企业只要有能力从 A 跃迁到 D，就很有可能选择 A—C—D 的升级路径，这就是装备制造业产业升级的非线性演化路径。

从比较优势演化的角度来看，通过对外贸易带动装备制造业内部结构升级是对比较优势的一种有效利用。

第一，可以通过进口贸易结构的改善推动装备制造业内部结构升级。①通过进口紧缺部件和配件可以克服国内装备制造业生产中的结构性供给瓶颈。由于知识和技术水平的限制，中国装备制造业成长过程中需要进口一些国内无法生产的关键零部件和配件以满足生产需要，进口核心部件在一定程度上可以实现生产的顺利进行，推动国内装备制造业实现部分升级。近年来，我国全社会固定资产设备投资的 2/3 是靠进口支撑，新兴装备制造业发展中所需要的关键设备，如光纤制造设备的 100%，集成电路芯片制造设备的 85%，石油化工设备的 80%，轿车工业设备、数控机床、纺织机械、胶印设备的 70% 都来自进口产品。②通过技术引进促进装备制造业产业升级。在技术引进的过程中，中国企业可以通过"干中学"效应加速专业化人力资本的积累，提高国内的生产技术水平。同时，进口国外先进的设备、工艺能提升现有产品的生产效率，减少企业研发周期，降低创新风险。对于模仿创新能力较强的中国企业来说，在对进口产品进行研究过程中还会加深对产品系统知识、技术的了解，内化为自身的创新要素。因此，进口外国先进的硬件和软件、对进口产品实现模仿创新、刺激出口企业研究与开发新产品能够实现装备制造业的产业升级。

第二，可以通过出口贸易结构的改善拉动装备制造业内部结构升级。①通过提升装备制造业出口产品结构来拉动装备制造业内部结构升级。为了扩大出口，装备制造企业需要不断改进产品技术、适应国外对装备制造产品标准化的需求。在这一过程中，中国企业出口产品实现了更新换代，产品技术含量得到提升，企业也能够获得更多的资源支持，促进出口企业内部实现升级。同时还可以通过装备制造业出口企业技术的外溢效应对其他非出口企业产生连锁反应，提高产品的技术含量，促使整个装备制造业内部结构升级。②出口转移国内过剩的传统装备制造业也是实现装备制造业产业升级的一种途径。目前，国内的金属制品业、通用设备制造业等装备制造行业出现了产能过剩问题，而在我国装备制造业新一轮技术改造和设备更新的发展态势下，国内对新兴的高端装备制造业的市场需求巨大，通过出口转移部分产能，能够打开新的市场机会，化解产能过剩危机，同时更加关注于先进装备制造行业的发展，提高了我国装备制造业内部的结构层次。

第三，可以通过利用外资来实现装备制造业内部结构升级。这种升级途径主要通过三种效应来实现：技术转移效应、技术溢出效应和技术关联效应。①技术转移是外国先进装备制造母公司直接将先进技术、机器设备、经营管理经验等向投资国转移。一般而言，外商在我国投资的装备制造企业越多或是在合资企业中所占的股份越多，母公司向我国进行技术转移的积极性就越高。对于中国装备制造企业来说，可以利用外商的技术转移效应在一定程度上消除我国与发达国家之间的技术缺口，实现装备制造产品部分升级目标。②外资对我国装备制造业内部结构升级作用更多地表现为外资的技术溢出效应。本土装备制造企业通过外资的技术溢出效应和示范效应，可以实现模仿式创新提高要素生产效率，特别是对于合资企业来说，外商的技术溢出效应明显，并促进了国内企业技术水平的提升。当然，外资的技术溢出还会间接地推动本土企业更为有效地利用现有的技术、资源，加快产品和技术创新的力度，从而实现产品升级。在跨国公司主导的全球产品价值链中，本土企业通过承担价值链环节中的分工充分享受产业链上的技术溢出，为我国企业向价值链高端环节攀升提供了一定的知识和技术基础。③外资的技术关联效应是指跨国公司通过产业链的作用，在提高产业链主要环节技术水平的同时，为了产业链的整体协作配套，迫使前向产业和后向产业提高技术，或向前向产业和后向产业扩散技术，引起相关上游产业与下游产业技术水平提高的现象，从而引起产业结构的优化（见图8-3）。

从中国装备制造企业层面来看，OEA—OEM—ODM—OBM的升级路径虽然可以作为一种发展战略，但这种升级过程中产品的技术距离呈现不断递增的趋势，特别是ODM—OBM的难度比OEM—ODM的难度大得多，中国装备制造企业想要在海外建立自有品牌市场，会面临巨大的投资成本和不确定性风险（汪建成，等，2008）。当然，产品的技术距离是客观存在的，更为重要的是发达国家装备制造企业对中国企业的技术封锁，力求将中国企业控制在产品价值链的低端。因此，中国大多数装备制造企业实现产业升级的难度较大，短时间内完成 ODM—OBM 的升级几乎不可能。

图 8 - 3 产业互动演进示意

资料来源：陈继勇（2004）。

模块化技术的发展和模块化产业组织的扩张为中国装备制造业更好地发挥比较优势、培育和提升技术创新能力，从而实现向价值链高端跃进提供了战略机遇（白嘉，2012）。首先，从模块的功能上看，有通用模块和专用模块的区别。通用模块在产品系统中必不可少，现在已经开发得较为成熟，在同一种模块中存在大量竞争者，很容易被替换；专用模块位于技术的前沿，在产品系统中具有不可替代性，其升值空间大，决定着产品的独特功能，具有相对垄断地位。就目前而言，中国装备制造企业大多承担的是通用模块的生产，很少从事系统设计和专用模块的生产任务。从全球产品价值链分工体系来看，决定企业竞争力的是系统设计和专用模块的生产环节，因此中国装备制造业要想摆脱被低端锁定的地位、谋求产业升级，就应当不断吸收新的知识和技术，在通用模块的基础上开发专用模块，甚至更进一步成为系统结构、界面和规则的制定者，引导系统改进和升级。当然，中国本土企业还要注重在与国外先进企业合作中对隐性知识的吸收和转化，包括对系统和其他模块知识的理解和深化。从这个角度来看，从通用模块生产商向专用模块生产商再向系统集成商攀升的过程，就是模块化产业组织下的中国装备制造业产业升级的路径。其次，不同模块所蕴含的价值是不同的，核心模块包含了绝大部分产品的价值，而边缘模块只占据小部分产品价值。中国大多数装备制造企业正是从事着边缘模块的生产任务，因而不能实现向价值链核心环节攀升。中国装备制造业产业升级的关键就在于能否从边缘模块跃迁至核心模块，这一过程需要不断提升自身的研发和创新能力，还需要政府的支持，政府应当扶持领先的装备制造企业依托自主知识产权制定产业技术标准，积极参与国际技术标准的协调，力争在核心模块和系统设计领域拥有一定的话语权，这也是实现本土装备制造业产业升级的重要外部保障。

## 二、获取产品建构优势

产品竞争优势的提升就是装备制造业产业升级本质的体现。根据产品建构理论，作为产业升级主体的装备制造企业应当对产品的技术特征及发展趋势有深刻的了解，要及时掌握产品内部界面约束度的变动趋势，在此基础上选择与其相适应的产品价值网络紧密度，即选择适宜的产品价值链上与其他企业的合作关系。正是由于对产品技术特征认识上的偏差，中国很多装备制造企业陷入产品建构陷阱，表现为产品价值链的低端锁定和系统创新瓶颈。提高自主创新能力是本土企业实现向产品价值链高端环节跃进的必要条件，但在装备制造企业创新能力成长的过程中应注意知识吸收和积累的选择性策略。对于模块化建构的产品，装备制造企业在积累自身擅长模块的知识之外，更为重要的是为向价值链高端模块迈进储备更为广阔、精深的系统知识。对于集成化建构的产品，提升组织的开放度是摆脱创新乏力的重要手段，不能闭门造车，应当积极开展与国内外装备制造企业广泛深入的合作，充分吸收外部有益资源，并内化为自身的创新要素。

产品建构理论还揭示了产品技术特征对产业组织模式的影响，技术模块化并不一定带来组织模块化，技术集成化也并不一定带来组织集成化。装备制造企业需要根据产品的技术特征选择与此相适应的产品价值网络治理模式。对于中国装备制造企业来说，产品界面约束度和产品价值网络紧密度同时过高或过低都会使得企业落入产品建构陷阱。也就是说，完全的垂直专业化或垂直一体化都不是产业组织治理的理想选择。相反，对于装备制造企业决策而言，产品内部界面约束度与产品价值网络紧密度的反向匹配是一种较优选择。当产品趋向于模块化建构时，产品内部界面约束度较低，此时应当选择产品价值网络紧密度较高的治理模式；当产品趋向于集成化建构时，产品内部界面约束度较高，此时应当选择产品价值网络紧密度较低的治理模式，以便更好地利用外部资源和能力来提升整个产品价值链的附加值。对于本土装备制造企业而言，获取产品建构优势的路径选择如下。

（一）产品内部界面约束度较低的模块型建构

当产品技术构成表现为高度模块化时，产品内部界面约束度较低，中国装备制造业正是因为参与了产业价值网络紧密度较低的产品内分工体系而被锁定在价值链低端环节，中国企业尽管在模块化分工中通过发达国家企业的技术溢出效应吸收了部分先进知识、技术成果，促进了工艺升级和产品升级，但要实现功能升级还困难重重，由此难以突破产品价值链的低端锁定状态。中国装备制造业要想实现功能升级，关键在于培养企业的核心竞争力，形成向价值链两端延伸的趋势。本土装备制造企业长期以来承担加工组装、简单制造等低附加值的生产活动，因此培育企业向研发、设计、营销、品牌等高附加值环节攀升的能力就显得至关重要。首先，我国装备制造企业应当进一步增加企业的研发投入，研发投入环节技术创新能力的培育和提升需要依靠大量的基础研究和应用研究，而中国装备制造企业 R&D 投入经费中的这两项研究和发达国家以及部分新兴市场国家相比还存在较大差距。因此，国家应当加大财政向装备制造业基础研究的倾斜力度，企业不但要加大研发投入经费在销售收入中的比重，更要注重基础研究和应用研究在 R&D 经费投入中的比重。其次，本土装备制造企业应当增进与国际先进装备制造企业的合作力度，实现产品升级基础上的功能升级。这需要本土企业在"干中学"的过程中注重对产品核心模块和系统集成隐性知识的吸收和转化，在与发达国家企业合作过程中力争参与产品设计、营销、品牌建设等高端环节的运作，从而吸收更多高端技术和成熟管理经验，避免因为核心能力不足被发达国家长期俘获在价值链的低端陷阱中。

（二）产品内部界面约束度较高的集成型建构

当产品技术构成表现为高度集成化时，产品内部界面约束度较高，中国装备制造企业往往因为采取垂直一体化的组织模式而陷入系统创新瓶颈。在集成型建构的产品技术环境下，装备制造企业的技术整合能力不足以涵盖整个产品价值链，此时应当将重点放在产品价值链上的某一环节或某一节点上以谋求突破。中国装备制造企业既需要与国外企业展开紧密合作，采取垂直专业化开放式组织治理模式，避免陷入路径依赖，又要在参与合作分工时保持好自身的独立性，从而冲破系统创新瓶颈。而由于集成型产品系统的部件与功能之间通常存在错综复杂的关系，而且特定产品的技术特征往往是动态的，产品建构方向时常难以预测，在这种条件下，中国本土装备制造企业在面临集成型产品建构时由于对高深的系统知识积累不足、创新能力匮乏、组织治理模式单一而很难实现系统创新瓶颈的突破。因此，对于装备制造企业来说，在集成型产品建构背景下，如果企业所拥有的技术能力不足以进行系统集成创新，就应当把重点放在产品价值链的某一节点，在开放式的组织结构和保持核心技术独立性的基础上与国内其他装备制造企业合力打造具有国际竞争力的产品价值网络，在开放式产品内分工下与价值网络中的其他企业密切协作，共同突破系统创新陷阱，建立起能够和发达国家相抗衡的产品价值链。

中国装备制造业充分体现了产品建构变化与企业技术能力成长的关系，也反映出产品建构、技术创新与产业升级三者之间的关系。企业的技术创新能力是产品建构创新的前提，而建构创新的结果则表现为产品技术特征呈现出模块型或集成型，这种创新的源泉往往由行业内的领先企业所掌控，行业领先企业将建构创新的成果以专利的形式固化在行业标准中，这一过程即体现为产业升级。此外，产品建构的变动趋势决定了产品价值网络的治理模式，面对两类产品建构陷阱，中国装备制造企业采取了不同的应对策略。在图8-4中的发展阶段1中，大量具有深厚技术背景的装备制造企业通过模块化的契机形成了大规模生产的能力，随着同质产品大量增加，竞争加剧，产品的利润空间被不断压缩，此时会有部分企业采取差异化战略对产品的外形进行个性化设计，将非核心部件生产能力本土化，但核心零部件依然需要外购，形成了发展阶段2-1。在这个阶段中，企业只具备非核心部件知识以及对产品外观进行设计的能力，缺乏核心部件知识和独特建构知识，从而被锁定在产品价值链低端环节，陷入模块化陷阱1；还有一部分企业基于对本土市场的理解进行了建构创新，进入发展阶段2-2，在这个发展阶段，企业虽然在开发本土市场需求的基础上初步具备了建构创新能力，甚至实现了一部分产品建构创新，但绝大部分部件来自外购，缺乏自有部件知识，难以进行模块式创新，陷入模块化陷阱2。如何将独特建构知识与自有部件知识有效统一而进入发展阶段3是大多数企业的发展目标，在这个阶段需要企业具有核心模块的设计和生产能力，也需要企业具备系统创新能力，这个阶段意味着产品价值链的高端环节，是装备制造业产业升级的目标所在。

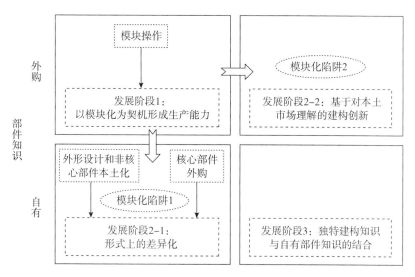

图 8 - 4　中国式模块化陷阱

资料来源：宋磊（2008）。

　　总之，产品建构理论为我国装备制造业产业升级的路径选择提供了一定的方向。在产品建构表现为技术模块化时，中国企业应当与先进装备制造企业密切合作，将企业核心能力向产品价值链高附加值环节延伸，突破价值链的低端锁定状态。在产品建构表现为技术集成化时，中国企业应当立足于产品价值链上若干节点的突破，在与其他企业合作的过程中保持自身独立性，运用价值链分工协作方式化解系统创新风险。中国装备制造业无论是采取垂直一体化或垂直专业化的产业组织模式都不利于获取产品的建构优势，无论是在模块化技术条件下采取相对封闭的组织形式来化解低端锁定风险，还是在集成化技术条件下采取相对开放的组织形式来对冲系统创新风险，处于科层制和市场制之间的产业集群、虚拟企业、供应链协同、战略联盟等中间型治理模式可能是装备制造企业的较优选择（白嘉，2012）。体现为柔性的中间型治理模式不仅可以实现装备制造业在与外企合作过程中对知识、技术溢出的充分吸收，而且还可以最大限度地保持本土企业的自身优势和组织独立性，使得企业的动态比较优势向技术密集型靠近，从而突破装备制造业的产业升级困境，实现产业升级的目标。

## 三、寻求开放式自主创新路径：基于知识吸收能力的观点

（一）开放式自主创新促进装备制造业升级的机理

装备制造业具有资本密集型、技术密集型的特点，发达国家装备制造企业在开放式创新机制的作用下形成了高研发密度、高产业集中、高创新产出的特征，并形成了一批享誉全球的装备制造业（如通用电气、波音、大众、奔驰等）。装备制造业产业升级的过程体现出装备制造业从低技术水平、低附加值向高技术水平、高附加值的转变过程。作为装备制造业产业升级源动力的开放式自主创新，其促进装备制造业产业升级的机理可以概括为以下三方面。

首先，开放式自主创新促进了装备制造业核心企业的技术升级。装备制造业核心企业在开放式创新模式下能够在现有的知识和技术架构下打破企业边界，建立起与外部拥有关键技术的企业、科研机构或高校等的合作网络，从而能够达成对新知识和新技术的获取、整合以及消化吸收后再创新的成效，在此过程中获得高于行业平均水平的知识、技术能力，显著促进装备制造核心企业的技术升级。其次，开放式自主创新可以促进装备制造企业的产品实现更新和升级。这种产品升级的过程实则为一种技术外溢的间接作用，当装备制造核心企业的知识、技术扩散到行业中的其他非核心企业中时，非核心企业随即会对获取的新知识和新技术进行吸收和整合，从而能够模仿开发出新产品，推动产品更新换代的速度，实现产品的升级。最后，开放式自主创新通过新技术的扩散与渗透来推动装备制造业内部结构实现升级，提升行业的竞争力。例如，随着新技术扩散到传统装备制造行业中，一方面改造和提升了部分传统装备制造业，促进产品质量升级；另一方面会对传统装备制造业中部分有实力的企业进军高新技术行业产生引导和示范，从而促进高新技术装备制造业的发展，如电子计算机制造业、集成电路制造业、数控机床制造业等。

（二）开放式创新模式下我国装备制造业创新能力升级的路径

装备制造业对知识和技术具有强烈的需求，其产业升级的过程是基于对知识和技术的积累，而这种积累的本质则体现为产业技术创新能力的提升。在经济全球化和全球价值链分工不断深化的背景下，我国装备制造业产业升级取决于对产业内部、外部创新资源和相关能力的整合。由于内部资源是产业的内生变量，相对稳定，因此在开放式自主创新模式下，装备制造业产业升级在很大

程度上就取决于产业对外部知识获取、整合、吸收消化、再创造的能力。由于装备制造企业在知识基础和技术能力上存在不同程度的差距，因此在连接内部和外部知识和技术系统时，企业所扮演的角色不同。科恩、利文索尔（Cohen，Levinthal，1990）认为，通常采用"看门人"机制来探讨组织对外部知识和技术的获取问题。在借鉴埃莉莎·朱利亚尼（Elisa Giuliani，2002）、牟绍波等（2013）学者研究成果的基础上，可构建基于知识吸收能力观点的开放式自主创新模式下装备制造业技术创新能力升级路径（见图8－5）。在一般情况下，对外部知识吸收能力较弱的企业扮演"非看门人"角色，即产业"非能力代理人"，而对外部知识吸收能力较强的企业扮演"看门人"角色，即产业"能力代理人"，装备制造业产业知识吸收能力主要取决于产业内"能力代理人"的吸收能力，同时还受到"能力代理人"与"非能力代理人"之间的交互作用强度的影响（牟绍波，等，2013）。分析图8－5可知，在装备制造业知识和技术获取与扩散过程中，"能力代理人"企业发挥了重要作用，扮演了"接收器"的角色，其对外部知识和技术的获取是装备制造业潜在吸收能力和产业升级能力的体现。在产业"能力代理人"获取并消化外部知识和技术之后，产业"能力代理人"与"非能力代理人"会基于一种非线性的关系相互影响作用并将这些知识和技术扩散到产业内的其他企业中，这是装备制造业现实吸收能力的主要表现。装备制造业现实吸收能力越强，其知识积累和创新能力就

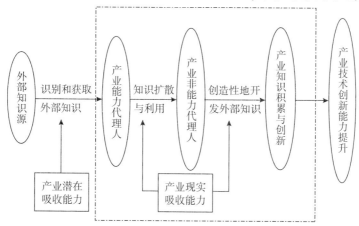

**图 8－5　开放式自主创新模式下装备制造业技术创新能力升级路径**

资料来源：牟绍波等（2013）。

越强。因此，装备制造业潜在知识吸收能力和现实知识吸收能力的有效整合共同决定着产业对外部技术知识的获取、扩散、积累和再开发，最终促进产业技术创新能力的提升。具体来说，推动我国装备制造业在开放式自主创新基础上实现产业升级有以下建议。

第一，要树立开放式技术创新的意识。我国装备制造企业应当充分认识到开放式技术创新的重要意义，重视通过技术创新实现装备制造业向价值链高端环节跃进，要树立起企业全体人员的创新意识，突破传统的封闭式创新思路，积极寻找并利用外部各种创新资源。同时，还应积极培育以创新观念文化、创新制度文化和创新环境文化为核心的开放式创新文化，为装备制造业创新升级提供动力保障。

第二，要建立起开放式创新的学习机制。我国装备制造业开放式创新能力的提升在很大程度上取决于企业对知识的学习和积累。一方面，企业要重视从产业内部学习知识，这是企业开放式创新能力培育的基础环节。企业内部的不同部门、不同员工之间都可以共同促进知识的流动、创新与转化，从而衍生出企业异质性创新能力。另一方面，企业要推动外部学习机制的建立，这是企业开放式创新的根本保障。企业领导人或企业研发部门可作为"技术学习代理人"引进外部先进的知识资源，通过消化吸收之后形成企业的内部知识，最终提升企业开放式创新能力。因此，装备制造企业应建立基于内部学习和外部学习相结合的开放式学习机制，促进知识迅速地创造、成功地共享和有效地应用，最终提升装备制造业开放式创新能力。

第三，培育开放式创新集群。开放式创新集群的发展是装备制造业核心竞争力提升的重要途径，装备制造产业集群发展模式能够实现知识和技术要素以最小成本快速扩散，推动集群内企业对新知识和新技术的快速吸收。如美国硅谷电子设备业、德国索林根的刀具业和斯图加特的机床业等国家制造业的可持续发展，都得益于产业的集群化和创新的集群化。开放式产业集群具有互惠共生性、协同竞争性、资源共享性和地方结网性等特征，能较好地促进产学研的结合，全方位实现开放式创新，最终促进装备制造业创新升级。

第四，构建开放式创新网络。开放式创新充分体现了企业对内外资源的有效整合及利用。因此，我国的装备制造企业应当加强与全球范围内的供应商、竞争对手、客户、金融机构、科研机构和大学等创新主体的全球化协同创新合作，充分整合各种创新资源并加以最优利用，从而促进装备制造企业快速提升自主创新能力。

第五，增强技术引进后消化吸收再创新的能力。世界先进装备制造企业的发展经验表明，充分把握国际技术转移的机遇是发展中国家装备制造业开放式创新发展的重要前提。我们应当鼓励本土有实力的装备制造企业充当"技术引进代理人"的角色，充分参与全球价值链分工，与发达国家先进企业密切合作，从而带动全行业技术创新能力的提升。由于我国装备制造业长期以来存在"引进—落后—再引进"的恶性循环，不仅没有达到技术创新的成效，还浪费了大量外部资源，因此，应当加大企业技术研发资金和人力资本的投入，以充分保障对国外先进技术引进后消化吸收再创新的能力，形成自主知识产权，从而全面提升装备制造业自主创新发展能力和水平。

# 第三节　全球制造网络下中国装备制造业升级的策略

GVC 中强大买方势力来源于发达国家技术势力与市场力量的融合。其中，对全球需求市场（既包括新兴产品，也包括传统产品的需求市场）终端通道的掌控与垄断所内含的市场力量是其对发展中国家形成买方势力的决定性因素，也是其技术势力得以发挥作用的基础条件。处在不同位势下的中国装备制造企业应该有不同的发展策略。

## 一、制造模块的发展

（一）普通模块制造商

对于普通模块制造商来说，模块设计在于掌握相关产业进展并及时把握获利机会。由于企业不是产业中的强势企业，还不得不依赖其他公司提供的"明确规则"，此时只能从挖掘"隐形信息"入手，潜心做一个特定模块设计者。但这并不是说仅仅知道直接竞争对手就够了，而是要确切地掌握相关领域的所有进展，并把本公司优势与其他领域中新兴产业巧妙地结合起来，才能及时把握模块设计的获利机会，从而避免把它放在"桌子"上任人抓取。因为任何模块创新、产品结构以及整个系统的创新，乃至不同行业的合作都有可能带来麻烦。

对于大量为跨国公司配套的中资模块制造商来说，单独锁定某个企业或者某个领域导致资产专用性过高，可能会大大提高企业的风险性。因此，中资模块制造商要拓宽产品内分工网络组织的数目以分散风险，更重要的是要加强组织学习，增进与跨国公司或者核心配套企业的沟通，促进知识溢出，争取做一个特定模块设计者。对于显性知识的交流，可以利用基于物理工具的弱联系，如信息系统、通信网络、共享数据库等方法；而对于隐性知识的交流，可以通过定期与不定期会议、BBS 等交流平台。

（二）进取企业

进取企业应进行"行路图"设计并成为产品内分工系统开拓者。"行路图"设计在于把握先机并成为产品内分工系统开拓者。"摩尔法则"成为鞭策人们不断创新的"强制性频率"，并巧妙地起到了"行路图"作用，促使相关企业或产业不断进取。但是，"行路图"设计者与在既定"行路图"里的不断烦恼者是截然不同的。前者自己设计并不断改进"行路图"，而后者却无法成为独立自主的完整模块。正是那些"行路图"设计者才能预测问题并尽早采取措施，使一个个技术瓶颈在这一"魔咒"作用下被突破。

对于中国正在成长着的装备制造企业，如三一重工、华为等，一方面应高强度地进行自主研发，以便进行"行路图"计划；另一方面应更加积极参与产业标准的制定，掌握该产业尽可能多的话语权。在产品内分工生产方式中，产品内分工设计是产品内分工生产的价值核心，也是企业最大价值所在。为了独立实现产品内分工设计的价值，避免增加企业的制造成本，进取企业可以将制造与设计分离，将生产制造外包给独立的企业。随着网络技术的发展，进取企业还可以互联网为依托，选用不同公司的资源，组成依靠信息技术平台联系的经营实体，利用编码化的设计知识和互联网的无形资源整合有形资源。

鼓励在国内领先的优势企业通过全球原材料采购、产品出口销售、海外扩张投资、与外国企业合资合作、全球兼并重组等方式，成为全球化设计、制造、销售和管理的跨国公司，形成合理的国内产品内分工体系。有条件的企业应在发达市场设立高科技产业的小型研发投资点，跟踪海外高技术发展前沿，了解西方客户在设计和性能方面的偏好，提高产品的适应性，但不急于过早在外国，特别是发达国家占领市场。制定标准是产品内分工的重要环节，标准的制定者能够通过技术标准的确立，建立起市场准入和技术壁垒体系，从而获得最大的利益。必须从战略高度重视技术标准工作，争取有更多的中国技术标准成为国际标准，保障我国产业乃至国家的核心竞争力，提升在全球价值链中的分工地位。特别要在新能源汽车、高端装备制造业等战略性新兴产业领域加快制定颁布中国自己的产业标准，帮助中国企业直接进入全球价值链的终端和高端。

## 二、产业升级的阶段性策略

模块制造商和进取企业的发展将为中国制造业集群的模块升级提供微观基础。随着集群内的模块制造商和进取企业的发展，中国中小企业集群也应该积极谋求产业升级。业内普遍认为：产业升级一般都依循从工艺流程升级到产品升级，再到产业功能升级，最后再到链条升级这一规律。在产业升级的不同阶段，企业集群的发展战略将存在很大的差异。

（一）OEM 转向 ODM 的升级阶段

对那些有条件获取大规模 OEM 订单的中国企业来说，由于是在先进企业的品牌产品趋于成熟阶段时进入市场，因而最初并不具备通过产品创新能力和品牌运作能力来与发达国家的先进企业在国际市场上进行正面较量的机会和实力。此阶段的主要任务不是大规模投入研发和形成著名品牌，而是要注重生产规模和时效，注重学习如何在价格、质量、交货期、售后服务等方面满足买主的需求，以降低生产和时间成本为竞争手段，努力建立与发包者之间的互动关系和诚信关系，大力发展规模经济和速度经济，逐步形成快速的技术学习和扩张产品创新的组织能力。在这个时期，学习的速度问题尤其重要。威廉（William）等学者认为企业唯一的竞争优势或许就是比它的竞争对手学习得更快的能力。❶ 一方面，先进企业的发展水平也是向前移动的，只有比先进企业更快速学习，才能缩小两者之间的差距；另一方面，某些更为后进的欠发达国家的企业也在追赶，只有以更快的速度学习才能保持中国企业在全球产品内分工企业集群产品内分工中的相对位置。

全球价值链中企业的学习可以分为区域内部学习和区际学习。区域内部学

❶　WILLIAM B BRINEMAN, J BERNARD KEYS, ROBERT M FULMER. Learning aerossa living company: the shell companies experiences ［J］. Organization Dynamics, 1998（Autumn）: 61 – 69.

习主要依靠地理邻近性，企业通过与区域内部企业、大学、教育机构、研发机构、技术传播组织和商会、金融机构之间的合作关系、技术人员的内部流动、干中学等途径来获得显性与隐性知识的提升，从而通过区域内部学习衍生出企业异质性的竞争力而获得李嘉图租金；区际网络学习则是企业通过全球价值链的联系，增进与跨国公司的沟通，促进知识溢出，获得在全球价值链分工中不可替代的地位。对于显性知识的交流可以利用基于物理工具的弱联系，如信息系统、通信网络、共享数据库等方法；而对于隐性知识的交流，可以通过定期与不定期会议、BBS 等交流平台。通过区域学习，全球价值链下的企业能够更好地利用和整合价值链资源，将能力提升从一次性突破转化为持续过程，持续培育、改进和重构异质性能力的知识基础，整合和提升异质性能力，最终实现多项特定能力的循序衔接，实现从熊彼特租金到李嘉图租金再到垄断租金的传递，提高在全球价值链中的收益分配能力。

（二）OEM、ODM 向 OBM 的升级跳跃阶段

从 OEM、ODM 向 OBM 的升级跳跃，关键是要能够独立承担国际分工的"微笑曲线"的两端——产品创新和品牌经营这两个环节。掌握了这两个环节的隐含性知识和技能，就意味着"中国制造"或"中国设计"演变为真正的"中国创造"，因而是企业实现产业升级的最高状态。这两个紧密联系环节的特点是：第一，以创新和差异化为主要的竞争途径，而不是以规模和成本为主要的竞争手段。差异化策略是企业经过调研向市场提供的独特的产品和服务，它形成对于整个行业或主要竞争对手的"独特性"的经营战略，是在产品同质化越来越普遍的情况下向市场展示并获得市场认可的、与众不同和别具一格的战略。差异化战略能构筑企业在市场竞争中特定的进入障碍，有效地抵御其他竞争对手的攻击，能减弱顾客和供应商的议价能力，并使企业获取超额的利润。那么，拥有这种差异化的企业就获得了竞争优势。差异化的经营战略意味着 OBM 企业必须选择一套不同的活动，以给顾客提供独特的价值，而不是仅仅强调经营效率，不是在彼此模仿下寻求超过对方。单凭以经营效率为基础的竞争会使竞争者之间的战略趋向一致，彼此会相互毁灭，而且导致损耗战，牺牲企业对长远投资的能力。说到底，没有品牌的战略定位必将导致 OBM 战略升级失败。第二，积极进行价值链下游的渠道控制，摆脱"曲线中间段"低位的不利格局不能单纯依靠向"曲线上游段"攀升，而更要注重依靠市场势

力构建向"曲线下游段"努力，这反而会通过互动使上游研发更能满足市场需要，取得更大的收益。价值链下游的渠道控制对上游技术创新的影响主要体现在三个方面：一是通过对市场需求变化的迅速掌握及时修正研发或设计的技术参数，使研发或设计与市场需求的变化更加吻合，从而提高研发的成功率，降低研发的市场风险，这是实现由生产到销售"惊险一跳"的关键。二是下游市场势力的构建可保障或扩大企业产品的销售量，通过规模经济更好地分摊上游研发或设计的总费用。同时，利润源的拓展可有效增加上游研发的再投入。三是由于企业内技术创新成果在使用上边际成本接近于零，故在给定技术创新、产品改进或升级前提下，下游渠道的拓宽与控制所致的销售量上升，即等于企业盈利水平与再创新投入的动力和能力获得有效提升。对发展中国家的企业而言，向价值链下游拓展以形成国际市场力量有以下三种途径：①通过建立国际战略联盟，借用海外销售网络；②自建海外营销渠道，向价值链下游拓展；③通过并购海外品牌或贸易商快速拓展海外渠道。

# 第九章　国际产业分工转移下中国
# 装备制造业升级的政策体系

在装备制造业升级过程中，虽然政府并不直接参与升级，但是政府作为升级网络的重要节点，在装备制造业产业升级和发展中发挥着至关重要的作用。波特（1998）认为，在推动企业制造业发展方面，政府至少充当着五种角色：第一种角色就是保持宏观经济稳定和政治稳定；第二种角色是改善经济体中微观经济的一般能力，这主要靠改善一般资源的效率和品质，如高素质的教育人才、适当的硬件建设、准确而及时的经济信息；第三种角色是建立整体的微观经济规则，与监督竞争的诱因，而且此种竞争有助于生产力的提升；第四种角色是使企业制造业的发展与升级更加顺畅；第五种角色是发展与执行一个积极有效的、长期的经济活动方案。从如何优化制造业网络化升级模式，提高制造业升级网络内企业的升级绩效来看，我们认为政府可以通过努力打造网络化升级平台促进和支撑装备制造业网络化升级。

## 第一节　优化装备制造业升级的制度环境

产业升级离不开相应的制度环境，制度建设涵盖影响装备制造业发展的诸多要素，包括市场机制、知识产权制度、自主创新制度、风险投资制度，等等。对于自主创新而言，制度建设显得尤为重要。诺斯（North，1973）在充分论证历史的基础上指出，制度安排的优劣决定了技术创新效果的好坏；吴敬琏（1999）[1] 认为

---

[1] 吴敬琏．制度重于技术——论发展我国高新技术产业［J］．经济社会体制比较，1999（5）：1 - 9.

推动技术发展的主要力量是有利于创新的制度安排。因此，制度建设是提升装备制造业国际竞争力的基础。

## 一、加强知识产权保护，维护企业合法权益

知识产权制度作为制度建设的一个重要组成部分，是法律赋予知识产品所有人对其创造性智力成果所享有专有权利的制度安排。其最本质的法律特征是独占性，即权利人对其创新成果享有专有权：一方面通过赋予权利人在一定期限内的排他性专有权利，知识产权制度成为自主创新的有效激励机制；另一方面通过《专利法》《商标法》《著作权法》《反不正当竞争法》等建立公平竞争的规则，成为企业自主创新的法律保护机制，为自主创新营造公平竞争的法制环境。因此，知识产权保护制度不健全，企业就缺乏自主创新的动力与积极性，技术创新也就是无源之水、无本之木。

装备制造业作为技术密集型产业，技术要素在其国际竞争力的提升中具有不可替代的作用，而知识产权制度则是推进技术研发活动的前提和基础。进入21世纪以来，随着国内装备制造业越来越意识到技术创新的重要性，装备制造业的研发强度、科技活动经费支出、专利申请件数等均呈现大幅增长态势。而且跨国公司也纷纷在华设立研发机构，从而使得国际经济技术交流日益频繁；在这种情况下，知识产权的保护就越发重要。进一步发挥知识产权制度对自主创新的激励和保障作用、提高自主创新能力是我们当前必要的选择。

首先，要建立有效的知识产权保护制度，对于合法的专利技术进行备案、登记，提高全社会的知识产权保护意识，创建一个良好的宏观环境。这样不仅有利于引进国外的先进技术、开展技术交流与合作，有利于吸引国外高端研发机构来华投资，从而相对降低自主研发和技术创新的成本，为合法的模仿创新提供更好的支持。同时要加大对侵权的处罚力度，使侵权者付出高昂的成本和代价。

其次，要强化知识产权保护的执法和监督机制，一方面要建立通畅的反馈机制，使被侵权企业及时反馈遭受侵权的情况，加快政府处理侵权案件的速度；另一方面要完善相关法律法规，设立专门的监管机构，防止跨国公司滥用知识产权以达到垄断市场目的的不正当竞争行为。

再次，进一步完善《专利法》，对知识产权保护的对象加以扩充，使新兴

技术得到应有的保护。在专利权人得到足够保护的同时，又要避免其权力过大而可能引起的专利权滥用；因此，要对不同专利的有效期、保护范围与创新性要求给予个性化的调整，使其达到最优化。

最后，修订与健全《反不正当竞争法》。中国现行《反不正当竞争法》只是对商业性标记、商业秘密上的不正当竞争做出了规范，对知识产权滥用的制约功能有所缺失。因此，需要对该法进行修订，使之与《专利法》《商标法》等法律法规相互补充、互相协调；为此可增设一般性条款，尽可能地扩充传统知识产权法中限制不到的典型不正当竞争行为，对这些不正当竞争行为给予相应的处罚规定。

## 二、集中优势资源，加强共性技术研发

不论是美国等发达国家，还是韩国等新兴工业化国家，都高度重视政府在关键技术领域的主导作用，采取各种措施支持企业突破关键技术和重大技术。例如，韩国的 CDMA 技术居全球领先地位，就是政府举全国之力把核心技术买来，通过公共服务平台提供给许多企业享用，并鼓励企业在此基础上继续研发并迅速产业化。日本的彩电芯片研发也是通过国家集中开发，把专利供众多企业享用，使得企业在发展阶段就有能力研发。当前，在我国企业研究投入不足、国家研发资金有限的情况下，应集中资源，把有限的政府引导资金投入到重大公共技术和关键技术研发项目上，让广大企业能够公平、低成本、低风险地享用技术研发成果，并利用这些技术成果进行二次创新，提高技术创新能力和竞争能力。

对于装备制造业来说，无论是自主创新还是引进吸收，都需要具有一定的技术基础；而且装备制造业的技术创新具有很强的前向和后向关联作用，前向关联是指共性核心技术对装备制造业技术创新的促进和基础作用；后向关联是指装备制造业的技术创新对其他产业的技术升级和结构调整的促进作用。其中，共性核心技术的研究是装备制造业和其他产业技术创新的基础。共性核心技术的研发往往耗时较长、投入较大，一般很难由单个企业来完成，这就需要国家层面的全面参与。因此，国家要在中长期科技发展目标的基础上，落实鼓励自主创新的各项政策措施，加大技术研发的公共投入，集中资源突破能源、先进制造等领域的共性核心技术和关键技术，开发推广适用技术；这样才能为

装备制造业的技术创新提供良好的技术基础。同时，政府应该进一步深化改革，从企业机制、产权结构、治理结构等方面为技术创新提供制度上的保障，从而使装备制造业整体上从技术引进向消化吸收和自主创新阶段转变，促进装备制造业结构调整和升级，进而增强装备制造业的国际竞争力。

### 三、强化财政金融支持，拓宽融资渠道

中国政府应充分利用世贸组织《补贴与反补贴协议》中的绿色条款保护范围来制定对装备制造业技术研发的财税支持政策。

（1）加强对装备制造业的金融政策支持。当前中国政府的金融政策支持主要集中在大中型国有装备制造业，对于中小型装备制造业的金融支持力度则不够；而大中型国有企业往往资金比较充裕，国家的金融支持仅仅是锦上添花，并不会产生较大的乘数效应。对于中小型装备制造业来说，贷款的困难和融资渠道的狭窄限制了企业的发展。因此，政府应调整对中小装备制造业的金融扶持政策。商业银行应对创新能力较强、发展前景较好的科技型中小型装备制造业予以重点扶持。建立中小企业信用担保机构，建立担保机构的资本金补充和多层次的风险担保分担机制。

（2）加快发展创业风险投资基金。中国政府应鼓励有关部门和地方设立创业风险投资引导基金；支持保险公司通过股权、债权投资等方式投资创业风险投资企业；允许证券机构开展创业风险投资业务等。

（3）充分利用世贸组织规则，支持中介机构建设以及通过政府采购支持企业研发活动，这样就做到既符合世贸组织规定又实现了对装备制造业的金融支持。例如，中国目前的工程技术研究中心和生产力研究中心就是典型的中介研发机构。这类机构的发展一方面有利于核心技术的研发，拉动高技术的需求，尤其是降低了装备制造业的技术研发成本；另一方面有利于科技成果的转化和技术扩散、推广。因此，政府支持中介研发机构的发展并授予和采购企业研发成果，为技术创新创造了良好的需求条件，同时也解决了企业研发的投入资金问题。这对于加快技术创新的商业化发展具有重要的促进作用。

（4）实施合理的财政税收政策，加大创新扶持资金的投入。第一，各级政府机构要加大技术改造的财政支持力度，支持企业的技术创新，逐步实现产业关键技术由引进消化吸收为主的模式向自主开发模式转变；第二，以财政贴

息、银行信贷政策偏向及税收优惠等方式，促进企业加大科研创新投资，提高企业科技成果转化能力；第三，为了使装备企业加大技术改造和采用新技术，政府监管机构应加速企业增值税由生产型向消费型的改革，提高固定资产购买进项税的抵税比例；第四，支持高端装备制造企业的发展，有重点地扶植高新技术产业，通过拓宽融资渠道和税收优惠，使得研究开发经费的增速高于国内生产总值的增速；第五，综合利用财税手段促进国企的改革和重组，对一些重点行业、支柱产业及高新技术产业中的骨干企业，应加大政策扶持力度和资金投入力度，通过上市、兼并、重组及联合等形式发展一批具有国际竞争力的大型企业，使之成为产业结构调整和技术创新的领军者；第六，加大政府创新资金投入，各级政府应在财政和金融政策方面着力解决科技活动经费的融资及创新风险的分担问题，加大政策性财政资金的直接扶持，对一些风险大、涉及国民经济关键领域的核心技术，应大部分由政府财政出资。

## 四、加大装备制造企业间创新互投力度，营造宽松的创新氛围

装备制造业近十年的数据表明，企业间创新互投而建立的创新网络环境对行业技术选择协同起着促进作用，因此在创新环境营造的过程中应进一步完善企业间创业投资和风险投资机制，加大装备制造企业间创新互投力度，营造宽松的创新氛围。企业间创业资金互投和风险资金互投是推动高新技术产业化的高效资金支持制度，有利于企业间创新资金网络的快速建立，优化科技资源配置。企业间创业投资和风险投资机制的形成要做好以下五方面的工作。

（1）企业间共同出资设立创业投资引导基金和风险补偿基金，鼓励各企业根据国家创业创新计划进行高新技术产业化的项目投资，实现风险共担和收益共享。

（2）构建多元化的企业技术创新资金支撑体系，重点扶植中小型高新技术企业的创业投资，地方政府实施税基式减免的税收优惠政策。

（3）重点发挥国有企业在企业间创业风险投资中的核心力量，通过改革国有投资企业业绩考核方式和产权转让登记管理制度引导其勇于承担风险，向具有发展潜力的中小型创业公司投资。

（4）完善企业间风险投资基金的退出机制，采取地方性柜台交易市场的开办来拓宽风险投资的退出渠道，允许创业投资股权转让方式的等额分割及连

续化运作，保护创业公司以股权交易或转让的方式获得风险收益。

（5）营造宽松的创新氛围，使创新人才在各项工作中能放松心态、互相鼓励，培养创造性的思维。

## 五、建立健全信用机制

在全球化条件下，如果没有一个良好的信用机制，装备制造业的模块化组织合作就不会扩展到全球。我国装备制造企业在参与国际分工体系中的信用制度建设的不足主要体现为两个方面：①制度供给不足，或者说制度短缺；②制度运行效率低下，一是因为存在监督者缺位，二是因为信息不透明。由于信用机制不健全，一方面导致行为主体无信用约束可循，另一方面守信行为与背信行为得不到对称的奖励与惩罚。信用的约束力从何而来，学者们的意见无非是强调两个原则："自律"和"他律"。道义论强调要靠"自律"，而功利主义伦理学则强调"他律"——外在制裁的作用。"自律"和"他律"是有机统一的，没有外在约束力的自律在博弈中有可能失去约束力。

所以我们强调两点：第一，建立健全企业信用管理体系。社会资本拥有量的提高除了非正式规则的作用外，正式规则也起着非常重要的作用。现代信用制度非常发达的美国信用制度有值得借鉴的地方：①建立企业信用管理制度；②发达的企业信用电子信息管理系统使企业间关于信用的信息更加对称；③利用信用中介机构来管理信用市场；④规范的企业信用报告和评估制度；⑤完备的信用管理法律体系；⑥严密而高效的企业信用预警管理系统。另外，我们还要减少信用问题受害方的投诉、起诉成本（包括时间成本），使受害方能及时反馈，再通过相关渠道把信息传递给其他成员，使其他成员不与失信者合作。

第二，使信用博弈中个体收益与社会收益一致。人不仅是社会人，同时也是经济人，所以必须有足够的激励与约束，人的行为才可能与社会期望一致。也就是说，必须使守信用的人有足够净收益，这样才能激励经济行为主体坚守信用。这种收益包括提高守信者的美誉度、知名度，可以获得相应的社会资本和无形资产，使其最终赢得市场与消费者。另外，还要使不守信用的个体得到的收益小于它（企业）在群体内受到的惩罚。要确定同一群体会遵守相同的、用以鉴定群体美好目标的信用准则，于是遵守这些共识的准则就成了绝大多数群体成员的愿望或向往，这种愿望或向往是合作博弈的结果。这种愿望会产生一种强大的、路径依赖式的力量，使所有个体与大多数成员保持一致，违背这些准则的成员会被群体惩罚、排斥、甚至抛弃。一旦被抛弃，成员将再也无法从原属群体中获得任何福利。这样一来，这种共同愿景式的信用准则就会有极强的约束力。

当越来越多的装备制造企业的信用制度建设成功，装备制造企业将会更好地参与到全球竞争中，装备制造业的品质将会有突飞猛进的提高。

# 第二节　积极促进装备制造业自主创新能力提升

在经济全球化背景下，自主创新能力日益成为产业国际竞争力的核心。经过30多年的改革开放，中国整体技术水平有了较大幅度的提升，目前已经具备了建设创新型国家的重要基础和良好条件。而中国装备制造业国际竞争力的内生性增长再一次证明，自主创新是装备制造业实现跨越式发展的重要基础。在逐步健全和完善市场机制、财税机制、知识产权保护机制等制度环境后，自主创新将进一步激发装备制造业发展的活力，使中国装备制造业在日益激烈的国际竞争中占据有利地位。

## 一、确立企业研发主体地位

企业是微观经济的基础，是开发新产品的主体和参与两个市场竞争的主力军。处理好政府和市场的关系，主要是理顺政府和企业的关系。政府要加强发展战略、规划、政策、标准等的制定和实施，加强宏观调控、加强市场活动监管、加强各类公共服务提供，建设法治政府和服务型政府。中国共产党十八届三中全会决定指出："建设统一开放、竞争有序的市场体系，是使市场在资源配置中起决定性作用的基础。必须加快形成企业自主经营、公平竞争，消费者自由选择、自主消费，商品和要素自由流动、平等交换的现代市场体系，着力清除市场壁垒，提高资源配置效率和公平性。"关于技术创新，要"建立产学研协同创新机制，强化企业在技术创新中的主体地位"。企业增强自主创新能力，有效参与"两个市场"的合作与竞争。

第一，应重新界定政府在自主创新研发活动中的职能。一方面国家应该继续稳定和加强基础研究、公益性研究和共性研究，为国家整体科技发展构筑平台；另一方面政府应将项目管理与经费管理分开，对重点自主创新项目进行引导和资助；同时利用行政手段和市场竞争结合的方法，采取联合攻关的形式，对若干重点装备制造业技术领域进行重点研究。

第二，应鼓励研究开发类研究院所向企业化转制，鼓励科技研发人员创办公司，使更多的科研开发力量进入市场，以弥补装备制造业科研人员投入不足的问题。科研机构向市场化转制可以摆脱体制的限制，充分激发自主创新的积极性；同时通过市场化转制，还能使科研机构与企业、市场之间的联系更加密切，自主创新的目的更加明确，经费更有保障，这将有利于充分发挥它们的潜能。

第三，切实确立装备制造业的研发主体地位，以市场对企业的调节为主，装备制造业的科技和产品研发应以市场为导向进行，政府的指令性计划应逐渐削弱并最终取消；装备制造业特别是国有企业的研发自主权应日益扩大。装备制造业在引进国外技术、产品创新、技术改造、技术创新等方面可以自行决定，政府只能通过产业政策进行引导，而不要直接干预。政府在科技投入、研究项目和人员配置上向装备制造业倾斜，由政府研究机构主导型转变为企业研究机构主导型，并将装备制造业的重大技术课题列入国家科技计划，支持装备制造业承担国家研发任务。

第四，应积极推进产学研合作，促进科技成果转化为现实生产力。发达国家的经验表明，对产学研结合的推动要在市场机制下充分发挥政府的作用。在政府的引导下完善产学研结合的各种法制法规，为产学研结合的顺利进行提供良好的制度环境。政府要充分运用市场机制，鼓励并支持高等院校、科研院所面向企业，扩大产学研的有效联合，为企业的自主创新提供可靠的技术支持。

总之，装备制造业的自主创新战略应以装备制造企业为主体，以市场竞争为导向，以多元资本为动力，以政府管理为保障。

## 二、培养竞合的理念，鼓励网络化创新

随着制造业规模的扩张而导致市场的集聚，竞争的当地化难以避免，而且竞争本身对于保持制造业的活力也是极有必要的，但装备制造企业若过于强调彼此间的竞争而缺乏合作双赢的意识，将会给制造业的发展带来很多不利的影响，尤其是在制造业创新过程中，合作是网络化创新的基础。因为，在企业创

新过程中，只有通过和各网络节点的紧密互动，如和供应商、客户的合作，和同行企业的合作等，充分利用制造业网络资源，在合作中交流各自的意见、想法和技术，才能更好地实现网络化创新。从创新中知识流动的角度看，以一种合作的心态还是一种竞争的心态对待知识外溢的受益者，将影响制造业内部的知识流量，最终影响企业的创新。制造业内那些技术创新能力较强的企业与其技术创新能力相对较弱的同行之间的合作少之又少，一些需要彼此协调的知识外溢管道被一种不信任的气氛堵塞了，这样必将影响创新企业知识的获取，企业更多的还是通过自身的技术创新能力来实现整个创新过程，导致创新过程呈现一种线性的创新过程模式，正如我们前面所界定的一样。因此，要实现群内企业的网络化创新，使企业更好地融入创新网络，装备制造企业形成一种竞争合作的理念是相当重要的，这不仅是针对那些技术创新能力强的企业，技术创新能力较弱的企业更需要培育此种理念，毕竟承诺是相互的，只有双方都有竞合的心态，适于分工合作的良性气氛才可能培养起来，网络化创新才能实现。

其实，竞争合作理念并不仅仅是同行之间处理双边关系的准则，它也应该体现于制造业中上下游企业间的互动上，即企业与供应商、客户之间也需要树立竞争合作意识，这是制造业网络化创新的内在要求。与供应商合作强度、与客户合作强度都对创新绩效有显著影响，因此上下游企业间的互动对实现制造业网络化创新、提高创新绩效十分关键。从知识流动的角度来看，由于不涉及直接的利益对抗，上下游企业间的知识流动相对更为顺畅，那些技术创新能力较强的企业在创新合作过程中不仅不会防范这种知识外流，而且出于双赢的考虑会积极指导和合作。如在日本丰田城，丰田公司会把自己的零配件供应商作为伙伴组织起来，为它们提供技术、管理等各方面的指导，从而提高供应链上双方的效益和效率。然而，这样一种高水平的合作在国内的装备制造业中却不常见。部分企业在创新过程中充分利用地理上的优势，和供应商、客户进行合作开发，从而加快产品创新开发速度、提高创新绩效，但是那些总成企业与当地为其配套的企业之间没有形成一种长期导向的知识共享关系，双方互动的主要内容还是一种交易和竞价，当然在局部也会体现一定的合作。要实现群内企业的网络化创新，对于这些制造业中技术创新能力较强的企业而言，应该形成一种竞争合作理念来指导它的供应链管理，在与当地供应商单纯的交易联系之上引入学习合作的内容，彼此通过有意识地协调互动强化知识技术共享，从而引致一种双赢的局面，使企业充分融入制造业创新网络中，最终实现网络化创新。

### 三、健全人才激励机制，发挥人力资本优势

人力资本（Human Capital Management，HCM）理论最早起源于经济学研究。20 世纪 60 年代，美国经济学家舒尔茨和贝克尔创立人力资本理论，开辟了关于人类生产能力的崭新思路。该理论认为物质资本指现有物质产品上的资本，包括厂房、机器、设备、原材料、土地、货币和其他有价证券等；而人力资本则是体现在人身上的资本，即对生产者进行教育、职业培训等支出及其在接受教育时的机会成本等的总和，表现为蕴含于人身上的各种生产知识、劳动与管理技能以及健康素质的存量总和。发达国家的经验证明，人力资本是保持产业竞争力增长的主要动力。根据迈克尔·波特的理论，生产要素分为高级要素和低级要素；应用于人力资本中就是廉价的低素质劳动力为低级生产要素，而具有良好教育的高素质人才则为高级生产要素。装备制造业的发展不仅需要熟练的低级劳动力要素，更需要高素质的人力资本要素。今后一个时期，中国不论是低级劳动力要素还是高素质人力资本要素，其要素价格都将处于不断上升的趋势；装备制造业单纯依靠廉价劳动力要素的发展模式将难以为继。而且通过前文的实证分析也可以看出，生产要素对装备制造业国际竞争力的影响在不同时期已经呈现出不同的特点。再者，高素质的人力资本要素是科技创新的源泉，没有高水平的科技研发人员就不会有先进技术的诞生——华为 48% 的员工为科技研发人员的案例就说明这个问题。在这种情况下，如何充分调动人力资本的积极性是当前需要重点解决的问题。只有充分调动了人力资本要素的积极性，才能使装备制造业真正充满活力，不断提升装备制造业的竞争力。

为此，装备制造企业应做好以下四项工作。

第一，完善人才招聘、考核、约束激励及流动机制。装备制造业作为国民经济的支柱产业，吸收了大量的劳动力，但劳动力的层次不同对企业的经济绩效影响也不同，因此装备制造业各行业要采取各种措施，加强对劳动力的培养，增加中高级的劳动力，改善劳动力结构，提高人力资本质量水平。首先，要完善招聘制度，遵循唯才是用的用人原则，通过人才市场公开招聘的方式保

证整个招聘过程的透明和公开，在此基础上设置不同岗位的招聘要求，避免单一条件优秀而导致人力资源配置失调产生的资源浪费；其次，制定科学的创新绩效考核机制，建立短期长期相结合的绩效动态反馈和评价机制；再次，应根据研究开发人员的平均劳动生产率制定绩效考核标准，超额完成按超额比例给予相应奖励，未达到标准按照未完成程度给予一定的惩罚；最后，让研究人员参与剩余利益的分配，根据研发人员的实际贡献来分配收益比例，实现研究开发人员自身利益与企业利益相结合的最大化激励措施，激发尖端人才的科技创新热情。

第二，要关注人力资本的可持续发展，重视通过教育和培训等多种手段来提高科研人员的素质。对于装备制造业来说，技术和产品的更新速度直接关系到企业的竞争力；因此，装备制造业应建立一套先进的人力资本培训系统，以保持人力资本的知识结构能够满足技术创新的要求。目前，中国的一些装备制造业通过创办大学来完成其对员工的职业培训，如吉利汽车创办的吉利大学、华为创办的华为大学等；同时也可以通过内部交流的方式来达到资源共享和知识更新的目的。

第三，重视跨国间的技术合作与交流，充分利用最先进的技术发明。装备制造业可考虑与大型跨国公司建立联合科研机构，实现科研人员的跨国合作；这样不仅能降低企业的研发投入，同时又能够实现强强联合，以保持核心技术的领先。例如，华为与惠普和摩托罗拉建立联合实验室，不仅弥补了华为发展初期技术落后的缺陷，而且加快了华为核心技术的研发速度，并通过合作研发进入新的领域。

第四，培养员工的创新精神，激发研发人员的工作热情。现代创新往往是团队合作的结果，创新越来越趋于大型化、科技化、专业化及精细化，创新项目很难由单个人单独来完成。因此装备制造业各行业要鼓励全员创新、激发全体员工的创新意识，加大对创新的激励，使全体员工不仅具有创新的责任感和使命感，更重要的是积极参与到创新活动中来。首先要鼓励小组创新和团队创新，使创新思路更加宽广，创新信息交流更加流畅；其次要通过人才选拔机制，不断从行业一线员工中吸收具有创新意识的尖端技术人才，保证创新活动的实践应用性；最后要开展形式多样的创新竞赛，在车间、办公室、活动场所等组织和开展。总而言之，人是自主创新的根本，只有充分调动人力资本的积极性，装备制造业的自主创新能力才能进一步得到提升；而自主创新能力的提升又会使得装备制造业拥有核心技术专利，进而增强其国际竞争力。

# 第三节　健全装备制造业升级的产业政策体系

如果说制度建设是从宏观角度为装备制造业的发展创造良好的外部环境，自主创新是从微观角度为装备制造业的发展提供竞争力的来源，那么产业政策就是从中观角度来规范装备制造业发展的方向，为装备制造业国际竞争力的增强提供保障。

## 一、加强产业政策导向，实现产业结构升级

当前，中国已经进入工业化的中期发展阶段。在经济全球化条件下，装备制造业只有不断构筑新的竞争优势，更加积极地参与国际竞争和合作，才能不断增强其国际竞争力。但不可否认的是，现实往往与我们所期待的结果不一致；由于市场竞争的主体是企业，企业生产什么产品，采用什么技术都是企业自主决定的事情；在利润最大化的利益驱动下，企业的生产往往具有盲目性，从而与国家的产业政策不相符。这就需要政府加强产业政策导向，引导企业的发展方向，从而实现产业的结构调整和升级。对于产业政策的制定而言，关键是政府要学会以更加广阔的视野来审视内外环境的变化，客观真实地认识评价产业发展现状，冷静分析原有优势的消长关系，只有这样才能在国际经济合作和竞争中始终牢牢把握主动权。

第一，政府应对不同装备制造业区别对待。对于已经具备较强竞争优势、国内产能过剩的装备制造业，政府应提高市场准入门槛，逐步取消各项优惠措施，包括税收优惠、出口退税等；限制低水平的重复投资，严控低技术含量产品生产企业的新建。对于竞争力较弱、产能不足的装备制造业，政府应降低市场准入门槛，进一步强化市场竞争程度，通过竞争来促进装备制造业技术水平和产品技术含量的提升；在引入市场竞争中，可考虑适当放宽外资的进入领域，以期进一步发挥外资的技术外溢效应；同时应在世贸组织规则下进一步强化对国内装备制造业的财税支持政策；中国汽车产业就是一个以引入竞争促进

产业发展的很好例证。对于市场集中度较高、具备一定国际竞争力的装备制造业，如发电设备、石化设备等，产业政策应侧重提升这些产业的核心竞争力，促进其自主创新能力的提高；同时在外资并购方面应加强监管，以防止外资控股形成行业垄断。

第二，政府应时时跟踪装备制造业的发展状况，动态调整产业指导目录，提高产业政策的针对性和时效性。装备制造业属于技术密集型产业，其特点是技术革新和产品更新换代迅速；政府只有及时掌握装备制造业的发展状况，才能制定相应的产业政策，以确保政策能够跟上产业发展的步伐，避免出现政策与产业发展相脱节的情况。同时政府应及时关注世界装备制造业发展的动态，加强外资对国内装备制造业并购的监管；对于装备制造业中的非龙头或骨干企业，鼓励外资参股或并购，以进一步引入竞争促进产业结构调整和升级；对于装备制造业中的龙头企业，要从股权上加以限制，避免外资控股。

第三，鼓励国内装备制造业积极利用"两种资源、两个市场"，适时实施"走出去"战略。目前，中国装备制造业已经具备一定的国际竞争力，在合理配置国内资源的基础上，政府对于进行国际化经营的装备制造业应给予政策和金融方面的支持。在鼓励的产业目录上应根据装备制造业的国内发展现状加以区别对待；对于国内产能过剩的装备制造业，应积极鼓励其对外投资，这样既可以转移国内过剩的产能，又可以利用东道国的优势资源；对于技术领先的装备制造业，鼓励其对外输出技术，政府在企业前竞争研发环节上给予财政补贴（这是世贸组织所允许的补贴）。

总之，产业政策的制定要符合中国经济发展的阶段以及国内装备制造业的发展现状，只有这样才能真正发挥产业政策的导向作用，从而引导装备制造业的发展，最终实现装备制造业的结构调整和产业升级。

## 二、选择优势产业进行战略突破，实现自主创新

从日本、韩国等这些装备制造业后发强国的发展之路可以看到，在本国制造业发展和升级的过程中，政府总是根据全球装备制造业强国的发展趋势和产业升级路径来确定自己的主导产业，进而通过自主创新实现产业飞跃式发展。

以韩国为例，在不同时期，韩国选择对本国经济社会发展和科技进步具有重要战略支撑作用的优势产业开展技术创新。将产业发展和科技发展紧密结合

在一起，科研部门和经济部门密切合作，制订科技创新计划，选择关键技术集中力量重点突破。以引进技术为起点，然后以企业为主体，以产学研结合的方式进行消化吸收和自主创新，从而以重点产业的局部优势带动相关产业技术的发展和国家整体科技实力的提升。成功后，政府的主导作用转移到以企业为创新主体、市场机制为主的推动方式。政府再把重点放在培育下一个优势产业，并同时部署未来优势产业的技术研发。例如，韩国 2000 年通过的《2025 年构想：韩国科技发展长远规划》中，将信息技术、材料科学、生命科学、机械电子学、能源与环境科学等作为韩国未来的高技术产业发展的重点领域。这就需要政府部门能够统筹考虑科技的发展，以政府的角度来制定相应的措施开展开放式创新。经过政府十几年的产业扶持和科研教育领域的大规模投资，当前韩国在汽车、通信、家电等领域已经在全球建立起了比较知名的世界品牌。如现代汽车、三星手机以及 LED 都在全球拥有良好的口碑，获得了消费者的认可，尤其是在技术和产品质量上能够与美国、日本、德国的同类产品相竞争。

"技术引进"是在中国装备制造业发展初期，充分利用中国资源禀赋和比较优势的最优选择，对于短期内快速提升中国装备制造业的能级和水平、提升中国装备制造业的综合实力具有十分重要的作用。但同时我们也应该看到，引进作为技术发展的主要手段，是在中国装备制造业与发达国家的技术水平和能级相差极大的背景下发生的。但是，随着近年来中国装备制造业实力的不断提升，与发达国家技术水平与能级的差距在不断缩小，中国装备制造业与发达国家在市场中直接竞争的程度日趋激烈，使得以往以引进为主的技术发展方式面临越来越多的问题，技术引进的渠道不断萎缩。与此同时，长期以来依赖引进的技术发展方式对于经济效益而言往往周期短、见效快，对需要长期投入、缓慢产出的自主创新造成了严重的挤出效应。因为国内装备制造企业对于基础性、关键性领域的投入严重不足，现阶段国内大批装备制造企业的技术创新仍然处于跟随阶段，部分消化吸收再创新仍然基于发达国家的技术平台，即使是所谓的创新，仍然是在外国基础技术平台上的小修小补、缓慢提升，真正"自主创新"的能力极为缺乏。因此，现阶段中国装备制造业应从"技术引进"向"自主创新"转变，合理应对外部跨国巨头利用领先的技术优势和市场份额形成的严重挤压，积极化解内部装备制造业自主创新动力不足、自觉运用科技提高企业核心竞争力意识不强等问题，加快占领国际科技创新高地、把握战略性新兴产业话语权，激活科技创新人员的主动性和创造性，最终实现国内装备制造业的新突破。而装备制造业要从目前的"关键转折期"有所突破，顺利实现从"技术引进"向"自主创新"的转变，可以尝试从深度和广度两个层面进行切入。一是尝试加大中国装备制造业的技术深度。通过对共性技术、基础技术的研究，实现中国装备制造业的原始创新、源头创新，获取一批产业级重大原创性技术成果，并通过从源头创新到新技术、新产品、新市场的快速转换，催生新兴产业的孕育和发展。二是尝试拓展中国装备制造业的技术广度。推动装备制造业与信息、生物、网络、激光等技术的融合发展，形成装备制造业的新兴领域，进而衍生出新兴产品，获取市场份额。

### 三、培育大型跨国集团，形成分散寡头竞争

华为和中兴的相互竞争、互相促进的案例向我们展示：在某一行业中，分散型寡头竞争将有利于技术创新和企业国际竞争力的提升。竞争是产业获得核心竞争力的重要动力，竞争不仅表现在对市场的争夺，还表现在合作上。因此，对于装备制造业国际竞争力的提升，政府应重点支持各装备制造业的前两三个大型企业，在技术创新和国际化经营等方面给予各种税收优惠，通过承担重大工程、建立重大工程实验室等形式来增强装备制造业的自主创新能力。因为装备制造业的核心技术创新只有大型企业才有能力承担，重点培育大型跨国装备制造业集团将有利于装备制造业整体技术水平的提升。但政府也要保持市场具有充分的竞争性，毕竟竞争是企业竞争力成长的动力。也就是说，装备制造业要形成分散型寡头竞争的市场结构。在这种市场结构下，既能体现龙头企业的领跑作用，又能发挥竞争的优胜劣汰作用，从而促进装备制造业国际竞争力的良性发展。

综上所述，提升中国装备制造业国际竞争力是一个系统工程，制度建设是根本，产业政策是保障，自主创新是源泉；只有通过各个环节的相互协调和统一才能创建提升装备制造业国际竞争力的微观、中观和宏观环境建设。

# 第四节 研究结论

国际产业转移其实是跨国企业主导下世界范围内产业链跨国界、跨地区的空间再组合，产业链条的空间再组合和分割性制造网络引发了制造业的又一次跨国转移，而且其规模和影响更具全球性特征。产业转移主体多元化、产业转移对象片段化、产业转移方式多样化、产业转移环节高端化、产业转移集群化是本轮国际产业转移的重要特征。

装备制造业是国民经济中的战略性基础产业，随着全球化的发展，中国装备制造业越来越多地融入全球产业转移浪潮中，也呈现出新的竞争格局。一方面是国际装备制造业加速进军中国，2011 年，装备制造业三资企业的销售收入、利润额已经占装备制造业总销售收入的 51.27%、利润总额的 44.78%。国际资本已经全面进占中国装备制造业。另一方面是中国装备制造业"走出去"态势良好，中国制造业海外投资规模呈不断上升态势，2011 年投资净额已经达到 704118 万美元，工程机械、交通运输、通信设备等中国优势装备制造业纷纷进驻国际市场。

目前，我国装备制造业发展势头迅猛，且已经形成了一批快速成长的龙头企业和产业聚集区。但与世界发达工业国家相比，中国装备制造业大而不强的特征越来越明显。特别是随着装备制造业模块化生产方式的推进，我国的装备制造业不但在自主创新能力、基础配套设施能力、产品可靠性等方面存在劣势，还存在产业集中度不高、产品结构不合理、产业安全风险增加、产业高端缺位等问题，难以实现健康、稳定地成长。本课题运用 GL 指数及 AR 方法，从装备制造业总体、各子行业及国别比较三个角度，测度和分析我国和主要国家的装备制造业产业内贸易水平，在此基础上对产业内贸易的类型进行分析。

我国的 GL 指数具有较强的增长趋势，这说明我国装备制造业产业内分工的形式在不断提升。发达国家 GL 指数均较为稳定，以美、德、英、法为代表的装备制造业强国产业内分工程度较高且稳定，而日韩产业内分工程度也较为稳定但指数不高。从中国的实际来看，2000 年前后，中国装备制造业经历了一个以进口为主向以出口为主的产业间贸易形式转换的阶段。在 2000 年之后，

中国的进出口贸易均有不同程度提高，产业内贸易水平显著增强，GL 指数在
0.65 左右波动，并在此后延续增长的态势。虽然日韩与中国相比，产业内贸
易程度不如中国，但日韩是资源匮乏的国家，其生产原料必须依赖进口，因此
在装备制造业产业内贸易发展的内涵方面，我国与日韩实则仍存在较大差距。

就装备制造业各子行业而言，美国、德国、法国、英国、加拿大等发达国
家产业内贸易指数均不同程度地高于中国，七类产业全部以产业内贸易为主，
日韩与中国相近，但产业内贸易程度在不同行业间存在明显差异。我们将中国
与发达国家相比，把七大子行业归为三类：第一类是中国与发达国家产业内贸
易程度差距较大且水平较低的行业，如金属制品业、通信设备和计算机行业
等，这两个产业的产业内贸易指数均在 0.5 之下；第二类是中国与发达国家相
比产业内贸易指数差距不大，反映出行业由产业间贸易向产业内贸易转变的迅
猛态势和巨大潜力，如通用设备制造业、电气机械制造业、仪表仪器及办公用
机械制造业等；第三类是中国与发达国家相比产业内贸易水平较高甚至领先的
行业，如专用设备、交通运输设备制造业等。由此可见，中国装备制造业虽然
在整体上同样表现为各行业产业内贸易水平低于发达国家各行业产业内贸易水
平，但也有少数行业具备了较高的产业内贸易水平，并具有巨大的提升潜力。
这说明，目前我国已经具备了发展装备制造业产业内贸易的基础和条件，应该
以子行业领先者为榜样，加大对装备制造业优势领域和潜力领域的扶持力度，
以帮助提升全行业的产业内贸易水平。

在产业内贸易的内涵发展上，中国明显处于国际分工的较低端位置，在统
计的四分位产品组中，发达国家主要以高品质产业内贸易及水平产业内贸易为
主，这两项占比达到 90% 以上，三类型贸易的排序依次是高品质、水平和低
品质，且比例相对稳定。美国、德国、加拿大等国家高品质产业内贸易占比平
均达到 65% 以上，低品质垂直型产业内贸易占比最少，仅有 10% 左右。对比
中国与发达国家，装备制造业产业内贸易以低品质产业内贸易为主，但这一比
例有不断减小的趋势。2003—2012 年，我国高品质产业内贸易的比重在不断
上升，反映中国在国际产业分工中的地位有所改善。中国水平型产业内贸易的
比重最低，且水平型和高品质产业内贸易的总和甚至不及美德等国家该项比例
的一半，在全球产业利益的分配中仍然位于底层。从现实情况来看，中国出口
的装备制造业产品大多数处于世界装备制造业产业链的低端，多为低附加值产

品，进口则多为高附加值产品、高功能产品和高级产品，这与美、德、英、加等国家发展状况恰恰相反。由此可见，在装备制造业产业内贸易中，从品质和附加值的角度来看，我国依旧处于劣势，在装备制造业国际分工中，我国还处于弱势地位。

整体上我国装备制造业产业内贸易的竞争力和国际分工地位与发达国家相比还处于劣势，但是从各行业的分析来看，中国在装备制造业一些行业中也具备一定的竞争力，这些行业的产业内分工地位也在迅速提升，如专用设备制造业，其发展对于促进装备制造业产业内国际分工地位的提升具有重要的意义。

随着市场和技术条件的不断变化，装备制造业技术创新从依赖单个企业或国内资源转向依赖全球资源，设备企业间的竞争也演变为其所依托的分工网络间的竞争。因此，一国装备制造业的创新应该依托于分工网络。中国装备制造业已经深嵌于这种全球制造网络之中，如何在全球制造网络中实现产业升级是中国装备制造业提升竞争力、获取可持续发展的关键。知识流动、组织学习和协作竞争是装备制造业创新的重要源泉。

在全球价值网络模块化分工之下，中国装备制造业产业升级的路径选择主要包括三方面：一是遵循比较优势演化规律，二是获取产品建构优势，三是提升开放式自主创新水平。根据比较优势演化理论，产品的技术距离是影响产业升级的重要因素，中国装备制造业产业升级的重点应是产业内部的升级。根据产品建构理论，装备制造企业在技术模块化背景下应当增强核心竞争能力，努力实现向产品价值链高端环节跃进，突破低端锁定的困境；在技术集成化背景下应当致力于产品价值链若干节点的突破，充分参与垂直专业化分工，并在与其他企业合作的过程中保持自身的独立性，通过价值链分工化解系统创新风险。根据开放式创新理论，在经济全球化背景下构建企业的创新网络，从外部获取关键的知识、技术加以优化整合并再创新是装备制造业实现产业技术创新能力升级的重要方式。处在不同位势下的中国装备制造企业应该有不同的发展策略。中资模块制造商一方面要拓宽产品内分工网络组织的数目以分散风险，更重要的是要加强组织学习，增进与跨国公司或者核心配套企业的沟通，促进知识溢出，争取做一个特定模块设计者。进取企业应进行"行路图"设计并成为产品内分工系统开拓者：一方面应高强度地进行自主研发，以便进行"行路图"计划；另一方面应更加积极参与装备制造业产业标准的制定，掌握该产业尽可能多的话语权。

为了进一步优化制造业网络化升级模式，提高制造业升级网络内企业的升级绩效，政府未来应该通过努力打造网络化升级平台促进和支撑装备制造业网络化升级，重点关注：优化装备制造业升级的制度环境、积极促进装备制造业自主创新能力提升、健全装备制造业升级的产业政策体系等。

# 参考文献

[1] 宋磊. 中国版模块化陷阱的起源、形态与企业能力的持续提升 [J]. 学术月刊, 2008 (2)：88－93.

[2] 周勤, 周绍东. 产品内分工与产品建构陷阱：中国本土企业的困境与对策 [J]. 中国工业经济, 2009 (8)：58－67.

[3] 白嘉. 模块化产业组织、技术创新与产业升级 [D]. 西安：西北大学, 2012：26－35.

[4] 唐春晖, 唐要家. 全球制造网络与本土汽车制造业国际竞争力提升 [J]. 经济管理, 2010 (11)：34－40.

[5] 唐海燕, 张会清. 中国在新型国际分工体系中的地位——基于价值链视角的分析 [J]. 国际贸易问题, 2009 (2)：18－26.

[6] 孙军, 梁东黎. 全球价值链、市场规模与发展中国家产业升级机理分析 [J]. 经济评论, 2010 (4)：34－41.

[7] 卢福财, 胡平波. 网络租金及其形成机理分析 [J]. 中国工业经济, 2006 (6)：84－90.

[8] 牟绍波, 等. 开放式创新视角下装备制造业创新升级研究 [J]. 经济体制改革, 2013 (1)：175－179.

[9] [美] 亨利·切萨布鲁夫. 开放式创新——进行技术创新并从中赢利的新规则 [M]. 北京：清华大学出版社, 2005：41－52.

[10] 林毅夫. 发展战略、自生能力和经济收敛 [J]. 经济学：季刊, 2002, 1 (2)：269－300.

[11] 胡昭玲. 国际垂直专业化对中国工业竞争力的影响分析 [J]. 财经研究, 2007 (4)：18－27.

[12] 文东伟, 冼国明, 马静. FDI, 产业结构变迁与中国的出口竞争力 [J]. 管理世界,

2009（4）：96 - 107.

[13] 张小蒂，孙景蔚．基于垂直专业化分工的中国产业国际竞争力分析［J］．世界经济，
2006（5）：12 - 21.

[14] 张杰，刘志彪．需求因素与全球价值链形成——兼论发展中国家的"结构性封锁"
障碍与突破［J］．财贸研究，2007（6）：1 - 8.

[15] 王贺光．中国加工贸易升级问题研究——基于产品内分工的视角［M］．成都：西南
财经大学出版社，2012：45 - 51.

[16] 程盈莹．国际垂直专业化的测量及差异分析［J］．企业经济，2014（5）：136 - 141.

[17] 刘磊．国际垂直专业化分工与中国制造业产业升级——基于16个行业净附加值比重
的分析［J］．经济经纬，2014（3）：63 - 67.

[18] 陈继勇．国际直接投资的新发展与外商对华直接投资研究［M］．1版．北京：人民
出版社，2004：24 - 30.

[19] 汪建成，毛蕴诗，邱楠．由OEM到ODM再到OBM的自主创新与国际化路径——格
兰仕技术能力构建与企业升级案例研究［J］．管理世界，2008（6）：148 -
155，160.

[20] 陈爱贞，刘志彪，吴福象．下游动态技术引进对装备制造业升级的市场约束［J］．
管理世界，2008（2）：72 - 81.

[21] 郝斌，任浩，Anne - Marie Guerin．组织模块化设计：基本原理与理论架构［J］．中
国工业经济，2007（6）：80 - 87.

[22] 赵建华，焦晗．装备制造企业技术集成能力及其构成因素分析［J］．中国软科学，
2007（6）：75 - 80.

[23] 陈爱贞．中国装备制造业自主创新的制约与突破——基于全球模块化企业集群的竞争
视角分析［J］．南京大学学报：哲学·人文科学·社会科学，2008（1）：36 - 45.

[24] 徐宏玲．模块化组织价值创新：原理、机制及理论挑战［J］．中国工业经济，2006
（3）：83 - 91.

[25] 韩晶．基于模块化的企业集群创新战略研究［M］．北京：北京师范大学出版社，
2011：42 - 52.

[26] 刘友金，胡黎明．产品内分工、价值链重组与产业转移——兼论产业转移过程中的大
国战略［J］．中国软科学，2011（3）：149 - 159.

[27] 刘友金，胡黎明，赵瑞霞．基于产品内分工的国际产业转移新趋势研究动态［J］．
经济学动态，2011（3）：101 - 105.

[28] 张海笔．中国装备制造业技术选择的协同度研究［D］．沈阳：辽宁大学，2013：

63 - 71.

[29] 李华伟，董小英，左美云．知识管理的理论与实践［M］．北京：华艺出版社，2002：19.

[30] ［日］野中郁次郎，竹内广隆．创造知识的公司——日本公司如何创立创新动力学的［M］．科技部国际合作司，2000：88.

[31] 郁义鸿．知识管理与组织创新［M］．上海：复旦大学出版社，2001：30.

[32] 沈建华，等．学习型组织的内涵及成长机制［J］．财贸研究，2004（1）：35.

[33] 吴敬琏．制度重于技术——论发展我国高新技术产业［J］．经济社会体制比较，1999（5）：1 - 9.

[34] ［美］迈克尔丁·马奎特．创建学习型组织与要素［M］．北京：机械工业出版社，1997：205 - 209.

[35] 魏江．企业集群——创新系统与技术学习［M］．北京：科学出版社，2003：130 - 138.

[36] 魏江，叶波．企业集群的创新集成：集群学习与挤压效应［J］．中国软科学，2002（12）：38 - 42.

[37] 陈钰芬，陈劲．开放式创新促进创新绩效的机理研究［J］．科研管理，2009（4）：1 - 9.

[38] 梁能．跨国经营概论［M］．上海：上海人民出版社，1995：119 - 120.

[39] 卢锋．产品内分工［J］．经济学：季刊，2004（10）：55 - 82.

[40] 芮明杰，陈娟．模块化原理对知识创新的作用及相关管理策略分析——以电脑设计为例［J］．管理学报，2004（1）：25 - 27.

[41] 顾列铭．直面国际产业转移浪潮［J］．观察与思考，2008（10）：12 - 15.

[42] 卜国琴．全球制造网络与中国产业升级研究［D］．广州：暨南大学，2007：78 - 93.

[43] 桂彬旺．基于模块化的复杂产品系统创新因素与作用路径研究［D］．杭州：浙江大学，2006：88 - 95.

[44] ［美］安德森（Anderson D. M.），派恩（Pine B. J.）．21 世纪企业竞争前沿：大规模定制模式下的敏捷产品开发［M］．北京：机械工业出版社，1999：5，91 - 96.

[45] ANGEL D. The labor market for engineers in the US semicon doctor industry［J］．Economic Geography，1989，65（2）：99 - 112.

[46] ANNEN K. Inclusive and exclusive social capital in the small - firm sector in developing countries［J］．Journal of Institutional and Theoretical Economics，2001（157）：319 - 330.

[47] BALASSA B. Trade liberation and revealed comparative advantage［J］．The Manchester

School of Economic and Social Studies, 1965 (33): 92 – 123.

[48] BALDWIN C Y, CLARK K B. Design rules: the power of modularity [M]. Cambridge, MA: MIT Press, 2000.

[49] BECKER W, JÜRGEN DIETZ. R&D cooperation and innovation activities of firms: evidence for the German manufacturing industry [J]. Research Policy, 2004 (33): 209 – 223.

[50] CAPELLO R. Spatial transfer of knowledge in high technology milieux: learning versus collective learning process [J]. Regional Studies, 1999 (4): 353 – 340.

[51] CHESBROUGH H. Open innovation: the new imperative for creating and profiting from technology [M]. Boston: Harvard business school press, 2003: 75 – 82.

[52] COHEN, LEVINTHAL. Absorptive capability: a new perspective on learning and innovation [J]. Administrative Science Quarterly, 1990 (35): 128 – 152.

[53] ELISA GIULIANI. Cluster absorptive capability: an evolutionary approach for industrial clusters in developing countries [R]. Paper to be presented at the DRUID Summer Conference on "Industrial dynamics of the new and old economy – who is embracing whom?", 2002.

[54] GARVIN DAVIDA. Building a learning organization [J]. Harward Business Review, 1993, 71 (4): 99 – 112.

[55] GEREFFI Q, HUMPHREY J, STURGEON T. The governance of global value chains [J]. Review of International Political Economy, 2005, 12 (1): 78 – 104.

[56] GROSSMAN G M, HELPMAN E. Integration versus outsourcing in industry equilibrium [J]. The Quarterly Journal of Economics, 2002, 117 (1): 85 – 120.

[57] HAUSMANN R, KLINGER B. Structural transformation and patterns of comparative advantage in the product space [R]. Cambridge: Center for International Development, 2006: 128.

[58] HENDERSON R M, CLARK K B. Architectural innovation: the reconfiguration of existing product technologies and the failure of established firms [J]. Administrative Science Quarterly, 1990 (35): 9 – 30.

[59] HUMMELS D, ISHII J, YI K M. The nature and growth of vertical specialization in world trade [J]. Journal of International Economics, 2001, 54 (1): 75 – 96.

[60] JABBOUR L. Determinants of international vertical specialization and implications on technology spillovers [C]. 4th Europaeum Economic Workshop, University of Bologna, 2005.

[61] LUCIA CUSMANO. Technology policy and cooperative R&D: the role of relational research apacity [R]. DRUID Working Paper No. 00 – 3, 2000: 68 – 70.

[62] PORTER M E. Competition Advantage [M]. New York：Free Press，1985：58.

[63] SCHMITZ H, KNORRINGA P. Learning from global buyers [J]. Journal of Development Studies，2000，137（2）：177 – 205.

[64] SENGE P M. The fifth discipline——the art and practice of the learning organization [M]. New York：Bantam Doubleday Deli，1990：67 – 69.

[65] ULRICHK T, EPPINGER S. Product design and development [M]. New York：McGraw – Hill，1995.

[66] WILLIAN B BRINEMAN, J BERNARD KEYS , ROBERT M FULMER. Learning aerossa living company：the shell companies experiences [J]. Organization Dynamics，1998（Autumn）：61 – 69.

[67] YI, KEI – MU. Can vertical specialization explain the growth of world trade? [J]. Journal of Political Economy，2003，111（1）：52 – 102.

# 后 记

本书是在我主持的国家社科基金青年项目"国际产业分工转移与中国装备制造业发展战略研究（10CGL022）"的基础上修改完成的。本书从构思、调研到成稿历经五载，本书的成功问世离不开各位领导和良师益友的大力支持。

首先要感谢关成华教授、李晓西教授，感谢他们为我提供了宽松自由的学术环境；感谢张琦教授对于本书出版提供的大力支持；感谢江宜玲编辑对于本书付出的大量辛勤劳动。

项目组主要成员包括蓝庆新、张军生、陈超凡、楚啸原、刘远、张新闻、王嘉实等，感谢各位项目组成员参与课题调研、资料收集整理等方面的辛苦工作，没有他们的帮助，本书很难完成。

最后，我要感谢我的爱人的支持和帮助，感谢我聪明懂事的儿子蓝一铭，我和他一起成长。

路漫漫其修远兮，在未来的人生旅途中，我将谨记"学为人师、行为世范"的校训，努力求索，不断进步。也希望本书能够起到抛砖引玉的作用，期待更多的学者进行更加深入的研究。

韩晶

2016 年 11 月